租税法における法解釈の方法

The method of legal interpretation in tax law

日税研論集

Journal of Japan Tax Research Institute

VOL 78

研究にあたって

早稲田大学名誉教授　首藤　重幸

法の解釈は一つの実践的価値判断であり，唯一の正しい解釈というものは存在しないとの認識は，大なり小なり法の解釈にたずさわる者にとっては前提として受けられているものであろう。しかし，実践的価値判断であるからこそ，租税法の解釈においては租税法律主義の理念のもと，課税権の濫用を制限するために法の文言に厳格な解釈がなされるべきとの価値的選択が一般的になされてきたといえる。このような選択は，租税法における解釈は文理解釈が原則であるとの標語で表現され，維持されてきている。そして，この標語は，戦後，当然の原理として租税法の解釈にかかわる者の内心に強く固着しており，そのことから逆に判決や諸論文上で，文理解釈という語がもつ法解釈方法論の次元での意義が学問的に深く検討（再検証）されてこなかったともいえる。

しかし近時，この文理解釈や（これと対抗関係にあると解される場合もある）目的論的解釈という法の解釈技術の用語が，法の解釈の結論と直接的に結びついているかのように読める判例が増加していると指摘されている。

この近時の増加は，文理解釈や目的論的解釈（拡張・縮小解釈，類推解釈や反対解釈等）が法解釈における実践的価値判断の「技術」的表現（解釈の正当化や説得の技術）であることを強く意識する者にとっては，一定の危惧を抱かせるものであろう。法規（大前提）を要件事実（小前提）に当てはめて（「包摂」），結論を得るとする，法解釈の三段論法的理解は，フィクションであることも，これまた大なり小なり承認されているところであろう（戦後の法解釈論争の展開のなかで，法の解釈方法としての三段論法がもつフィクションの意義も分析の対象とされ，社会契約論がフィクションでありながら近代国家形成に重要な「実在的」動力として作用したように，法の解釈における三段論法のフィクションも「虚構」という文字ではとらえきれない実在的意義を有していることが指摘されたことには留意しておく必要がある。また日本のロースクールでは，三段論法で答案を構成するように指導しており，このことはドイツの法曹養成の場でも同様のようである。）。実際の法の解釈という作業の多くは，生の事実の法的整理と結合させながら適用しうる法条の見当をつけ，事案に内在する様々な考慮要素の衡量を経たあとで第一次的な結論を得て，この過程を適用条文から結論を導く三段論法によって言語的正当化をはかり，その結論や結論の言語的正当化の社会への影響や説得力を考慮し，それらが不十分と判断されることになれば，再度，事案の法的再整理や適用条文を再検討し，三段論法による言語的正当化の修正・再構成をおこなう。法解釈においては，場合によってはこれらが何度も繰り返されて（視線の往復・循環），最終的な法解釈としての結論が三段論法によって提示される。

このような思考過程を経て得た結論を，三段論法の技術でもって言語的に表現し，結論の正当化を獲得する法解釈の技術は，法の解釈者（裁判官も含む）の価値判断の要素が言語的表現としては最小化されることで，当該法解釈は法の公正な解釈として，一般的に大きな説得力を有することになる。しかし，この三段論法での解釈が言語で示される場合，その結論に至る解釈者の循環的な内的思考過程が消去されることになれば，実際には言語による十分な説得力を持ちえない解釈となる危険性がある。

文理解釈ということでいえば，戦後租税法学が三段論法のもとでの文理解釈（または厳格解釈）という用語に託した実践的な学問的意義（法の解釈という平面で課税権の濫用を制約する）と，この文理解釈という用語が実践的価値判断としての解釈者の思考過程を覆い隠す可能性との二つの側面

(“ヤヌスの双面”）が，近時の判例中で強調される文理解釈という用語の背後にあるものとして，視野のなかに同時にとらえられていなければならないように思われる。

さて，「租税法における法解釈の方法」というテーマで編まれた本号の日税研論集においては，租税法の解釈の方法論を抽象的に検討することを主目的としているわけではない。ただし第1章は，本号の総論の章として，法の解釈において使用される文理解釈や論理解釈，さらには拡張解釈や縮小解釈などの用語の定義・体系を再確認するとともに，租税法の解釈という作業を進める場合に認識しておくべき一般的な学問的視座を，戦後の法解釈論争や法理学・法哲学などでの法解釈の性格や方法をめぐる議論の成果ともいうべきものの中から確認しておこうとするものである。

第2章から第4章においては，既存の各租税実体法領域における法解釈論や判例の動向を「文理解釈」，「目的論的解釈」，「租税回避」という用語の網目から見た場合に，どのような動向として分析できるのかが論じられている。この章の執筆者は，租税法判例の分析に長くたずさわってきており，しかも，租税法の解釈方法について強い関心を示している研究成果も公表されてきている。この第2章から第4章については，それぞれの担当者が「文理解釈」や「目的論的解釈」をどのように解釈方法として理解し，定義されているかに留意されたい（特に，第2章）。

第5章では，従来の租税法の解釈をめぐる議論の輪の中に置かれず，独自の世界で論じられてきた（この独自の世界の中では重厚な議論がなされている）ように見える，租税条約の法的解釈の方法についての検討がなされている。第5章では，「注」などにおいても注目すべき議論が展開されており，その部分にも注目をしていただきたい。

第6章と第7章では，ドイツ，フランスにおいて，租税法の解釈の方法について，どのような議論が存在しているのかについての検討がなされている。この外国の租税法学において，租税法の解釈方法をめぐる議論が存在しているのかさえ，これまで日本に十分に紹介されてきていない（ドイツにおける，「経済的観察法」論争に関連する解釈方法の議論を除いて)。日本での，このような研究状況のなかで，第6章と第7章の研究は貴重なものであるように思われる。

最後に，本テーマでの日本税務研究センターでの研究会において，いわゆる平成18年度改正で創設された対応的調整規定（法人税法132条3項，所得税法157条3項，相続税法64条2項）の解釈の限界をめぐって，かなり激しい議論が展開されたことを記しておきたい。当該規定は，ある税目について同族会社の行為計算否認規定を適用したことで，それに相応して他の税目に二重課税というべき現象が発生する場合，この他の税目につき発生する二重課税を是正する権限を課税庁に与えたものであると理解されている。しかし，研究会では，このような意味として対応的調整規定を読みこむことは法の解釈の限界を超えるものであるとする意見（この意見は，対応的調整が納税義務者に有利に働くばかりではない可能性を有し，また納税義務者に有利な減額更正を課税庁に法的に義務付けるものなのかが全く不明であることも問題とする）と，法の解釈で上記の意味を読みこまなければ，他の税目にかかる納税義務者に不都合な正義に反する結果が発生するとして，法の解釈の範囲内で上記の対応的調整の意味を読みこむことができる（読みこむべきである）との意見が対立した。この対立のなかで，対応的調整規定が使用する「準用」という文言の一般的理解，この規定の立法者意思は確認できるといえるか（そもそも立法者意思とは何であり，特に日本では，どのような「資料」をもって確認するのか)，目的論的解釈にも限界があるのではないか，納税者に有利で課税当局も了解する解釈であれば法規の「枠」(限界）を超えてもよいのか等，まさしく租税法の解釈の中心的問題が検討された。この対応的調整規定は，法の解釈の方法に関する限界事例というべき性格を有しており，租税法における法の解釈方法を考えるうえで貴重な素材を提供する規定であるといえよう。

なお，本号の論集においては，裁判官の法解釈と研究者の法解釈は性格を異にすること，さらに法源の一種とされる場合もある判例を研究者が

「解釈」するについての意義と方法等について，問題意識を持ちながらも検討対象とすることができなかった。近時の，いわゆる判例六法といわれる書籍を見ると，判例なくして法律の条文の理解は困難であると率直に感じざるをえない。この感想も，法の解釈方法それ自体や，法の解釈における判例の位置付けについて重要な問題提起をしているように思われる（判例の存在なくして法文の意味の理解が困難であることは，法解釈の方法を論じるについて重要な意味を持つことが，ドイツの諸文献の中でも言及されているようである)。

目　　次

第４章　租税回避否認規定と租税法の解釈

第５章　我が国の租税条約の解釈適用に関する省察

第 6 章　ドイツの租税法学における解釈方法論

第 7 章　フランスにおける「租税法の解釈」について

第1章　租税法における法解釈の方法

早稲田大学名誉教授　首藤　重幸

I　租税法の解釈の特殊性の相対的位置

1　租税法律主義と租税公平主義

租税法の法解釈は，租税法律主義と租税公平主義の二つの要請のもとで常に強い緊張関係のもとに置かれる。租税法律主義は，マグナカルタの登場，そしてその神話化を通して近代法治国家思想の中核的な制度的原理（国家による課税権の行使は成文法の授権が必要）として位置付けられ，さらに現在の民主主義という政治理念の具体化の最重要のシンボル（当該成文法は国民代表議会で制定）としての機能を有している。

租税法律主義と租税公平主義の二つの要請の関係では，疑いもなく歴史的・思想的には租税法律主義が圧倒的重要性を有している。この二つの原理が対立する場面では，公平（「同様のものは同様に扱え」）を犠牲にして租税法律主義を優越するべきものと考えられることになる。しかし，現実の国家運営においては租税による財政確保の強い要請があり，これが同様の経済状況にある者については同様の租税負担を分担させるべきであるとする一般的にも受け入れられ得る考え方と結合して，実際には租税公平主義が租税法律主義と同等，場合によってはそれ以上の原理として租税法の解釈に影響を与える。これは，租税法律主義のもとでの租税負担の範囲（境界）が，抽象的な文言をもつ租税法規によって確定されざるを得ないことから，特に，その抽象的な文言による概念の境界の周辺部においては法律の文言によって一義的に境界線を画することが困難であり，その部分に租税公平主義が入り込むことになる。そこで，この周辺部分における租税負担（法の定める課税要件の充足）の可否については，法解釈という行為によって境界（法の定めによる課税要件の充当可能性）を確定する作業が必然的に必要となる。問題は，この法解釈という作業が，どのような性格を有するかということである。法解釈の性格や方法をめぐっては，周知のように，パンデクテン法学，自由法論，利益法学，リアリズム法学，さらには戦後の新たな法解釈の提示などの長い法解釈の方法をめぐる論争史からも明らかなように，多様な考え方がある。法律の採用する用語の適用対象が，明確なそれらの概念的中核部に位置する事象ではなく，しかも立法時に存在していなかったような事象などの，いわば概念的周辺部分での課税要件の充足の可否（境界）を法解釈で確定しようとする場合，そもそも法解釈の性格や方法について多様な考え方（論争）が存在するのであるから，統一的結論を導き得るものではないことは容易に理解できよう。

2　罪刑法定主義と刑法の解釈

さて，以上のような一般論のほかに，租税法の解釈は，租税法律主義のもとで，他の法領域とは異なる「特徴」（特殊性）を有していると指摘されることがある。この特徴を客観的に認識（相対化）する方法の一つとして，租税法律主義とならんで罪刑法定主義という法治国家思想や民主主義思想の中核をなす原理のもとに置かれる刑法領域での，刑法解釈の「特徴」を概観することも有益であると思われる。ここで租税法の解釈の特徴を刑法領域のそれと対置するのは，刑法文献のなかで「刑法の解釈は特殊だ，すなわち，他の法領域のそれとはすこしちがう，と一般的に考えられているといってよいであろう」(1)という表現にでくわすことが稀ではないからである。そして，刑法の解釈の特殊性を導くのは，刑法に罪刑法定主義が原則として存在していることによるとされる。この罪刑法定主義の内容(2)は，罪刑の法定性（法律主義，慣習刑法の否定），事後法の禁止（遡及処罰の禁止），類推解釈の禁止，刑罰の明確性，実体的デュ・プロセスの原理からなると理解されている。この内容から理解される罪刑法定主義については，罪刑法定主義から類推解釈の禁止という解釈方法の原理が直接的に派生するものと理解され，この類推解釈の禁止等の原理から，刑法の解釈は厳格解釈が要請されるとされている。

罪刑法定主義の原理的存在により，刑法の解釈については厳格解釈が基本となるとの指摘については，著名な電気窃盗判決を知る者にとって大いなる違和感を与えるものであろう。旧刑法（明治13年・1880年）は他人の「所有物」を窃取する行為を窃盗としていた（同366条）が，そこでの物は有体物（民法85条）であると理解されていたことから，他人の電気を窃取した行為が窃盗罪に該当するかが問題とされたのが電気窃盗事件であり，大審院は「物」とは有体物でなくても可動性・管理可能性があればよいとして，類推解釈という解釈技術が採用されたとも考えうる解釈で窃盗罪の成立を認めた（大判明36・5・21刑録9・14・874）(3)。このような判例の存在や，すでに戦前において自由法論(4)の観点からの刑法解釈方法が主張されるなど，刑法には法解釈方法にかかわる議論の長い蓄積があり，このことから刑法の解釈の特殊性を厳格解釈であるとする表現で総括することは，当然に疑問が出されることになる。現在においては，以下の指摘で示され

(1)　田宮裕「刑法解釈の方法と限界」（同『変革のなかの刑事法』2000年・所収）25頁。

(2)　罪刑法定主義の内容を構成する諸原理については，前田雅英『刑法総論講義』（第7版・2019年）54頁以下，曽根威彦『刑法学の基礎』（2001年）6頁以下，高橋則夫『刑法総論』（2010年）30頁以下等を参照した。

(3)　高橋・前掲（注2）は，この判決後に現行刑法245条が「電気は，財物とみなす」と規定したが（明治40年・1907年），このような規定が必要であったということから，電気を所有物に含めるのは，旧刑法当時の解釈としては無理があったように思われると指摘する（37頁）。

ている解釈方法についての考え方が，刑法の解釈方法として一般的に受け入れられているものと思われる。

「厳格解釈の要請は刑法の最重要の特色ではあるにしても，一般に解釈方法論そのものまでが特異だというわけではない。この点は誤解してはならないと思う。まず，厳格解釈は，その趣旨からして処罰方向にのみ，つまり被告人に不利益な方向でのみ働く。それから，……厳格解釈といっても，必ずしも文理解釈に徹すべきだというのではなく，げんに目的論的解釈の原理が駆使されているのが実情である。また，明文の法条がないかあるいはないようにみえる場合にも，例えば不作為犯の肯定とか……など，委曲をつくした合目的的な解釈論の応酬が展開されるのは，むしろ他の法領域以上でさえあるといえよう。……このところをしっかりおさえておかないと，……解釈方法ないし限界論の単純化を招き，それに作用する多元的要素に対する観察・分析・検討という作業の必要を阻害するおそれがあるなどの弊害をうむであろう。」(5)

以上の刑法の解釈についての主張については，その刑法という用語を租税法に，罪刑法定主義を租税法律主義に置き換えれば（ただし，「厳格解釈は，その趣旨からして処罰方向にのみ，つまり被告人に不利益な方向でのみ働く」という部分は留保するとして），ほぼ租税法律主義のもとでの租税法の解釈の特徴として語られる内容と重なる。租税法律主義から租税法の解釈の特徴が導かれると主張するについては，上記の罪刑法定主義のもとでの刑法の解釈に関する議論に留意しておく必要があろう。

---

(4)　戦前日本の公法学における自由法論の主張は，主として「信義則」というパイプを通して展開された。この戦前公法学での信義則を使用しての自由法論の展開と，その展開の根底にある国家思想については，拙稿「行政法における信義則の一性格」（早稲田大学法研論集16号・1977年，55頁以下），そして戦前日本の信義則をパイプとする自由法論の議論に決定的影響を与えたワイマール・ナチス期のドイツにおける信義則の理論状況については，拙稿「ワイマール行政法学の一断面――信義則の展開を素材として」（福井大学教育学部紀要Ⅲ・社会科学32号・1983年，31頁以下）で論じたことがある。

(5)　田宮・前掲（注１）26頁。

また，次のような刑法における拡張解釈をめぐる議論も，租税法の解釈の特徴を考えるうえでも示唆的な部分を含んでいる。

社会の変化にともない刑罰の対象にするべきであると考えられる行為（当罰性の高い行為）がどんどん出現してきているにもかかわらず，刑法の改正は少ないことから，謙抑的・厳格というバイアスはつくものの，基本的には民法などと同様の「目的的解釈」が必要である。このことから，解釈の実質的許容範囲は処罰の必要性との衡量が必要であり，「実質的正当性（処罰の必要性）に比例して，法文の通常の語義からの距離に反比例する」とする基準で判定されざるを得ない[(6)]。

同じく，この上記の指摘の刑法という用語を租税法に，処罰の必要性を租税公平主義に変換すれば，租税法における租税公平主義を重視する議論と重複する部分があるように思われる。ただし，上記の主張のなかの処罰の必要性を解釈要素（拡張解釈の限界）とするべきとの考え方に対して，罪刑法定主義は処罰の必要性があっても事前に告知していない行為を処罰することは許されないとする原則であるから，処罰範囲の確定（拡張解釈の限界）に処罰の必要性を基準とするべきでない（罪刑法定主義は，処罰の必要性を犠牲にしても，国民の予測可能性に基づく行動の自由を保障しようとする原則である）とする批判[(7)]があり，これも租税法律主義の観点から，租税法の解釈において租税公平主義を重視すべきとする考え方を批判する議論と重複する部分がある。租税法律主義のもとにある租税法領域よりも，罪刑法定主義によってより厳格な法解釈が要請されると一般的には考えられがちな刑法領域での刑法の解釈をめぐる理論動向は，租税法の解釈を考えるさいにも重要な考慮要素を提供していると思われる。

---

(6)　前田・前掲（注2）63頁。
(7)　大谷實『新版第3版　刑法講義総論』（2009年）66頁，曽根・前掲（注2）13頁。

Ⅱ　法解釈の分類

1　法解釈技術の（用語的）分類

文理解釈や論理解釈，目的論的解釈，拡張解釈などの，法解釈の性格や（技術的）方法を議論する場合に使用される用語について，それぞれの用語の定義や関係を分類して整理しておく必要がある。租税法の解釈方法をめぐる議論の混乱の一因が，これらの用語の定義が判例や論者によって異なることから生じていることは否定できない。このことから，「法律用語の基礎知識」や「法学」というような書名をもつ，法律学入門という位置付けで出版されていると考えられる書籍を主に参照して，これらの文理解釈などの定義がどうなされているのかを改めて整理しておきたい(8)。これらの書籍を参照した限りでは，法解釈にかかわる用語の定義や分類は，ほぼ一致しているように思われる。なお，法学研究者のなかには，この一般的な定義・分類を理解したうえで，あえて一般的ではない内容をもつものとして用語を定義して議論を展開しているものが見られる。この場合，そこには，その論者の意図があり，その意図を明確に理解して評価する必要がある。

(1)　文理解釈と論理解釈

完全な法規範は，法規の形で規律された法律要件と法律効果によって構成される。そして，抽象的に規定されたこの法規による法律要件を具体的な事実に当てはめ（この当てはめ作業は「包摂」とよばれる），法律要件が充足されている場合には法律効果が発生し，充足されていないと法律効果が

---

(8)　主として，林修三『法令用語の常識』（第3版・1975年），吉田利宏『新法令解釈・作成の常識』（2017年），五十嵐清『法学入門』（1979年），末川博『新版法学入門』（1980年），田島信威『法令入門』（第2版・2005年），団藤重光『法学の基礎』（第2版・2007年），青井秀夫『法理学概説』（2007年），笹倉秀夫『法解釈講義』（2009年），現代法入門研究会『現代法入門』（2010年），星野英一『法学入門』（2010年）を参照した。

発生しないことになる（三段論法）。このような過程が，通常，法の適用とよばれるものである。この法の適用においては，事実（小前提）に法律要件としての法規（大前提）を当てはめるについて，大前提たる法規の意義が確定していなければならないはずである。しかし，抽象的文言を使用した法規を，具体的な事実に当てはめる場合，特に法規の確定後につぎつぎと発生する新しい事実に当てはめるような場合には，その前提として当該法規の意義を新たに事実を包容しうるスケールをもって確定しなければ法の適用は遂行できない。具体的な事案において，具体的な法律効果（結論）を決定するための前提作業となる法規の意味を理解し確定する作業が法の解釈とよばれるものである。

この法の解釈という作業は，まず，「法規的解釈」と「学理的解釈」に分けられるのが通常である。「法規的解釈」は，法令自体が定義規定や解釈規定（例：原告適格に関する行政事件訴訟法９条２項）を置くことで，法律（立法者）の解釈ルールを条文自体に書き込んでいるものである。「学理的解釈」は，法令自体でなく第三者たる解釈者による解釈であり，特に法令の有する法規の意味内容を学問的（有権解釈は行政の立場から）に確定しようとするものである。そしてこの学理的解釈は，伝統的には「文理解釈」と「論理解釈」に分類されてきた。この分類の，論理解釈は，法令が達成しようとする目的やあるべき趣旨から解釈する面があることから「目的論的解釈」（本来は目的的解釈というべきであるが，従来から目的論的解釈という用語が使用されている）とよばれ(9)，判例や文献上では文理解釈と対抗する解釈方法としては論理解釈という用語より，目的論的解釈という表現がなされる場合の方が多いようである。

①文理解釈　　改めて文理解釈の意義を確認しておくと，文理解釈とは法規範の法文に忠実な解釈方法をいうものであり，法令の規定をそこでの用語や文章から一般的に理解される意味をもつものとして解釈しようと

(9)　吉田・前掲（注８）33頁。

する方法である。ただし，法律用語については特有の技術性があるため，ある程度法律について予備知識がないと文理解釈も不可能である（例えば所有と占有の区分）[10]。法解釈の方法としては，この文理解釈が三権分立のもとでの立法者の意思の尊重や法的安定性の確保の観点から原則とされる。租税法律主義のもとにある租税法の解釈においても，文理解釈が原則とされることは理念的には疑いがない。租税法における解釈は文理解釈が原則であることを判示したリーディング・ケースとされるホステス源泉徴収事件最高裁判決（最判平成22・3・2判決・民集64巻2号4120頁）は，これを「租税法規はみだりに規定を離れて解釈するべきもの」ではないとの判示で表現している。この事件では，ホステス報酬への源泉徴収額が，報酬から「当該支払金額の計算期間の日数」に5000円を乗じた金額（所得税法施行令322条）を控除した残額に法定の税率を乗じた金額と規定されている（所得税法205条2項）ことにかかわり，所得税法施行令322条の「期間」の解釈が問題とされたものである。原審は実際の出勤日数をいうと判断したのに対し，原審のような解釈を採ることは文理上困難であるとして最判は，「一般的に『期間』とは，ある時点から他の時点までの時間的隔たりといった時間的連続性をもった概念と解されているから」，ここでの「期間」とは「当該支払金額の基礎となった期間の初日から末日までという時間的連続性をもった概念であると解するのが自然である」として，実際の出勤日数ではなく，報酬の集計期間の初日から末日までに含まれるすべての日数であるとしたものである。さらに，固定資産税の納税義務者の該当性が問題とされた固定資産税等賦課徴収懈怠確認等事件の最高裁判決（平成27・7・17判決・判例時報2279号16頁）は，ホステス源泉徴収事件最判を参照しながら，「租税法律主義の原則に照らすと，租税法規はみだりに規定の文言を離れて解釈すべきものではないというべきである」として，判決文上で租税法律主義から直接的に文理解釈の原則性を導く表現と

(10)　五十嵐・前掲（注8）134頁。

なっている。

②論理解釈　　特定の法規の解釈を文理解釈の方法でおこなった場合，当該法規を条文として持つ法律の体系と矛盾する結論や，当該規定の成立からの時間的・歴史的経過によって現状の国民の法感情や経済実務に適合しない，場合によっては正義に反すると思われる結論が導かれる場合がでてくる（そもそも，法律の文言は，唯一の正しい解釈を導くほど確定的なものではない）。このような場合には，文理解釈から導かれる法文の意味を超えた解釈が求められることになり，これが文理解釈と同次元で対抗する論理解釈とよばれるものであり，このような解釈方法も一般的に認められてきた（法解釈の方法をめぐる論争史は，この論理解釈の限界をめぐって展開されてきたといってよい）。しかし，この論理解釈の構成要素をめぐっては，若干の混乱があることが指摘されている。

ある論者によれば，論理解釈は，まず体系的解釈と目的論的解釈に分類され，この二つの解釈をおこなう法技術として中世以来，拡張解釈，縮小解釈，類推解釈，反対解釈などの技術があると整理される。また，他の論者によれば，論理解釈と目的論的解釈を同義と考え，体系的解釈は目的論的解釈（論理解釈）の下位概念として，拡張解釈や縮小解釈の次元の解釈技術として整理される。そして，一般的には論理解釈の領域で登場する解釈方法としての「立法者意思説」（主観説）と「法律意思説」（客観説）という議論は，拡張解釈や縮小解釈という次元の法解釈技術とどのような関係になるのかについては明快ではない部分がある。この不明快さは，結論を導くための解釈者の「思考過程」（立法者意思等の探求）と，それを技術的に言語（条文の適用という形）で正当化・定着させる「条文の技術的適用過程」（拡大・縮小解釈等）という異次元のものを同一次元で理解することからくる混乱によるものであるとの指摘がなされている（後述）。

ちなみに，ドイツの標準的な租税法テキストを参照すると，法律はおのずから理解できるものであり，解釈されるのでなく適用されるものであるとの考え方は，とうの昔に幻想であることが暴露されているのであり，法の解釈によって，法律の意味を発見し当該規範を「正しく」解釈する作業が必要であるとして，伝統的に次の解釈ルールがあると紹介される[11]。すなわち文理解釈，体系的解釈，目的的解釈（日本では目的論的解釈といわれる），歴史的・主観的解釈などである（テキストによって若干の差異はあるが，この四つの解釈ルールで分類されるのが標準的であるとみてよいであろう[12]）。ドイツの状況の検討は本論集の第6章でなされることから，ここでは，主に五十嵐清『法学入門』[13]に依拠して，日本での代表的（伝統的）な論理解釈の構成・分類を確認しておこう。まず，論理解釈は体系的解釈と目的論的解釈に分けられる[14]。

イ）体系的解釈

体系的解釈は，法の解釈を法の体系に適合するようにおこなうもので，個別の法規だけでなく，他の法文や，その法規の上位法との関係も考慮しながら，体系的に調和のとれた解釈をしようとするものである。この体系的解釈においては，特に憲法と個別租税法の体系的調和・整合という観点からの解釈が重要な位置付けを与えられる。租税法の個別規定の意味や限界が憲法との体系的整合性の観点から検討される事案は，著名なサラリーマン税金訴訟（最大判昭和60・3・27民集39・2・247）をはじめ多数，存在する[15]。また，税制改革法（昭和63年）の制定を受けて成立した消費税法の適用において，税務調査時の帳簿等の「不提示」が，同法30条7項の帳簿等を「保存しない場合」（この場合には仕入税額控除を認めない）に該当するかが争われた事案で，最高裁判決（平成16・12・20判例時報1889・42）

(11) Hans-Wolfgang Arndt, Steuerrecht, 2 Aufl., 2001, S. 17 f.

(12) 例えば日本で参照されることの多い租税法テキストのティプケ・ラング『租税法』でも，基本的にこのような分類になっているといってよいであろう（参照：Tipke/Lang, Steuerrecht, 23. Aufl., 2018, S. 219ff.)。

(13) 五十嵐・前掲（注8）133頁以下。

(14) 五十嵐教授は，体系的解釈と目的論的解釈の区別は困難な点はあるが，理論的に区分する意義があるとされている。

(15) 租税法の解釈において憲法との関係が主要な争点として問題とされた代表的な事件名については，金子宏『租税法』（第23版・2019年）107頁以下に紹介がある。

の多数意見はこの該当性を認めたが，これには反対意見が付されている。この反対意見の重要な解釈論的根拠とされたのが，税制改革法（4，10，11条）が仕入税額控除を消費税法の制度的骨格と位置付けていることとの体系的整合性ということであり，このような解釈方法は体系的解釈に属するものといえよう。

ロ）目的論的解釈

目的論的解釈とは，法の解釈を，法規の目的をさぐり確定することでおこなおうとするものである。もちろん，ここで問題となるのは何が法の目的であるのかということであるが，この目的の考え方については伝統的に「立法者意思説」（主観説）と「法律意思説」（客観説）の考え方がある。

(i)立法者意思説（主観説）

立法者が立法にさいして有していた立法目的が，法の目的であるとするのが立法者意思説である。日本では，立法者意思を資料で確定する手段が極めて貧弱なこともあり，この立法者意思説はほとんど支持されていないとされているが，他の法領域に比して租税法の解釈においては，毎年，多様な生活・経済関係の変化に対応する多くの複雑な租税法規が制定・改正され，この立法者意思の探求が重要な機能を果たすことが指摘されている。

この立法者意思説の一般的弱点としては，古い法律は立法者の意思が明らかにすることができないものが多いことや，立法過程における委員会において各種の修正がなされ，立法者の立法目的が明瞭でない場合が多いことが指摘されている。さらに深刻な弱点として，立法から時間的に経過しているにもかかわらず，いつまでも立法者の見解に拘束されなければならないのかという点が問題として指摘される[16]。

(ii)法律意思説（客観説）

法の解釈においては，立法当時の立法者の意思でなく，法が現在の社会において有する目的に従って解釈されるべきだとするのが法律意思説であ

---

(16)　五十嵐・前掲（注8）145頁以下。

る[17]。法律意思説による法の解釈の典型としては，立法当時は過失責任主義により解釈がなされていた民法709条が，その後の注意義務の高度化により事実上無過失責任主義に近い解釈がなされるようになってきている例が挙げられる。しかし，この法律意思説においても，現在の社会において有する目的は何であり，それをいかに探求するのかという問題を提起されることになる。

⑵ 論理解釈の技術

論理解釈により得た法解釈の結論は，条文の適用として言語的に説明（定着）されなければならない。この場合，その結論の言語的定着の方法が解釈技術的な観点から，文理解釈による解釈を座標軸の基準として，それとの対比で典型的には拡張解釈，縮小解釈，反対解釈，類推解釈の技術的形態をもつものとして整理される[18]。これらの解釈方法で展開される法解釈作業は，立法者意思説や法律意思説との関係でいえば，立法者意思説や法律意思説の観点からの考慮で得た事案の解決方向を，条文の適用という形で，言語でもって説明・正当化する作業であり，立法者意思説等のもとでの考慮とは，本来，次元の異なる作業である（しかし，このことが，従来は極めて不明確であった）。

(i)拡張解釈

法が予定している本来の対象との本質的類似性や一般的な国民感情等を参照して，法文の概念を拡大して解釈するものである[19]。拡張解釈がなされた典型的判例として未整備踏切事故事件が挙げられる（最判昭和46・4・23民集25巻3号351頁）。この事件では，警報器・遮断機がない未整備

(17) 五十嵐・前掲（注8）146頁。立法者の意思を基準としないことで法律意思説という命名がされているが誤解を生む表現であり，客観的解釈・客観説という言葉が使われることが多い（同書146頁）。

(18) 現在の法解釈の技術的形式としては，拡張解釈，縮小解釈，反対解釈，類推解釈のほかに，例えば従来の法解釈の方法をめぐる議論を総括して発展させたものとも評価できる。笹倉・前掲（注8）では，文字通りの適用，宣言的解釈，もちろん解釈，比附，反制定法的解釈が分類として挙げられている（これらの定義については後述）。

の第4種踏切（地方鉄道建設規程21条3項の定める保安設備の設置が必要ない踏切）で3歳児が列車にはねられて死亡した事故につき，遺族は鉄道会社に，民法717条（土地の工作物等の占有者及び所有者の責任）にもとづき損害賠償を請求したが，会社側は当該踏切には初めから保安設備がない（土地に工作物がない）のであるから，踏切の瑕疵を問題にする余地がない等の反論をおこなった。この事案につき最高裁は，踏切（道）は列車運行の確保と道路交通の安全を調整するもので，必要な保安施設が設けられて初めて機能を果たすのであるから，あるべき保安設備を欠く場合にも「瑕疵」があるものとなるとして民法717条の適用を認めた原審判決を支持した。

租税法の解釈においては，租税法律主義の観点から拡張解釈は容易に許容しえないようにも思われるが，レーシングカー事件での最高裁判決（最判平・9・11・11月報45・2・421）は拡張解釈という用語は使用していないものの，拡張解釈によるものと評価されている[20]。この事案は，廃止前の物品税法で課税物品とされていた「小型普通乗用自動車」に競争用自動車が含まれるかが問題とされたもので，最高裁は「その性状，機能，使用

(19)　笹倉・前掲（注8）61頁。拡張解釈と類推の区別は容易でない部分があるが，笹倉・同書は，拡張解釈における「本質的類似性」を，法が予定している本来の対象の半分を超える類似性とし，その程度に達しない類似性は「類推」の領域であるとしている（61頁）。罪刑法定主義のもとで類推解釈が禁止される刑法の解釈においては，許容される拡張解釈と禁止される類推の区分は重要な問題となる。この区分を相対化する説を批判する観点からは，類推解釈では国家社会の立場からみてけしからぬ行為をまず取り出し，類似した法条を後から探し出すという思考方法がとられるのに対し，拡張解釈ではあくまでも法文の解釈から出発してその枠内に入るかどうかという観点から社会生活上の行為を見るものであり，両者の解釈は区分できるものとする（西原春夫『刑法総論（上巻）』（改訂版・1993年44頁））。この区分論を高橋・前掲（注2）は，類推解釈は初めに事実ありきで，拡張解釈は初めに条文ありきという考え方であるとしている。

(20)　金子・前掲（注15）123頁，木山泰嗣「税法解釈のあり方―文理解釈は正しいのか」（青山法学論集58巻2号，2016年）104頁以下。そのほか，本判例の評価については，増田晋「租税法の解釈―レーシングカー事件」（租税判例百選（第4版・2005年））29頁も参照。

目的等を総合すれば，乗用以外の特殊の用途に供するものではないというべきであり，普通乗用自動車に該当するものと解すべきである」とした。

(ii)縮小解釈

この縮小解釈は限定解釈ともよばれ，法文の通常の意味を限定して解釈するものである。この縮小解釈の代表的判決が著名な「踏んだり蹴ったり事件」である。民法770条1項5号は，夫婦の一方が離婚請求の訴えを提起できる場合として婚姻関係を継続し難い重大な事由があるときと定めている。この離婚請求訴訟を有責配偶者（婚姻関係を継続しがたい原因を作った夫婦の一方）から提起できるかが問題とされたのが，この事案である。最高裁（最判昭和27・2・19民集6・2・110）は，「かかる請求が認められるとすれば離婚を請求された側は全く俗にいう『踏んだり蹴（っ）たり』である」として，有責配偶者からの離婚請求の訴えを認めず，離婚請求ができる夫婦の一方の範囲を限定した(21)。

租税法の解釈においても，縮小解釈をおこなったと評価されている判例が存在し，その代表的な判決とされるのが外国税額控除事件（最判平成17・12・19民集59・10・2964）である。この事件では，ある銀行の取引につき法人税法69条の定める，当該銀行にとって利益となる外国税額控除制度の利用が認められるかが問題とされた。最高裁は，本件取引を全体としてみれば当該銀行が外国法人の負担すべき外国法人税を負担しながら，自己の外国税額控除の余裕額を利用して最終的に利益を得ようとするものであり，これはわが国の外国税額控除制度を「その本来の趣旨目的から著しく逸脱する態様で利用して納税を免れ」ようとするものであるとして，外国税額控除制度の適用を認めなかった。通常であれば法の定める要件（外国税額控除の要件）を満たしていると考えられる事案につき，その要件

(21) なお有責配偶者からの離婚請求の訴えの制限については，その後に判例が変更され，一定の別居期間の存在を経ての有責配偶者からの離婚請求訴訟が認められている（36年間の別居：最大判昭和62・9・2民集41・6・1423，8年間の別居：最判平成2・11・8家裁月報43・3・72）。

を制度の趣旨目的の理解から限定的に解釈することで当該要件充足時の法効果（外国税額控除）を認めないとするものである[22]。

⒤反対解釈

法文の規定にあることが書かれている場合，書かれていないことは書かれていることの逆の効果が生じるものとして解釈するのが反対解釈である[23]。この反対解釈の事例としては死刑制度の合憲性が争われた事案で最高裁（最判昭和23・9・7刑事4号5頁）が，反対解釈という用語を使用して，憲法31条は，何人も「法律の定める手続によらなければ」，その生命もしくは自由を奪われ，又はその他の刑罰を科せられないと定めているのであるから，反対解釈により法律の定める手続きで死刑を科すことができると判示している。租税法の解釈として反対解釈という用語が使用された判例が存在しないわけではないが（例えば貴石及び貴金属製品等の古物が廃止前の物品税法の課税物品に該当するかが争われた大阪地判昭和46・7・14判タ269・311），税法律主義の課税要件法定主義からして，一般的には反対解釈という解釈技術は租税法の解釈になじみやすいとも考えられるが，あえて反対解釈という解釈方法を使用して結論（言語的説得・定着）を導く必要がある事例はないとも考えられ，ありえるとしても他の法解釈技術のなかに吸収されるようにも思われる。

⒥類推解釈

ある事実（A）について適用できると考えられる規定がない（法の欠缺）場合に，この事案に似ている他の事実（B）を規律する規定があるとき，同様のものは同様に扱えという考え方などを基礎に，ある事実（A）につい

(22)　この外国税額控除事件で最判が採用した，租税減免規定に対して法の趣旨目的による限定解釈（縮小解釈）をほどこすという解釈方法については，当該法の趣旨目的の確定の曖昧さもあり，法的根拠をもたないで租税回避の否認を認める結果の拡大につながるのではないか等の厳しい批判がなされている。この判決の限定解釈（縮小解釈）の評価については，岡村忠生「租税法規の限定解釈―りそな外税控除否認事件」（租税判例百選・第6版・2016年）38頁以下参照。

(23)　吉田・前掲（注8）38頁以下。

て他の事実（B）を規律する規定を適用するものである[(24)]。この類推解釈が使用された代表的事例が前述の電気窃盗事件判決であるとされている。しかし，この類推解釈は，刑法領域では罪刑法定主義から禁止されると理解されている（ただし，刑法における類推解釈の禁止は被告人の行為自由を保護するための原則であるから，被告人に有利な方向での類推解釈は許容されている）のであるから，電気窃盗事件判決を類推解釈の代表事例と明示することになれば問題となるはずである。このことから，刑法判例は刑法の解釈において拡張的な解釈を認めつつ，それが類推解釈か拡張解釈かの概念規定をおこなうことなく今日に至っているとされる[(25)]。

租税法における法解釈では，租税法律主義の原則のもとで類推解釈は禁止されるとの結論が導かれるはずであるが，最高裁判決も含めて判例は類推解釈の禁止を原則として貫いているわけではなく，その許容性について混乱があると評価されている[(26)]。

所得税法の適用に関して，取得した権利金が譲渡所得に該当するかが争われた事案で最高裁（最判昭和45・10・23民集24・11・1617）は，借地権設定のさいに支払われる権利金につき，「経済的実質」に着目して公平な課税を実現するため，極めて高額な権利金は経済的・実質的に所有権の権能の一部を譲渡した対価としての性質をもつものであり「譲渡所得に当たるものと類推解釈するのが相当である」としている[(27)]。これに対して，譲渡担保による不動産の取得が不動産取得税の課税対象たる「不動産の取得」に当たるかが争われた事案で，信託による不動産の移転を非課税とする規定の類推解釈により，規定のない譲渡担保による取得を非課税とした原審の判決を破棄する判断を示した最高裁（最判昭和48・11・16民集27・10・

---

(24)　笹倉・前掲（注8）104頁。

(25)　高橋・前掲（注2）36頁。

(26)　占部裕典「租税法の解釈の『実質的側面』と『形式的側面』―租税法における『文理解釈』とは何か―」（同志社法学68巻4号・2016年）37頁。

(27)　この権利金に関する最判についての，租税法の解釈の方法という観点からの評価については，木山・前掲（注20）109頁以下参照。

1333）は，判決のなかで「租税法の規定はみだりに拡張適用すべきものではないから，譲渡担保による不動産の取得についてはこれを類推適用すべきものではない」とした(28)。以上の2判決は，最高裁が，租税法の解釈において類推解釈を絶対的に禁止しているという立場に立つものではないことを示している。

類推解釈については，さらに留意すべき点がある。ドイツ租税法での通説・判例は，類推解釈を否定しておらず，そこでの類推解釈の限界に関する議論は極めて精緻に展開されており，日本での租税法の解釈を考えるうえでも貴重な素材を提供しているということである(29)。上記の，一定の内容をもつ権利金を譲渡所得に該当すると判示した最判については，法律の欠缺があり，その欠缺を裁判官が類推という法解釈技術をもって補充する，裁判官による法創造（立法）がなされたと評価することも可能である。

Ⅲ　租税法の解釈方法をめぐる歴史的展開

近時の租税法における法解釈の方法をめぐる議論をみていると，法解釈が解釈者の価値判断的作用であることを否定できないという，法解釈の性格を考えるうえで必須の前提についての考慮が希薄なように思われる側面がある。もちろん，この要素は当然のことであり言及するまでもないということかも知れない。

---

(28)　この譲渡担保にかかる最判の評価については，石島弘「不動産取得税―不動産取得の意義」（租税判例百選（第3版・1992年）136頁以下等参照。なお，現在の譲渡担保に対する不動産取得税の課税については，立法的措置により一定の範囲で免除を認める調整がなされている。

(29)　岩﨑政明「経済的観察法をめぐる最近の論争」（租税法研究11号・1983年）は，ドイツ租税法学における経済的観察法をめぐる議論を詳細に紹介・検討しているが（142頁以下），そこでのドイツ租税法における類推解釈をめぐる議論の紹介は，現在の日本での租税法の解釈をめぐる議論にも極めて有意義な内容を含んでいる。租税法の解釈において，何の留保もなく「類推解釈の禁止」と主張することの問題性を示唆している。

いずれにせよ，租税法の解釈の方法を考えるについては，法解釈の性格が問題とされた戦後の法解釈論争の租税法学への影響を見ておく必要があろう。それと関連して，租税法学的には日本税法学会を舞台に展開された「経済的観察方法論争」にも目配せしておく必要がある。

⑴　法解釈論争

いわゆる「戦後法学３大論争[30]」（個別法学領域の境界を超えて全法学領域を巻き込む論争が展開されたもの）の中心をなす法解釈論争は，1953 年秋の私法学会における来栖三郎教授の報告「法の解釈と法律家」（私法 11 号 22 頁以下・1954 年）がきっかけになったといわれる[31]。

この報告の主要な趣旨は，以下の３点に整理できる[32]。

ⅰ）法の解釈は一つの実践的価値判断であり，客観的真理を認識するというものではない

ⅱ）解釈者はこの実践的価値判断に社会的責任を負わなければならない

ⅲ）この責任をまっとうするために法規の権威でごまかすことなく，

(30)　戦後法学３大論争とは，法社会学論争，法解釈論争，判例研究の方法論争をさす（それぞれの論争をリードした主要論文が，長谷川正安編『法学の方法』（法学文献選集１・1972 年）に収録されている)。なお，この３大論争に現代法論争（近代法と対比される現代法の特徴をいかにとらえるべきかをめぐるもの）を加えて戦後法学４大論争といわれる場合もある（この現代法論争を語るさいのテキストともいうべきものが，岩波新書『現代法の学び方』（1969 年)，岩波講座・現代法［全 15 巻］である)。

(31)　長谷川正安『法学論争史』（1976 年）81 頁以下では，この来栖教授の報告の背景にあった歴史状況につき興味ある指摘がなされている。また，村上淳一『新装版〈法〉の歴史』（2013 年）の，「来栖は――学者としては例外的に――やや情緒的な表現を用いている。そのためもあって，来栖の問題提起の意味は必ずしも十分に理解されなかった。」という指摘（81 頁）は興味深いものである。しかし，同書は来栖教授の問題提起が，近代から現代〈ないしポストモダン〉への転換をいち早く法解釈方法論のレベルで受けとめた先駆的発言だったと評価している（なお，同書で紹介されているパンデクテン法学の総帥たるヴィントシャイトの“意外”とも言うべき法の解釈に関する発言は，法の解釈方法に関心を持つ者にとっては一読に値する（152 頁以下))。

現実の社会関係の社会学的方法による分析をもって，実践的価値を理由付ける努力がなされなければならない

ここにある法の解釈が一つの実践的価値判断であり，客観的真理を認識するというものではないとの認識は法学領域全体で基本的に受け入れられるところとなったが，そうなると法の解釈はそもそも恣意的なものであるとの安易な評価も必然的に出てこざるをえない。このことから，法解釈論争は来栖教授の問題提起の段階から一歩展開して，実定法規の「枠」の認識（法文による価値判断としての法解釈の可能性の外枠・限界の確定），その枠のなかで成立せざるを得ない複数の解釈の間での優劣を付けることはできるのか，さらにこれらと関連するが，「法解釈に科学は成立しないのか」等の次元での論争に進んでいくことになる(33)。

以上のような法解釈論争は，租税法律主義原則のもとにある租税法の解釈にどのような影響を与えたのであろうか。このような興味は，罪刑法定主義原則のもとにある刑法の解釈にも影響を与えたのか，そして，法解釈論争の租税法と刑法の解釈への影響に差異が見られるのかという点への関心も呼び起こす。

刑法の解釈と法解釈論争の関係について，刑法学は法解釈論争にあまり

---

(32)　来栖教授の主張の理解については，広渡清吾「法的判断論の構図―法の解釈・適用とは何か」（社会科学研究55巻2号・2004年）113頁以下，田中成明『現代法理学』（2011年）474頁以下を参照した。来栖教授は「法の解釈と法律家」の中で，著名な次のような象徴的主張を展開している。

「こうみてくると，何と法律家は威武高なことであろう。常に自分の解釈が客観的に正しい唯一の解釈だとして，客観性の名において主張するなんて。しかし，また見方によっては，何と気の弱いことであろう。万事法規に頼り，人間生活が法規によって残りくまなく律せられるように考えなくては心が落ち着かないなんて。そして，何とまた法律家は虚偽で無責任なことであるか。何とかして，主観を客観のかげにかくそうとするなんて。」

(33)　五十嵐・前掲（注8）は，従来法解釈学は諸科学の中で孤立した存在であったが，戦後においては哲学，社会学，経済学，論理学などの科学（とくに経験科学とマルクス主義）が著しく発達し，それが法解釈学をふくめて法学に大きな影響を与えることになり，このため，法解釈学の科学性を論ずるための基礎が拡大したと指摘する（165頁）。

関心を示さず，直接論争に参加することはなかったというのが一般的な評価のようである。その理由について次のような指摘がなされていることは，租税法の解釈への法解釈論争の影響を検討するうえで，重要な示唆を与える。

来栖教授や法解釈論争の提起は，法解釈の創造性を肯定し，法解釈に主観的な価値判断が入り込むことを率直に認めよということであるが，刑法では「かつてそういう時代を経験したことがあったが，罪刑法定主義の原理的自覚により，やっと厳格解釈のルールが確立したばかりであった。いわば刑法解釈の正道をそのような方向へ歩み出したばかりであったから，民事法などとは関心の方向がまったくちがっていたわけである。」[(34)]

以上のような主張にある戦後の刑法における解釈をめぐる状況は，租税法律主義の原理的自覚により，厳格解釈という租税法の解釈の「正道」に歩みだした租税法学においても同様であったように思われる。シャウプ使節団は日本税制報告書（「シャウプ勧告」）を提出（1949年9月）する準備として，3か月にわたって事前に日本の税務実務の現場を調査しているが，その調査で見分した戦後日本の税務の「混乱」の一部がシャウプ勧告の中にも記述されている。そのような混乱の影響が残る中で，憲法を基礎とした戦後租税法学を構築しようとする租税法にとって，法の解釈につき法解釈論争に参加する環境・関心は，刑法学と同様に希薄であったといわざるをえないであろう。しかし，租税法学が租税法律主義のもとでの厳格解釈の「正道」を歩みはじめたとはいえ，租税法の解釈が「一つの実践的価値判断であり，客観的真理を認識するというものではない」という法解釈の本質的性格を有することは否定できないものである。いま租税法学は，法解釈が実践的価値判断的要素をもつこと（法解釈論争の第一段階）を再確認したうえで，租税法解釈における価値判断的要素と租税法律主義のもつ理念（理想）との緊張関係を，現在の租税法を取り巻く状況のなかで，租税

(34) 田宮・前掲（注1）36頁。

法の解釈を一般的方法論レベルで再検討することが迫られているように思われる。

⑵　実質課税原則・経済的観察方法と租税法の解釈

租税法の解釈という問題に関係する歴史的論争として，租税通則法の制定をめぐって発生した実質課税原則をめぐる論争にも注目しておく必要がある[(35)]。

1961年3月に税制調査会の「国税通則法の制定に関する答申」が出されたが，その答申中で「税法の解釈及び課税要件事実の判断については，各税法の目的に従い，租税負担の公平を図るよう，それらの経済的意義及び実質に則して行なうものとするという趣旨の原則規定を設けるものとする」との方針が示された。これをうけて，実質課税の原則という名のもとに，この答申に沿った租税法解釈の一般原則に関する規定を新たに制定される国税通則法に盛り込むことが検討されたが，多くの反対が提起され，当該規定の制定は見送られた（国税通則法の成立は1962年4月）[(36)]。

さて，上記の税制調査会答申や国税通則法の制定に関連して発生した実質課税の原則をめぐる論争は様々な次元で展開されたが，そのなかに，日本税法学会などを舞台に，ここでの実質課税原則をドイツの経済的観察法ととらえて国税通則法に盛り込むべきとする主張と，それを批判する主張が論争という形で発生したことは注目すべき点である[(37)]。このドイツの租税法における経済的観察法は，1919年の帝国租税基本法（RAO）4条に，租税法律の解釈にあたっては，その目的，その経済的意義及び諸事情の変転を考慮すべきものとする，との内容で登場する。その後，経済的観察法の規定は1934年租税調整法1条に移行する（1条1項：租税法律は，ナチ

(35)　北野弘久『現代税法の構造』（1972年）では，戦後の日本税法学20年における税法学徒のほとんどのエネルギーが直接間接この実質課税原則の解明に捧げられてきたといっても過言ではなく，最近まで泥沼のような状況にあった，という感想が披歴されている（74頁）。

(36)　実質課税原則が国税通則法に規定されなかった経緯と評価については，吉良実「国税通則法制定に思う」（税法学138号・1962年）3頁以下等参照。

(民族社会主義的) 世界観に従い解釈するものとする。2項：租税法律の解釈にあたっては，民族観，租税法律の目的及び経済的意義，並びに諸事情の変転を考慮すべきものとする。3項：要件事実の認定については，前2項の規定を準用する)。1946年に連合軍が租税調整法1条1項を廃止したが，同法1条の2項と3項は1977年のドイツ租税基本法（AO）によって廃止[38]されるまで存続した。このことから上記の論争は，租税調整法1条のうちの1項が廃止された時点での経済的観察法を定める規定のもとでなされたことになる。現在のドイツにおける経済的観察法の評価については，それは租税法の目的論的解釈の具体的手法の一つであり，経済的観察法の文言がなくなっても，租税基本法40条（違法所得への課税），41条（無効な行為や仮装行為による所得への課税），42条（法形成可能性の濫用への課税）等の規定として具体化されていると考えられているといってもよいであろう。

さて，国税通則法の制定に関して展開された実質課税の原則を租税法の解釈原理として成文化してよいかという論争が，すでに多くの学会を巻きこんで展開している法解釈論争の第2段階の議論（価値的判断である法解釈はどのような方法であれば恣意的解釈の域を脱することができるのか，法解釈の限界を画する制定法の条文による枠をどのように考えるか等）にコミットし

---

(37) 実質課税原則の国税通則法への導入を支持する田中勝次郎博士と，これに反対する中川一郎博士の論争は，田中勝次郎「経済的観察方法の意義について中川教授の教を乞う」（税法学134号・1962年1頁以下）と中川一郎「田中勝次郎先生にお答えする―特にブルーメンシュタインの学説について―」（同14頁以下）で展開されている。経済的観察法を国庫主義的観点から理解するE・ベッカー等の主張を背景に持つ田中博士と，これと対極にある経済的観察法を強固な租税法律主義の観点から批判するブルーメンシュタイン等の主張を基盤とする中川博士との経済的観察法にかかわる論争は，ドイツ租税法に関する理解のレベルでも，実質課税主義論争にかかわる形での日本の租税法上の理解のレベルでも，まったく接点を持ちえなかったように思われる。

(38) 1977年AOによって経済的観察法に関する規定が廃止された後の連邦財政裁判所の判決の分析にもとづき，中川博士は，当該規定の廃止と判決の動向のもとで経済的観察法の命運は尽きたとされた（中川一郎「税法における経済的観察法の運命―77年AO施行後のBFHの判例を観て―」（『日本税法学会創立30周年記念祝賀税法学論文集』所収・1981年）87頁。

ていれば，この時点で租税法の解釈（方法）をめぐる多様な議論の進展を生んだとも想像されるが，憲法を頂点とする戦後租税法学が厳格解釈の「正道」を歩み始めた状況のもとでは，経済的観察法を国庫主義的解釈方法として否定し，「拡張解釈・縮小解釈・類推解釈の制限・禁止」という原則を強固に確認する方向に向かわざるを得なかったであろう（この方向性は，もちろん戦後税務行政の「民主化」に大きな役割を果たしたことは疑いない)。経済的観察法についての論争でいえば，当時においてはドイツの租税法における経済観察法の理論的内容が「租税法の独立」のキータームとの関連で紹介されたこともあり，日本の研究者にとっては明快なものでなかった。日本においても，課税要件事実の認定については，その経済実態（実質）を探求する必要があることは，一般的な解釈原理として経済的観察法を規定することに反対する学説も当然に認めていた。しかし，このような事実認定における裸の経済的観察と，一般的な法解釈原理として経済的観察法を認めること，さらにはこれを抽象的な文言を使用して条文化することは全く別次元のことであり，経済的観察法を明文化せよとする主張には，この点の区別の主張に若干の曖昧性があったように思われる。

Ⅳ　法解釈の思考過程と解釈技術

以上において，法解釈に関する伝統的な理解を基礎に，租税法の解釈に関する従来の分類等を紹介してきた。

さて，法哲学や法理学，さらには法解釈論争の主要舞台であった民法学における近時の法解釈の方法をめぐる議論の展開(39)は，租税法解釈の方法の再検討・再構成をうながす重要な理論的提起を含んでいる。その近時の展開は多様な方向性・潮流をもっており，その諸潮流の租税法解釈への（あるべき）影響・受容の仕方にかかる研究は，これからの重要な日本租税法学の研究課題であろう。

上記の諸潮流のなかに，法の解釈における解釈者の心理過程と解釈技術の（両者への視線の往復・循環）関係に着目するものがある[40]。この考え方は，租税法の解釈方法の体系的理解につき極めて有益な視点を提供するものと思われることから，以下において，その考え方を紹介させていただくが（この考え方の法哲学的・法理学的な次元での基礎付け[41]については，ここではあえて省略する），本稿においては，この考え方にもとづく法解釈の方法の構造分析を，理論水準を維持しながら最も具体的で簡明に論じられていると考えられる笹倉秀夫『法解釈講義』（2009年）に依拠して（以下，「同書」とのみ表記する），紹介することとする。この紹介によって，文理解釈

---

(39) この新しい潮流については，広渡・前掲（注32）113頁以下，青井・前掲（注8）201頁以下等参照。青井・同書321頁の，「戦後ドイツにおける最初の体系的な私法学方法論がラーレンツによって書かれたことは，不幸なことであった」との指摘は，ドイツにおいてラーレンツの法学方法論（評価法学）への批判が強くなっている状況を伝えるものであろうが，日本で参照されることの多いドイツ租税法の代表的テキストである，ティプケ・ラング『租税法』（前掲（注12）216頁）が，ドイツ租税法学の解釈方法論はラーレンツの「評価法学」を基礎にしていると記述している（ドイツにおいて，このラーレンツの評価法学が通説の位置にあることに変化はないようである）ことに関連して，ラーレンツ批判（新たな解釈方法論の動向）には租税法学の観点からも注目しておく必要があろう。

(40) これは，日本での法解釈論争が行き着いたものであり，またドイツで法律学的ヘルメノイテックという名でよばれる法解釈の新たな潮流の特徴でもあると考えられる（ヘルメノイテック（Hermeneutik）は解釈学という意味であるが，哲学上の議論と区別するために「法律学的ヘルメノイテック」との表現が用いられている）。この法律学的ヘルメノイテック（法律学的解釈学）の観点からの，従来の三段論法による法の解釈と適用に対する批判については，すでにドイツの経済的観察法を検討した岩﨑・前掲（注29）が，この法律学的ヘルメノイテックに注目している。そこでの岩﨑教授は，法律学的ヘルメノイテックによる法解釈を無条件に認めることが類推解釈を認めることに接近するとの理由で，警戒的な評価を披歴している（137頁）。

(41) 法律学的ヘルメノイテックについては，青井秀夫「現代西ドイツ法律学的方法論の一断面—『法律学的ヘルメノイテック』の紹介と検討—」（法学39巻1号99頁以下，3・4合併号59頁以下・1975，1976年），広渡・前掲（注32）132頁以下参照。なお青井論文の法学39巻3・4合併号の387頁以下の「あとがき」での法律学的ヘルメノイテックの考え方の整理は，この法解釈方法論を理解するうえで有益である。田中成明ほか『法思想史』（第2版（補訂）・2011年）も，この考え方を明解に紹介している（219頁以下）。

のリーディング・ケースとされるホステス源泉徴収事件最高裁判決が，前述のように文理解釈により結論を導いたと述べながら，それに続けて，この結論は「ホステス報酬に係る源泉徴収制度において基礎控除方式が採られた趣旨は，できる限り源泉徴収税額に係る還付の手数を省くことにあったことが立法趣旨の説明等からうかがわれる」ことからも導かれると判示して，目的論的解釈の観点からも結論を導いている(42)意味も，より合理的に理解できるものと考えられる。

⑴　法解釈の思考過程と解釈の技術の「分離」と「循環」

笹倉・同書は，解釈の構造分析を「解釈の構造図」を使って明快に論じていることから，この図をそのまま利用して，展開されている主張を紹介する。

＊法解釈の構造図（笹倉・同書4頁）

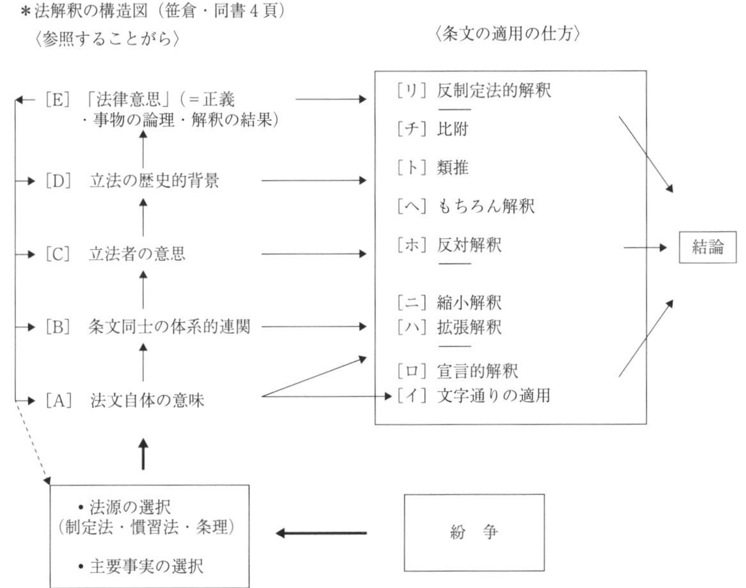

笹倉・同書によれば，従来は上記の法解釈の構造図（以下，「構造図」とのみいう場合がある）の右列にはいるものと左列にはいるものが分別されず，例えば拡張解釈・縮小解釈・類推が文理解釈や立法者意思解釈などが同じ

レベルで論じられていることから法解釈の構造に関する混乱が生じているとする[(43)]。さらに構造図の右列については，重要ないくつかの概念がこれまで見落とされていたとも指摘する。構造図の「左の系列」の作業は，処理の基準になりそうだと考えられる特定の法文の意味を大枠において確定し事件の処理方向を定める作業にかかわるものである。この左の系列のどれ（複数選択もありえる）を参考にしたかで結論への方向性が固まることになり，その方向性に導かれつつ右の系列に移行して，関係する条文をどのようにケースと理論的に結びつけて「結論を法的に正当化するか（条文をどう適用するか（事実の条文への包摂））」の検討作業に向かう。この構造図では明確に示されないが，ここでの構造図の基礎にある重要な点は，左の系列の各判断項目は何度も行き来をして検討がなされ，その結果を右系列の条文の適用の仕方に結合するについては，その結合に問題が生じれば再度，左系列に戻って検討がなされ，再び右系列の条文の適用のしかたへの結合が検討されるというように，解釈の結論の言語による正当化に至るまで，何度も「視線の往復」・「循環」を繰り返すことが考えられていることである（場合によっては紛争の法的整形の再検討までさかのぼることもある）。そして，もう一つ重要なことは，この構成図に「文理解釈」という用語が登場していないことである[(44)]。法解釈の方法をめぐる混乱の主原因は，右と左の系列の混同と並んで，文理解釈という用語のあいまいさ（論者によって，その定義が異なる場合が少なからずある）にあると考えられているからである。さて，右と左の系列の個々の構成要素は以下のようになっている。

①左の系列　　裸の紛争事案を法的処理になじむものに整形しながら，

(42)　木山・前掲（注20）は，この点を注目して検討を加えている（95頁以下）。酒井克彦「租税法条文の読み方―文理解釈か？趣旨解釈か？―」（税大ジャーナル21号・2013年）は，必ず条文には趣旨があることから，文理解釈と趣旨解釈（目的論的解釈）は排他的なものでなく，補強しあう関係にあるとしている（33頁）。

(43)　笹倉・同書5頁の「注1」は，この左系列と右系列の区分を明確にしたのは，五十嵐・前掲（注8）であると評価している。

これに適用する基準となるであろう制定法やその個別規定（制定法では対応できない場合は慣習法や条理）に目星をつけたうえで，左の列の作業を進めていくことになる。そこでは，目星をつけた法文の意味を大枠において確定し，事件の処理方向を定める作業がなされる。A～Eの個々の内容については説明を省略するが，Aの「法文自体の意味」とEの「法律意思」については笹倉・同書で説明されている内容を簡単に紹介しておこう。

Aの「法文自体の意味」の探求は法文の，それ自体としての意味をとらえるものであるから，伝統的表現でいえば「文理解釈」である。しかし，この構成図でいえば，Aは左の系列に属する作業であり，法文が文字を使って形成されている以上，いかなる法解釈においても最初になされるものである。Aの法文自体の意味の確定には二つの類型があり，(i)常用の意味（日常生活，法実務上，そして科学上での一般的な使い方）を特に問題がないので採用する場合と，(ii)常用の意味があいまいで意味をめぐって紛争があったり，常用の意味では不都合が生じたりする場合に法学ないしその他の学問を利用して意味選択，意味確定をおこなう場合があるとされる。このような方法で法文の意味が大枠というレベルでも確定できない場合は，それ以外の方法（B～E）で意味を確定して事件の処理の方向性を定めていく。

Eの「法律意思」の探求は，伝統的分類によれば「法律意思説」（客観説）として考えられていた内容といえるが，A～Dを参照しても決め手にならないとか，それらだけで決めると不都合な結果を生むとか，参照すべき適当な資料がない場合，次の点を考慮して法文の意味を確定する方向性

(44)　笹倉・同書の5年後に公刊された同著者による『法学講義』(2014年）では，左の系列についてのAからEの表記に，次のようなイコール（＝）での追記がなされている（66頁)。[A] 法文自体の意味＝文理解釈，[B] 条文同士の体系的連関＝体系的解釈，[C] 立法者の意思＝立法者意思解釈，[D] 立法の歴史的背景＝歴史的解釈，[E]「法律意思」(＝正義・事物のもつ論理・解釈の結果)＝法律意思解釈。文理解釈の位置が明示されることで，より明解な法解釈の構造図になったように思われる。

(「落としどころ」) を得る作業がなされるという。すなわち，考慮する点としては，問題となる条文・制度の本来の目的は何か，解決方法が正義にかなうか，事物のもつ論理にあった運用ができるか，この解決法がルール化されても大丈夫か，等が挙げられている。

なお，笹倉・同書では左の系列のA～Eの検討に優先順位をつけることは意味がなく，解釈を法律の忠実な適用とする立場からはAが最も優先され，BからEに向かって次第に敬遠・拒否が強まるとしている。前述の立法者意思説（主観説）からはCとAが重視され，法律意思説（客観説）からはEが重視されることになるということができるとされる。

②右の系列　　左の系列の思考で結論への方向性が決まると右の系列に移行し，関係する条文と結びつけて論理的に結論を正当化する検討がなされる（事実を条文に包摂する作業)。笹倉・同書では，左と右の系列の関係を四つの類型に分類している。

(i)事案を左の系列での検討で，紛争を既存の条文の本来の意味に沿って処理できるという見通しを持てる場合には，［イ］文字通りの適用や，［ロ］宣言的解釈による結論の正当化が検討される（これは，伝統的表現では文理解釈とされてきた内容と重なる)。

(ii)同じく左の系列での検討で，紛争の処理に使える既存の条文はある（＝法律に欠缺はない）が，常用の意味で処理しては不都合が生じると判断される場合には，［ハ］拡張解釈や，［ニ］縮小解釈による正当化が検討される。

(iii)左の系列の検討で，紛争を既存の条文では処理できない（＝法律の欠缺がある）と考える場合には，類比できる既存の他の条文からヒントを得て，［ホ］反対解釈，［へ］もちろん解釈，［ト］類推，［チ］比附による正当化が検討される。そして，

(iv)左の系列の検討で，紛争にかかわる条文が時代遅れで適用に不都合があると考えられる場合には，その条文を使用せず，その文言とは別様に運用するべく，［リ］反制定法的解釈による正当化が検討さ

れる(45)。

以上のような左と右の系列の関係については，左と右のそれぞれの系列内で「循環的」に検討が繰り返され，また，左から右への系列の検討に移行したあとも，場合によっては，再度，左の系列に戻って再検討がなされるという視線の往復による「循環的」な考慮がなされる。このような解釈にあたっての思考過程と，その言語による正当化（定着化）の循環的理解

---

(45)　笹倉・同書で［イ］～［リ］に対応する代表的判例として挙げられているものは，次のとおりである。

［イ］文字通りの適用：不発弾爆発被害事件判決（最判平成元・12・21民集42・12・2209）

［ロ］宣言的解釈：福岡県青少年保護育成条例違反事件（最大判昭和60・10・23民集39・6・413）

［ハ］拡張解釈：未整備踏切事故事件（最判昭和46・4・23民集25・3・351）

［ニ］縮小解釈：踏んだり蹴ったり事件（最判昭和27・2・19判決民集6・2・110）

［ホ］反対解釈（反面解釈）：死刑制度違憲訴訟（最判昭和23・9・7刑事4・5）

［ヘ］もちろん解釈：東京都公安条例巣鴨事件（東京地判昭和33・8・29判例時報164・10頁）

［ト］類推：電気窃盗事件（大審院明36年5月21日判決（大審院刑事裁判録9輯874頁）

［チ］比附（後述）

［リ］反制定法的解釈：利息制限法超過利息返還請求事件（最大判昭和43・11・13判決民集22・12・2526）

ここにある多くの判例の内容は本稿の本文において既に紹介してあるので，ここでは個々の判例の内容には触れない。ただ，［チ］比附（ひふ）については若干の言及をしておこう。比附とは，検討対象の事案について制定法の条文，慣習法，判例法が欠缺している場合に，条文，慣習法，判例から，不当でない範囲でより一般的な法命題を取り出して適用（拡張解釈や類推適用が使えない場合に活用）するものである（笹倉・同書127頁以下）。この代表判例の一つとして祖母損害賠償請求事件（東京地判昭和42・11・20判例タイムズ215・115）が挙げられている。近親者に対する損害賠償を定める民法711条は，他人の生命を侵害した者に，被害者の父母，配偶者・子への損害賠償義務を定めるが，本件事案は，交通事故で同居の孫を喪（うしな）った祖母が，民法711条による慰謝料請求をおこなったものである。判決は民法711条の請求権者は制限的に解するべきとしたが，結果としては祖母による慰謝料の請求を認めている。

は，法の解釈にたずさわる者には，それほど違和感はないものと思われる。

以上のような法解釈という行動の分析から，再度，文理解釈と趣旨解釈（目的論的解釈）を併用（もしくは趣旨解釈で補強）したと評価されているホステス源泉徴収事件最判を見る場合，どのような視点が浮かんでくるであろうか。前述のように，ホステス報酬への源泉徴収額は，報酬から「当該支払金額の計算期間の日数」に5000円を乗じた金額（所得税法施行令322条）を控除した残額に法定の税率を乗じた金額と規定されている。ここに規定される期間の解釈につき，期間という文言の「一般」的理解から，ホステスの実際の稼働日数ではなく，報酬の集計期間の初日から末日までに含まれるすべての日数であるとする最高裁の判示は，結論を正当化する（国民や専門家を納得・説得できる）十分な言語的説明になっているとは考えられない。とくに本件の第一審判決（東京地判平成18・3・23）と第二審判決（東京高判平成18・12・13，一審・二審判決ともに民集64・2・487に収録されている）を読んだうえで最判を見る限り，結論に賛成するにしても判決の結論に至る言語による説得力（正当化）は，さらに乏しいように思われる。ホステス報酬に対する徴税が一般的に困難であること，5000円が1975年から一度も改正されず，しかも低額であるとの評価もあること，課税庁の主張を否定する最高裁の結論によれば源泉徴収税額が一般的に減額されることになりうること，さらに個別的なホステス報酬についての所得税法の制度設計は一般的な源泉徴収制度の趣旨のうえに特定の考慮を加えているか等，最高裁の裁判官は文言の一般的理解だけでなく，様々な考慮（上記の構成図によれば左の系列の複数の項目の検討）をしているはずである（これらは下級審での判決を導く重要な考慮要素となっていることからも，最高裁の裁判官も考慮していると思われる）。そして判決の形式をみれば，この考慮で得た結論を，文理解釈（同じく法解釈の構成図によれば右の系列の文字通りの適用）という解釈技術で正当化（説得）できると考えたわけである。しかし，実際には，本件において文理解釈という正当化技術のみでは十分でないことは明らかであり，それゆえ最高裁は立法当事者の説明等からうかがわれるとするホステス報酬にかかる源泉徴収制度の趣旨を持ち出すことになる。この最判が制度の趣旨（一般的分類によれば目的論的解釈）を持ち出したことは極めて正常であり，妥当な対応である。法解釈の構造図でいえば，左の系列で得た結論の方向性を正当化する技術として，（従来の表現を使用するならば）文理解釈（文字通りの適用）と趣旨解釈（構造図では宣言的解釈）という技術を同時に使用することに何らの問題もないと考えられる（なお，最高裁の裁判官の思考内容は判決自体から読み取れず，調査官解説を見て初めて追跡できるという場合が少なからずあるように思われる。諸外国，特にドイツの裁判所判決の長さには辟易とさせられた経験をもつ研究者は少なくはないと思われるが，それにしても簡潔すぎて，裁判官の思考過程が読み取れない判決には問題があろう）。

⑵　要件事実論と法解釈

近時の租税法領域における法解釈の新たな動向として，要件事実論の観点からの租税法の解釈の方法に関する主張がある。この要件事実論の観点からの租税法解釈という点については，これまでに以下のような言及をしたことがある[(46)]。

まず，要件事実論とは，主として民事裁判において，原告被告がそれぞれ主張立証すべき要件（事実）は何かを定めるための原理や基準を探求しようとするもので，「実体法の条文や，判例・内容を分析するとともに，主張証明責任（主張立証責任）の公平妥当な分配を図るという基本的な観点から，民事裁判において，原告被告がそれぞれ主張証明すべき要件（事実）は何かを定めることを目的とするものである」[(47)]ということになる。このような主として民事訴訟法の領域で展開された要件事実論を一般的な法解釈の方法と結合するという点については理解が困難な点もあるが，ま

(46)　拙稿「税務行政法の制度的環境変化と法的課題」（日税研論集75号・2019年）2頁以下。

(47)　伊藤滋夫『要件事実の基礎―裁判官による法的判断の構造［新版］』（2015年）96頁。

ずは次のようなイメージでこの結合が提示されている。

民法のテキストでの,「所有権に基づく返還請求権とは,権原を有しない占有者に対し所有者が物の返還を請求することができる権利である」という説明は,平面的描写としては一個の説明であるが,訴訟における主張立証を考慮して説明(民法理解の立体化)がなされなければ不十分である。すなわち,被告に占有権原がないことを原告となる所有者が証明しなければならないのか,それとも被告である占有者のほうで占有権原を有することを証明しなければならないかの議論と結合した立体的な説明がなされるべきということである[(48)]。

このような要件事実論を(実体法の)解釈方法と結合する議論について,これをさらに精密化して検討するものの代表として,「裁判規範としての民法」という名のもとで主張される次のような極めて魅力的な考え方がある。

「裁判規範としての民法」とは,まず,事実が存否不明になったときにも,裁判官が判断をすることが不能にならないように立証責任のことまで考えて要件が定められている民法のことをいうと定義される。しかし,このような裁判規範としての民法を定めた民法典は実際に存在しないことから,裁判規範としての民法の要件は通常の民法を基礎にして解釈によって構成しなければならないとする[(49)]。この解釈による構成の具体例として,虚偽表示に関する民法94条2項(1項:相手方と通じてした虚偽の意思表示は,無効とする。2項:前項の規定による意思表示の無効は,善意の第三者に対抗することができない。)が採り上げられる。裁判において第三者の善意・悪意が不明の場合,善意が明確なときにのみ第三者を保護するのが正しいとするのが法の趣旨に適合する解釈であるというのであれば,(善意を積極要件として認識して)第三者が善意であることを立証しなければならない。こ

(48) 山野目章夫「実況・要件事実論入門講義」(伊藤滋夫編『要件事実の現在を考える』2006年・所収)58頁。
(49) 伊藤滋夫『要件事実の基礎—裁判官による法的判断の構造』(2000年)183頁以下。

れに対して悪意が明確でない限り第三者を保護するのが正しいと解釈すべきことになれば，（悪意を消極要件として認識して）無効主張する者が第三者の悪意を立証しなければならない。このような例で示されるように，「裁判規範としての民法」とは立証責任と結合する形で法文の解釈がなされなければならないとするものである(50)。

このような内容をもつ「裁判規範としての民法」という考え方が，租税法の解釈にも適用されうるものであるとして提示されているのが「裁判規範としての租税法」という考え方である。これによれば，法律要件（租税法においては課税要件という）の存否にかかわる具体的事実の存否が不明な場合の立証責任の所在を考えて，租税法規の解釈をしていくということになるのであろう。この裁判規範としての租税法の考え方については，租税法学会ではこれを支持する説と若干の警戒を示す説がある(51)。上記の意味での「裁判規範としての租税法」の考え方を支持する考え方の基礎にあるのは，租税訴訟は税額の多寡を争い，租税債権債務関係を定めた租税法の解釈適用が中心的争点であり，民事訴訟における債務不存在確認請求と似た側面をもっているということである。これは，租税訴訟における立証責任の考え方につき，一般的に民事訴訟における法律要件分類説・修正法律要件分類説等による立証責任分配の基準がなじみやすいものとして主張される理由でもある(52)。

しかし，この「裁判規範としての租税法」という考え方については，そもそも一般的には（伝統的表現でいえば）「文理解釈」が原則とされる租税法解釈において，民法と同様な立証責任の考慮の下での解釈をなしえるのか（立証責任を考慮する解釈とは，従来の解釈技術の分類によれば目的論的解

(50)　伊藤・前掲（注49）184頁。
(51)　伊藤滋夫・岩﨑政明『租税訴訟における要件事実論の展開』（2016年）に所収されている諸論稿において，支持する考え方と反対説とまではいかないが警戒する見解とが展開されている。また同書のなかでは，裁判規範という用語の使用方法について若干の疑念を示す主張も示されている。
(52)　法曹會『税務訴訟の審理について（第3版）』（2018年）175頁。

釈ということになるのであろう）という問題が即座に提起されざるをえない。さらに，課税要件が租税債権債務の発生要件であるといえることから，私法上の法律要件と基本的に異なることはなく，民事訴訟で発展してきた要件事実論と親和性をもつとしても，租税法の趣旨・目的を考慮して課税要件を解釈する場合，趣旨・目的のなかに権力的な要素を容れてくると，純粋な意味で租税請求要件であるはずの課税要件が，権力的な要素を含むような租税命令要件として実際上解釈運用されるおそれがある(53)ことも否定できない。

要件事実論にもとづく租税法の解釈という点で，とくに「裁判規範としての租税法」という視点からの租税法の解釈方法とは，次のようなものになるものと考えられる(54)。

消費税法30条7項は，仕入れ税額控除を定める同条1項の規定につき，事業者が当該課税期間の課税仕入れ等の税額の控除に係る帳簿及び請求書等を「保存」しない場合には，当該保存がない課税仕入れ又は課税貨物に係る課税仕入れ等の税額について適用しないと定める。この規定によれば，仕入れ税額控除を否定するための要件（要件事実）は帳簿等の「保存がない」ことであり，その保存がないことの立証責任は課税庁（国）側にある。しかし，帳簿等の不存在，つまり「ないこと」の立証は悪魔の証明とよばれるように不可能である。そこで，この立証責任は，課税庁（国）が税務調査において帳簿等の「提示」をもとめたが，その提示がなかったことの立証で，保存がなかったことが推認されるという内容で構成されることが考えられる（東京地裁平成11・3・30訟務月報46・2・899等で示された考え方(55)）。そこで，裁判規範としての租税法の考え方によれば，消費税法

(53) 前掲（注51）の文献中の意見交換（議事録）での谷口勢津夫教授の発言（15頁）。

(54) 谷口勢津夫『税法基本講義』（第6版・2018年）51頁以下の，谷口教授が「裁判規範としての租税法」という考え方による租税法の解釈の問題点を的確に批判するさいに使用している消費税法の仕入れ税額控除の例を，ここでも使わせていただき検討する。なお，谷口・同書は，司法過程における要件事実論の機能や有用性については高い評価を与えているものと思われる。

31条7項の「保存」の法解釈としては，法及び施行令の規定する期間を通じて，定められた場所において，税務職員の質問検査権に基づく適法な調査に応じて，その内容を確認することができるように提示できる状態，態様で保存していることを意味すると理解されることになろう。

このような考え方に対しては，租税法条文の目的論的解釈における総合的考慮のなかに訴訟法（立証責任）的要素も加えられるとしても，この租税法の解釈に関する裁判規範としての租税法という考え方は，「課税要件法の領域における法解釈と法創造性との限界を曖昧にし，ひいては租税法律主義の下での厳格解釈の要請に反する結果をもたらすおそれがある。……課税要件法の解釈に要件事実の観点からアプローチする場合には，常に『法解釈の限界』を明確に意識した慎重な解釈態度をとるべきであろう」(56)との批判がなされている。

V　おわりに

租税法は侵害規範であり，その解釈は原則として文理解釈によるべきであるが，文理解釈によって規定の意味内容を明らかにすることが困難な場合には，規定の趣旨目的に照らしてその意味内容を明らかにしなければならない，との租税法解釈の基本的テーゼともいうべきものを述べる租税法判決（特に下級審判決）が増加しているようである。

このテーゼが，戦後租税行政における課税権の濫用を抑制するうえで大きな意義を持つものであったことは疑いないが，本章で述べてきたことと

(55)　同判決の審理においては，税務調査の段階では提示されなかった帳簿等の裁判段階での「後出し」は認められるかが問題となった。当初，課税庁（国）は，規定の「保存」は，物理的保存のみでなく，提示要求に対する提示を含んでいるとの法解釈のもとで，「後出し」は認められないと主張していた。判決はこの後出しを，帳簿等が存在しないことの推認に対する「反証」という位置付けで認めた。法解釈のレベルで，「保存」が提示要求に対する「提示」をも含むと理解することは無理であると考えたものであろう。

(56)　谷口・前掲（注54）52頁。

の関連でいえば，そこでの「文理解釈」の意義が明確ではないという問題がある。例えば，文理解釈における条文の文言の解釈については，法規の趣旨・目的に照らして確定されなければならないとする主張（占部説）がある(57)。これは，文言から機械的・形式的に判断するような文理解釈（厳格な文理解釈とよばれることがある）は，法の解釈としての文理解釈の名にあたいしないものと考えられているものと思われる。日本における租税法の解釈原理は，租税法律主義にもとづく「文理解釈」しかありえないものであり，この意味では立法者意思を考慮しない文理解釈などありえないということになる。この考え方によれば，前記のテーゼは，法の文理解釈と趣旨・目的解釈を分離するものとして批判の対象とならざるを得ない。

さらに，租税法の解釈では文理解釈が原則であるという場合，そこでは文理解釈をすべきとの実践的価値判断を前提としているのであり，租税法の解釈も法の解釈である限り，実践的価値判断の要素から解放されることはない。上記のテーゼは，文理解釈には解釈者の価値判断が存在しないかのごとき誤解を与える（文理解釈によれば，解釈者は解釈の結論についての責任を負わなくてよいということになる危険性がある）。

現在の租税法の解釈をめぐる議論においては，少なくとも文理解釈（前述の「法解釈の構造図」にある「文字通りの適用」というような用語を使用することが考えられるべきであり，文理解釈という用語に替えて，文字通りの適用というような表現を用いたほうが混乱を避けうると思われる）や趣旨・目的解釈（目的論的解釈）における拡張・縮小解釈などの用語については，解釈者の思考過程（立法者意思説や法律意思説で考慮される要素）のもとで得られた結論を，主として三段論法を使って正当化（説得）をするさいの技術的分類として位置付けることが必要である。このことからすれば，例えば，判決の結論が文理解釈と趣旨・目的によって同時に導かれることに，何ら問

(57) 占部裕典『租税法における文理解釈と限界』（2013年）1028頁以下（本書の「結章　おわりに―『文理解釈』の意義」において，占部説による文理解釈の総括がなされている）。

題もないことになる。解釈者が文理解釈のみならず，同時に趣旨・目的解釈による正当化技術を提示した方が説得力が増すと考えれば，両者を同時に使うということである（このことから，文理解釈と趣旨・目的解釈の優先順位は本質的な問題ではなくなり，趣旨・目的解釈で説得したのちに，文理解釈でも同様な結論に至るという技術的展開もありえる）。なお，本章では，租税法における借用概念・固有概念の議論には言及していない。民法等から「借用」した概念を民法等と同じ意義に解するべきとする考え方は，伝統的表現からすれば文理解釈を原則とせよという主張と同義であり，この借用概念についての考え方を租税法の解釈の特徴として位置付ける必要はないであろうと考えたからである。固有概念についても，従来の表現からすれば文理解釈を原則とすべきということであり，租税法における解釈の方法という観点から，特別に位置付けて論じる必要はないものと考えた。

第2章　租税法における文理解釈の意味と判例の状況

同志社大学大学院司法研究科教授　占部　裕典

はじめに

1　租税法解釈のもたらす所得課税の欠陥

現在，わが国の租税法，特に所得課税に係る法規は膨大な数に上り，年々増え続け，その条文数，それを構成する文言も複雑化する一途である(1)。このような複雑な条文や文言を解釈するために，次から次へと関係法令や下位法令をたどるという作業をしなければならず，まさに租税法規は，「ロシア人形のマトリョーシカ」のようなものであるといえる。最後の人形にたどりついたとしても，租税法規の明確な解釈がでてこないということは，われわれが往々にして経験することである。租税法規や文言が一義的に明確に規定されているかといえば不確定な文言も多く，多くの裁

(1)　イエール大学のMichael J. Graetz教授などは，租税法における「文言」「条文」の数の急増，複雑さの拡大等は所得課税の欠陥として指摘し，納税者にとっての危機と指摘されている。Michael J. Graetz, A fair and balanced tax system for the twenty-first century, in Toward fundamental tax reform / Edited by Alan J. Auerbach and Kevin A. Hassett, 48-69, 2005. 租税法の解釈についての各国の苦悩について，占部裕典「租税法の解釈の『実質的側面』と『形式的側面』―租税法における『文理解釈』とは何か―」同志社法学68巻4号5-6頁（2016）参照。

判例で法解釈が問われている。

租税法規は原則的に文理解釈によるべきであるとされるが，文理解釈の内容について必ずしも一致しているとはいえない。それは一般的に「法令の文言，すなわち文字や文章の意味に主眼をおいて法令を解釈する態度」をいい，特に特別の定義のない用語は，世間一般から理解されているような意味に理解して読むというのが原則であるということを前提としているといわれる(2)。通常人の「法律の文言どおり解釈すること」であるが，そのような局面は必ずしも多くなく，定義規定の文言自体についてさえ解釈上争いが生ずることも多い。それでは，租税法律主義のもとで要求されていると解されうる「文理解釈」とは一体どのようなものであろうか。

租税法の解釈原理である「文理解釈」においてもその内容は，論者により異なり，また判例によっても異なり，少なからず幅のあるものとしてわが国では用いられているのではないか，特に「文理解釈」を中心とした法文解釈における立法趣旨・目的，さらには立法経緯などの意義や位置づけについても，必ずしも一致しているわけではないのではないか，といった問題が現れてくる。また，最近では同族会社の行為計算の否認規定（所得税法157条，法人税法132条・132条の2等）等における「不確定概念」をめぐる議論も台頭してきているといえよう。そこで，租税法における文理解釈の学説や判例の現状を検証した上で，本稿では租税法のあるべき解釈原理の解明に努めたい。

2　租税法における「文理解釈」とは～金子名誉教授の見解～

租税法の解釈について，金子宏名誉教授は，「租税法は侵害規範（Eingriffsnorm）であり，法的安定性の要請が強くはたらくことから，その解釈は原則として文理解釈によるべきであり，みだりに拡張解釈や類推解釈を行うことは許されない」(3)とされる。この解釈原理は，つまるところ，

(2)　長野秀幸『法令読解の基礎知識』184頁以下（学陽書房・2008）。
(3)　金子宏『租税法（第23版）』123頁（弘文堂・2019）。

租税法律主義（憲法30条，84条）に基づく課税要件法定主義，課税要件明確主義のもとで当然の解釈方法であるといえよう。

金子名誉教授はさらに「文理解釈によって規定の意味内容を明らかにすることが困難な場合に，規定の趣旨目的に照らしてその意味内容を明らかにしなければならないことは，いうまでもない」[(4)]とされる。このような解釈は，いわゆる論理解釈・目的論的解釈という別の解釈技術を併用，あるいは用いて解釈することをも認めているものといえる。「文理解釈によって規定の意味内容を明らかにすることが困難な場合」とはいかなる状態をいうのか，また当然の前提となっている文理解釈とはどのような解釈手法を指しているのか，など，必ずしも『租税法』の読者には読み取れないところがあるといってもよかろう。

また，金子名誉教授は，「固有概念」は社会生活上又は経済生活上の行為や事実を他の法文野の規定を通じることなしに，直接租税法規の中に取り込んでいる場合であるから，その意味内容は，法規の趣旨・目的に照らして租税法独自の見地から決められるべきであるとされる[(5)]。「借用概念」は，租税法規に取り込むに当たって，私法上におけるのと同じ概念を用いている場合には，別意に解すことが租税法規の明文又はその趣旨から明らかな場合は別として，それを私法上における意義と同義に解することが，法的安定性の見地からは好ましいとされる[(6)]。租税法規の解釈における「固有概念」や「借用概念」は，文理解釈のレベルの問題とも解されるが，法規の趣旨・目的に照らして解釈することも否定されておらず，どの場面（解釈レベル）での問題かは必ずしも明確ではないようにみえる。

さらに，金子名誉教授は一定の規定については限定解釈や縮小解釈をも認められる。これらは一定の優遇規定などの解釈に認められるところ，その結果は租税回避効果の否認をもたらすことになるが，これはあくまでも

(4)　金子・前掲注3書124頁。
(5)　金子・前掲注3書127頁。
(6)　金子・前掲注3書129頁。

規定の本来の趣旨や目的に従った法解釈の結果であるとされる(7)。ただ，このような限定解釈の法理の適用については租税法律主義の観点から十分に慎重でなければならないとされる(8)。そうすると文理解釈が可能である場合でも文理解釈によらず，別の解釈手法をとることも可能であるようである。文理解釈の範囲や内容，さらには法規の趣旨・目的がいかなる場合に斟酌されるのかが問題となるようにも思われる。

法解釈の方法論についてはさまざまな法領域において議論されているが未だ一応の決着もついていないといわれる(9)。租税法においても，実のところ，文理解釈を採用するといえどもその解釈方法はいかなる内容を意味しているのかなど必ずしも一致していないのではなかろうか。

たとえば，福岡地裁平成 22 年 3 月 15 日判決（税務訴訟資料 260 号順号 11396）は，「憲法 84 条は，法律の根拠に基づかずに租税を課すことはできないという租税法律主義の原則を定めている。そして，この定めの趣旨は，国民生活の法的安定性と予測可能性を保障することにあることからすると，租税法規はできるだけ明確かつ一義的であることが望ましく，その解釈に当たっては，法令の文言が重視されるべきである。／もっとも，課税対象となる納税者側の社会生活上の事象は千差万別であるから，それらの全てを法令により明確かつ一義的に規定することは不可能であり，公正な租税の実現の必要性も考慮すると，法令の趣旨・目的，租税の基本原則，税負担の公平性・相当性等を総合考慮し，法的安定性，予測可能性を損なうこ

(7) 金子・前掲注 3 書 140 頁。

(8) 金子・前掲注 3 書 140-141 頁。

(9) たとえば，民法の法解釈については，前田達明「法解釈への提言―民法学において―」同志社法学 56 巻 6 号 63 頁（2005）参照。我妻榮博士は「民法を解釈する場合に，いかなる標準をとるべきであろうか。第一には，何といっても，その規定の文字の普通の意味を尊重しなければならない。第二には，その事実に関係がある条文だけを切り離して考えずに，民法の規定なら，民法全体との関連において調和のとれた解釈をすることに努めなければならない。そして第三に，最も大切なことは，その規定の作られた趣旨（立法の趣旨，立法理由）をよく考えて，この趣旨に従って判断しなければならないことである。」としている（我妻榮著，遠藤浩，良永和隆補訂『民法第 7 版』（勁草書房・2004））。

とのない限度で，租税法令を客観的，合理的に解釈することも許されるというべきである。」と判示し，一定の場合には合理的解釈が許されるとする。一見すると理を得た判示のように解されるがその具体的な適用は曖昧であるといえよう。

そこで，(1)裁判例において「文理解釈」はどのように解されているか，(2)わが国における「文理解釈」の意義についてはどのように考えるべきか，文理解釈の限界はどのように考えるべきか，(3)課税要件規定の文言の文理解釈いかんによっては租税回避行為に対する規制として機能しうるものであろうが，両者の関係はどのように調整されるべきであるか，といった視点がますます重要になってきているといえる(10)。

3　文理解釈は何を根拠に主張されているか

「租税法規はみだりに規定の文言を離れて解釈すべきものではなく」（文理解釈）といわれるがその根拠はどこにあるのか。これは金子名誉教授の著書『租税法』に明確に書かれているわけではない。どちらかというと租税法は侵害法規であり法的安定性が求められるべきであることから，としてその根拠を示唆される。金子名誉教授は，租税法律主義はその内容として，(1)課税要件法定主義，(2)課税要件明確主義，(3)合法性の原則，(4)手続保障の原則を挙げられる。租税法律主義のうち，特に(1)(2)をその根拠とすると理解される(11)。

では，租税法律主義を宣明した憲法30条・84条は，どのように解されているであろうか。租税法律主義と文理解釈の関係について論じた判例は

(10)　このような問題意識のもとで，租税法の解釈上の論点を集約したものとして，占部裕典『租税法における文理解釈と限界』（慈学社出版・2013）がある。なお，本稿をさらに敷衍した論文として占部・前掲注1論文参照。

(11)　大日本帝国憲法62条・63条にもこの原則は宣明されていたところ，現憲法に引き継がれている。しかし，戦後，租税法律主義の理論的な深化は当然のことながら存しなかった。金子名誉教授がこの原則を租税法の体系化において根幹にすえられたことは，わが国の租税法発展の大きな契機となったといえよう。

少ないところ，最高裁平成27年7月17日判決（集民250号29頁）は，両者の関係を「(1)憲法は，国民は法律の定めるところにより納税の義務を負うことを定め（30条），新たに租税を課し又は現行の租税を変更するには，法律又は法律の定める条件によることを必要としており（84条），それゆえ，課税要件及び租税の賦課徴収の手続は，法律で明確に定めることが必要である（最高裁昭和55年（行ツ）第15号同60年3月27日大法廷判決・民集39巻2号247頁参照）。そして，このような租税法律主義の原則に照らすと，租税法規はみだりに規定の文言を離れて解釈すべきものではないというべきであり（最高裁昭和43年（行ツ）第90号同48年11月16日第二小法廷判決・民集27巻10号1333頁，最高裁平成19年（行ヒ）第105号同22年3月2日第三小法廷判決・民集64巻2号420頁参照），このことは，地方税法343条の規定の下における固定資産税の納税義務者の確定においても同様であり，一部の土地についてその納税義務者を特定し得ない特殊な事情があるためにその賦課徴収をすることができない場合が生じ得るとしても変わるものではない。」と判示している。

I　租税法における法解釈の構造とは

法（文）解釈とは当該法文の意味を明らかにして当該法文の適用範囲を確定させる作業であるが，その作業には，法解釈の「実質的側面」と「形式的側面」があり，前者は法解釈が「べき」という価値判断であるからその価値判断の基準を明らかにすることであり，後者はそのような価値判断を現実の法文解釈に実現する技術が問題となる(12)。租税法の解釈原理の究明に当たってはこの両面を区別して論じることがきわめて有益である。

たとえば，民法の法解釈については多くの文献が存するが，本稿では，前田達明「法解釈への提言—民法学において—」同志社法学56巻6号63

(12)　前田・前掲注9論文64頁参照。

頁（2005）を参考にしながら，租税法の解釈の議論を展開する。以下，多くの場面で前田達明教授の民法における解釈の枠組みに依拠していることをお断りしておく。

1　法解釈の「実質的側面」

(1)　法解釈の実質的側面の内容

法解釈の「実質的側面」においては，まず(1)憲法が定める価値基準に合致しているか（合憲性の基準。なお，適用される法文自体が憲法の価値基準に合致しているか否かの問題は法文の解釈の問題ではない），(2)法解釈において立法者（国会）が国民に向かって何を伝達しようとしたか（立法者意思という基準）[(13)]，(3)法解釈が法文の立法目的にそっているか（あるいは関係法令との調和，法体系全体との調和がとれているか）（法の目的・趣旨という価値基準），(4)法の意味内容を立法資料からまず明らかにして（ここまでは立法者意思説と変わらない），加えて立法時の社会的諸条件の解明により，その条文の適用範囲を明らかにしているか（歴史的解釈基準），などが問題となる。

ここで重要なことは，法の目的ないし趣旨という基準は，ときに「法の空白」を埋める基準であり，立法者意思基準に準ずるものであるが，この法の目的ないし趣旨を基準とする解釈（民法学者は，客観的解釈あるいは目的論的解釈と呼ぶ。）が解釈者の主観的解釈となる危険性を有していると解されている（いわゆる利益衡量論である）。歴史的解釈基準は専ら「法の空白」部分を埋める基準であるが，その射程範囲外は法の空白として，後述する論理解釈を利用してその空白を埋めていく。また，各々の優先順位も

(13)　このような見解を立法者意思説と呼ぶことができる。立法者の意思の拘束を強く理解する立場と立法者意思を原則とするという程度に理解する立場があるといわれている。前者では立法者意思が明確な場合にはそれに反する解釈はできない。後者では，原則として立法者の意思に拘束され，それが適当でない場合に初めて別の解釈を採用しうることとなる。このような理解については，能見善久「法律学・法解釈の基礎研究」中川良延ほか編『日本民法学の形成と課題—星野英一先生古稀祝賀（上）』50-54頁（有斐閣・1996）参照。現在の租税法判例の立場は後者の立場に近いといってよかろう。

上記の順位になる[14]。

なお，上記の法解釈の「実質的側面」(1)はあまり議論されない局面であるが，どういうことかみてみよう。その法解釈が，憲法の定める価値基準に合致しているか否かであるが，租税法規は，財産権の侵害規定であることから財産権を中心とした基本的人権規定や平等権といった価値基準に違反していないかが問題となろう[15]。租税法の多くが経済活動を背景にした課税を行うことから憲法が規定する財産権保障の規定や営業活動の保障規定などは特に重要であろう。

たとえば，所得税法199条については，「退職手当等の支払をする者」及び「報酬…の支払をする者」が源泉徴収義務を負うことから，まずこれら文言の解釈が問題となりうるところ[16]，最高裁昭和37年2月28日判決（刑集16巻2号212頁）は，「税徴収の方法としては，担税義務者に直接納入させるのが常則であるが，税によつては第三者をして徴収且つ納入させるのを適当とするものもあり，実際においてもその例は少くない」とした上で，給与所得者に対する所得税の源泉徴収制度は，これによって（一）国は税収を確保し，徴税手続を簡便にしてその費用と労力とを節約しうるのみならず，（二）担税者の側においても，申告，納付等に関する煩雑な事務から免がれることができることから，源泉徴収制度は，給与所得者に対する所得税の徴収方法として能率的であり，合理的であって，公共の福祉の要請にこたえるものといわなければならないと判示する。最高裁昭和37年2月28日判決は，源泉徴収義務者の徴税義務は憲法の条項に由来するとしているところ，給与所得に係る源泉徴収制度についての判示であり，特に年末調整という制度を抱える給与所得についての判断があらゆる源泉徴収義務の場面に当てはまるのか疑問は存するところであろうが，

---

(14)　以上の本節の記述は，前田・前掲注9論文64-70頁を参考にしている。前田教授の見解は，ドイツの法解釈方法論の影響を受けたものと推測しうる。

(15)　前田・前掲注9論文65頁参照。

(16)　この問題については，占部裕典「源泉徴収制度における三面的権利関係と権利救済」同志社法学67巻4号283頁（2015）参照。

このことは一方で源泉徴収制度に係る規定の立法に当たって一定の制約が存することを示している。源泉徴収制度の法的枠組みの中で，「退職手当等の支払をする者」及び「報酬…の支払をする者」の解釈に当たって，憲法上の制約を考慮することは必然であると解されよう。

本来の納税義務者でない源泉徴収義務者にその源泉徴収義務を負わせることについては憲法14条等に違反しないかが問題となるところ，上記最高裁昭和37年2月28日判決は，「給与の支払いをなす者が給与を受ける者と特に密接な関係にあつて，徴税上特別の便宜を有し，能率を挙げ得る点を考慮して，これを徴税義務者としているのである。（略）かような合理的理由ある以上これに基いて担税者と特別な関係を有する徴税義務者に一般国民と異る特別の義務を負担させたからとて，これをもつて憲法一四条に違反するものということはできない。」と判示して，国との関係において，また納税義務者との関係において，源泉徴収義務を負担する者が給与の支払をなす者が給与を受ける者と特に密接な関係に立つ場合は徴税義務者に一般国民と異なる特別の義務を負担させることは許容されうると解している。源泉徴収義務制度における合憲性を担保する「特に密接な関係」（の必要性）を「徴収（徴税）の便宜」と「担税者の負担軽減」という2つの理由づけにより導いている。その上で，最高裁平成23年1月14日判決（判時2105号3頁）は，最高裁昭和37年2月28日判決がいう「担税者と特別な関係」を前提に，「支払を有する者」の意義を導き出している。最高裁平成23年3月22日判決（判時2111号33頁）は，判決に基づく強制執行の場合について判示したものであるが，判決以外の債務名義に基づく強制執行の場合においても，ここでいう支払に該当することとなる。そうであるならば，使用者の取引先（債務者）が使用者の同意を得て，その使用人に給与を直接支払うことにより賃金債務が消滅した場合には，取引先が債務を弁済したときに，使用者が源泉徴収義務者となり，上記の最高裁平成23年3月22日判決同様所得税法222条に基づく請求権により，使用人に対して源泉徴収に係る所得税を徴収することとなると解される[17]。これらの解釈の前提には合憲性の基準が横たわっている[18]。

(2) 法解釈における租税法律主義と租税平等主義の対立

福岡地裁平成22年3月15日判決（税務訴訟資料260号順号11396）は，「法令の趣旨・目的，租税の基本原則，税負担の公平性・相当性等を総合考慮し，法的安定性，予測可能性を損なうことのない限度で，租税法令を客観的，合理的に解釈することも許されるというべきである。」として，法解釈に当たって税負担の公平性を考慮することを示している。東京高裁（控訴審）平成14年2月28日判決（訟月48巻12号3016頁，判時1782号19頁）は，「法令において用いられた用語がいかなる意味を有するかを判断するにあたっては，まず，法文自体から用語の意味が明確に解釈できるかどうかを検討することが必要であり，法文から用語の意味を明確に解釈できない場合には，立法の目的及び経緯，法を適用した結果の公平性，相当性等の実質的な事情を検討のうえ，用語の意味を解釈するのが相当である。」と同様に判示する。このような判示は近時広くみられるところである（Ⅲ，1参照）。

これらの判決が述べる「税負担の公平性・相当性」（課税の公平）とは憲法14条に基づくものであろうが，解釈に当たり課税の公平を考慮しうることを肯定するものである。租税法規の解釈に当たり，「税負担の公平

(17) たとえば，本最高裁判決からも所得税基本通達183～193共―3といったような課税実務も許容されることになる。

(18) 福岡地裁平成22年3月15日判決（税務訴訟資料260号順号11396）は，「法令の趣旨・目的，租税の基本原則，税負担の公平性・相当性等を総合考慮し，法的安定性，予測可能性を損なうことのない限度で，租税法令を客観的，合理的に解釈することも許されるというべきである。」として，法解釈に当たって税負担の公平性を考慮することを強調している。東京高裁平成14年2月28日判決（訟月48巻12号3016頁）も同様に判示する。このような判示は広くみられる。このことは判決が意識しているかどうかはともかく(1)の実態的な側面を意識しているにほかならない。課税の公平とは憲法14条に基づくものであろうが，解釈に当たり，判例は一定の制限を課すものの，租税法律主義と租税平等主義が対立する場合には，前者が優先することを判示するものである。また，そのような制約が十分に機能しているとも考えられない。

性・相当性」（租税平等主義）を持ち出し，考慮することができると解することは，「法令の趣旨・目的」により法の空白を埋める場合と同様の問題が生ずる危険があるといえよう（租税法規等が憲法違反になるか否かといった問題は，本件とは異なる局面である）[(19)]。

2　法解釈の「形式的側面」～文理解釈の要求

「形式的側面」において，文理解釈とは「法文において用いられている字句の意味と文法に従って，その構文の意味を解明する」ことであり，その意味とは，当該法文をもって立法者が国民に伝えようとした意味である。立法者が特に「意味」を解説せずに用いている用語については，第1に法律用語として法律家の間における周知の意味を付与されているものと考えてよい（いわゆる，固有概念や借用概念の問題となりうることが多い）。第2に法律用語として用いられていない文言は，通常の国語辞典等でいう意味に解すべきことになる。

「法律の解釈」とは条文の文言の枠内で（可能な複数の意味が考えられるにしても）1つの意味を明らかにすることであり，文言の言語的意味が限界を画することとなるが，その意味は立法者の与えた意味を原則とする。この立法者意思説の根拠であるが，憲法における租税法律主義，さらには三権分立，特に裁判官に法定立行為を認めることができず，さらに行政官には課税に当たっての自由な裁量はなく厳格な法執行が求められている（合法性の原則）ことによると理解することが可能であろう[(20)]。

文理解釈は立法者意思の解明といえるが，それは法文の文言についての現在の社会通念等による理解とはかけ離れたものとなっていることがある。この隙間や乖離（法の空白）を埋めるのが「論理解釈」といわれるもので

(19)　波多野弘『租税法概論講義』148頁（清文社・2015）参照。租税公平主義は解釈原理としては経済的観察法や実質課税の原則等につながる傾向があるといえよう。租税法の解釈における実質主義については，忠佐市「税務計算の理論　税法解釈論としての実質主義（5・上）（6・中）（7・下）」財政5月号96-105頁，財政6月号116-126頁，財政7月号96-105頁（1951）参照。

ある。論理の力を借りてその法文の適用範囲を確定することであるが，それは「拡大（拡張）解釈と制限・縮小解釈」（目的論解釈）として知られている。これらは後述のⅡにおいて詳述することとする。

なお，文言の解釈（意義）に当たり，その条文の適用要件やその適用要件の判断基準との関係が問題となる。たとえば，所得税法36条について，裁判例は，現行所得税法37条（必要経費）1項の必要経費として総所得金額から控除されうるためには，「客観的にみてそれがその事業の業務と直接関係をもち，かつ業務の遂行上通常必要な支出であることを要し，その判断はその事業の業務内容など個別具体的な諸事情に即し社会通念に従って実質的に行われるべきである」（仙台高裁昭和61年10月31日判決・税務訴訟資料154号413頁等）と判示する。このような必要経費の要件，要件の判断基準は法解釈との関係においてどのように理解すべきであろうか[21]。

また，最高裁昭和58年9月9日判決（民集37巻7号962頁）は，退職所得とは，「退職手当，一時恩給その他の退職により一時に受ける給与及びこれらの性質を有する給与」に係る所得をいうものとされている（所得税法30条1項）ところ，「それが法にいう退職所得にあたるかどうかについては，その名称にかかわりなく，退職所得の意義について規定した前記法三〇条一項の規定の文理及び右に述べた退職所得に対する優遇課税についての立法趣旨に照らし，これを決するのが相当である」とした上で「(1)退

---

(20)　立法者意思を探ることは簡単ではなく，このような解釈の実効性を疑問視する向きがあるかもしれないが，衆議院や参議院の各本会議・委員会の会議録，税制調査会答申や資料・議事録等（関係法令等の整合性をみるに当たっての関係法令の同様の資料等を含む。），さらには『改正税法のすべて』なども立法者意思を検討するに当たっての資料になろう。租税法における文理解釈は原則立法者意思の探求であり，社会状況の変化等に応じて，その条文解釈が変遷するものではない。

(21)　たとえば，判例においては，通常性要件は必要経費の要件にはないものの，必要性要件の判断基準のなかで考慮されている。また，判断基準において必要経費の適正額も判断する傾向にあり，所得税法157条との関係も問題となろう。占部裕典「所得税法における必要経費の概念と判断基準―直接関連性要件と必要性要件はどのように用いられているか―」同志社法学71巻1号113-211頁（2019）参照。

職すなわち勤務関係の終了という事実によつてはじめて給付されること，⑵従来の継続的な勤務に対する報償ないしその間の労務の対価の一部の後払の性質を有すること，⑶一時金として支払われること，との要件を備えることが必要であり，また，右規定にいう『これらの性質を有する給与』にあたるというためには，それが，形式的には右の各要件のすべてを備えていなくても，実質的にみてこれらの要件の要求するところに適合し，課税上，右『退職により一時に受ける給与』と同一に取り扱うことを相当とするものであることを必要とすると解すべきである。」と判示している（交際費の判断基準について，東京高裁平成15年9月9日判決・高等裁判所民事判例集56巻3号1頁，原審・東京地裁平成14年9月13日判決・税務訴訟資料252号順号9189，必要経費の判断基準について，東京高裁平成24年9月19日判決・判時2170号20頁，法人税法施行令第68条第1項第2号ロ「有価証券を発行する法人の資産状態が著しく悪化したことにより，その有価証券の価額が著しく低下したこと」の判断基準について，国税不服審判所平成21年4月2日裁決・裁決事例集77集281頁等参照）。

⑴　借用概念・固有概念と文理解釈の関係

租税法においては固有概念（たとえば，「損金経理」，「資本金等の金額」，「利益積立金」，「同族会社」等各租税法2条の定義規定等には多くの文言がそのようなものである。）や借用概念（「匿名組合」，「配偶者」，「人格なき社団等」，「不動産の取得」）が用いられることが少なくない。しかし，両者の概念自体の区別も曖昧であることが多い。たとえば，そのようなものとして，「対価」（消費税法2条1項8号）に係る東京地裁平成25年11月27日判決（税務訴訟資料263号順号12343），「貸付金（これに準ずるものを含む。）」（旧所得税法161条6号）に係る東京高裁平成20年3月12日判決（金融・商事判例1290号32頁）など，枚挙にいとまがない。

一方で，固有概念や借用概念自体の解釈についても争いが生ずることは多い（「外国法人」（所得税法2条1項7号及び法人税法2条4号）の意義について前掲・最高裁判所第二小法廷（上告審）平成27年7月17日判決，また，「判取帳」(印紙税法別表第1の20号) の意義について，東京地裁平成27年12月18日判決・裁判所ウェブサイト等参照)。租税法固有の概念であっても必ずしも定義規定があるわけでもなく，さらに定義規定の文言が存したとしてもその文言の解釈自体に争いがありうることもある。「一般に公正妥当と認められる会計処理の基準」(東京高裁平成26年4月23日判決・訟月60巻12号2655頁，最高裁平成5年11月25日第一小法廷判決・民集47巻9号5278頁等参照)，「所得」(福岡高裁平成25年5月30日判決・裁判所ウェブサイト等参照) などは，租税法固有の概念であり，租税法以外の法領域では用いられていないが，定義規定があるわけではない。

たとえば，所得税法34条2項にいう「その収入を得るために支出した金額」(固有概念) の解釈について，福岡高裁平成22年12月21日判決 (裁判所ウェブサイト) は，「租税法律主義 (憲法84条) の下では，課税要件及び租税の賦課・徴収の手続は法律によって規定されなければならないのであり (課税要件法定主義)，法律の根拠なしに課税要件に関する定めをすることはできないし，また，法律の定めに違反する政令・省令等は効力を有しないといえるから，課税要件等について政令に委任されている場合，当該政令の解釈は，委任している法律の趣旨・内容を踏まえてなすことが必要である。／そうすると，令183条2項2号の解釈に当たっては，同号は法34条2項の細則として制定されたものであるから，一時所得の金額の計算上，総収入金額から控除することができるのは，一時所得の所得者本人が負担した金額に限られ，それ以外の者が負担した金額は含まれないという同項の解釈を踏まえるべきこととなる。」「もっとも，法令に空白部分があり，通達に立法者の意思が示されている場合において，空白部分が立法者の意思で補充されることによって，法令の趣旨・目的と整合する適切妥当な解釈が導かれるときには，通達に示された立法者の意思が法令解釈に影響を及ぼすことはあり得るものと解される。／ウ　これを本件についてみるに，まず，法34条2項及び令183条2項2号の解釈は前記説示のとおりであり，これらに空白部分があるということはできない。一時所得の金額の計算上，総収入金額から控除することができるのは，一時所得の所得者本人が負担した金額に限られ，それ以外の者が負担した金額は含まれないことは，所得税法の根幹をなす基本原則であり，たとえ法文上明示されていないとしても，そこに空白部分があるとは解し難い。」「結局のところ，法人負担分については，これを法34条2項所定の『支出した』金額に当たるものということはできない。」と判示する（上告審・最高裁平成24年1月16日判決・集民239号555頁も同旨。最高裁判決は，一見すると趣旨解釈をしているようにみえるが後述の「文理解釈」の範囲内において解釈を展開しているものといえよう(22)）。

一方，相続税法1条の2第1号の「住所」の意義と判断基準について，最高裁平成23年2月18日判決（集民236号71頁）は，相続税法1条の2第1号所定の贈与税の課税要件の1つである「住所」の意義と判断基準について，「(1)法1条の2によれば，贈与により取得した財産が国外にあるものである場合には，受贈者が当該贈与を受けた時において国内に住所を有することが，当該贈与についての贈与税の課税要件とされている（同条1号）ところ，ここにいう住所とは，反対の解釈をすべき特段の事由はない以上，生活の本拠，すなわち，その者の生活に最も関係の深い一般的生活，全生活の中心を指すものであり，一定の場所がある者の住所であるか否かは，客観的に生活の本拠たる実体を具備しているか否かにより決すべきものと解するのが相当である（最高裁昭和29年10月20日判決・民集8巻10号1907頁，最高裁昭和32年9月13日判決・集民27号801頁，最高裁昭和35年3月22日判決・民集14巻4号551頁参照）。」「法が民法上の概念である『住所』を用いて課税要件を定めているため，本件の争点が上記『住所』概念の解釈適用の問題となることから導かれる帰結であるといわざるを得ず，

(22)　金子・前掲注3書300頁は，趣旨解釈の例として挙げている。本判決の解説については，占部裕典「所得税法34条2項の『その収入を得るために支出した金額』の意義（最判平24.1.13民集66・1・1）」ジュリスト臨時増刊1453号『平成24年度重要判例解説』206-207頁（2013）参照。

他方，贈与税回避を可能にする状況を整えるためにあえて国外に長期の滞在をするという行為が課税実務上想定されていなかった事態であり，このような方法による贈与税回避を容認することが適当でないというのであれば，法の解釈では限界があるので，そのような事態に対応できるような立法によって対処すべきものである。そして，この点については，現に平成12年法律第13号によって所要の立法的措置が講じられているところである。」として，「住所」は民法の借用概念であることを明言した上で，あてはめを行っている(23)。

また，東京地裁昭和38年10月10日判決（行裁例集14巻10号1740頁）は，所得税法上「匿名組合契約」の意義について規定したものはなく，匿名組合契約なるものはきわめて技術的な法律用語であって，成文法上は商法においてのみその意義及び内容を規定しているにとどまるから，所得税法にいう匿名組合契約も，商法上のそれと同一のものをいうと解せざるを得ないと判示する（医薬品の意義に関する東京高裁平成27年11月26日判決・訟月62巻9号1616頁，外国法人に係る最高裁平成27年7月17日判決・民集69巻5号1253頁等参照(24)）。

租税特別措置法41条（平成10年法律第23号による改正前のもの）に係る「改築」の意義について，前掲・東京高裁平成14年2月28日判決は，控訴審は，「法文自体から用語の意味が明確に解釈できるかどうかを検討することが必要であり，法文から用語の意味を明確に解釈できない場合には，立法の目的及び経緯，法を適用した結果の公平性，相当性等の実質的な事情を検討の上，用語の意味を解釈するのが相当である。」とした上で，言葉の通常の用法に反する解釈は，納税者が税法の適用の有無を判断して，

(23) 占部裕典「贈与税の租税回避行為と『住所』の認定～東京高裁平成20年1月23日判決の検討～」税理51巻5号86-93頁（2008）参照。そのほか，重要判例として，外国法人に関する最高裁平成27年7月17日判決（民集69巻5号1253頁），医薬品の意義に関する東京高裁平成27年11月26日判決（訟月62巻9号1616頁）等参照。

(24) 借用概念の裁判例については，金子・前掲注3書119-120頁参照。

正確な税務申告をすることを困難にさせるなどの不利益を納税者に課すことになるから「税法中に用いられた用語が法文上明確に定義されておらず，他の特定の法律からの借用概念であるともいえない場合には，その用語は，特段の事情がない限り，言葉の通常の用法に従って解釈されるべきである」と判示する。

なお，法律用語として用いられていない文言で通常の国語辞典等でいう意味に解すべき例として，たとえば，国税不服審判所平成25年３月27日裁決（裁決事例集90集95頁）は，「税法中に用いられた用語が法文上明確に定義されておらず，他の特定の法律から借用した概念であるといえない場合には，その用語は，特段の事情がない限り，言葉の通常の用法に従って解釈すべきである。なぜならば，税法の解釈において使用される用語の用法が通常の用語の用法に反する場合，当該用法が客観性を失うことになるため，納税者の予測可能性を害し，また，法的安定性をも害することになるからである。所得税法は，『船舶』について定義を設けておらず，他の特定の法律から借用した概念であるといえないことからすれば，所得税法第26条第１項に規定する『船舶』についても，特段の事情がない限り，言葉の通常の用法に従って解釈すべきものである。」と判断している（その他，仙台高裁昭和50年１月22日判決・行裁例集26巻１号３頁参照）。固有概念，借用概念の解釈も文理解釈の一場面であるところ，この裁決等は，条文の文言が固有概念，借用概念に該当しない場合は文理解釈によるべきと判断している。

⑵　租税法間における借用概念～租税法における課税要件規定等の「実体法的連結」と「手続法的連結」

租税法において，ある税目の課税要件や文言を別の税目において同様に用いることは少なくない。国税と国税（たとえば，所得税と法人税間），地方税と地方税（たとえば，固定資産税と不動産取得税），国税と地方税（たとえば，法人税と法人事業税）を跨がって用いられる文言がある。各税目間における規定の解釈等について，条文自体が相互引用を，明文をもって肯定するものもあれば，条文の解釈から同義に解するか否かを判断せざるを得ないものもある。特に，後者の場合が解釈上議論となりうる。これらは，いわゆる「連結概念」の問題である。さらには，実体法的な連結に止まらず手続的な連結までが問題となる場合もある(25)。

たとえば，固定資産税は，固定資産課税台帳に登録された固定資産の「価格」を課税標準とすることを原則としている（地方税法349条1項，349条の2）が，ここでいう価格は「適正な時価」（341条5号）であると規定されている。不動産取得税は，不動産取得税の課税標準を，不動産を取得した時における不動産の「価格」とし（73条の13第1項），その価格は「適正な時価」をいうと規定する（73条5号）。その上で，道府県知事は，固定資産課税台帳に固定資産の価格が登録されている不動産については，当該価格により当該不動産に係る不動産取得税の課税標準となるべき価格を決定するものとすると規定する（73条の21第1項）。これは明文規定をもってする実体法的（連動的）連結である。しかし，適正な時価については定義なく，明文による連結もない。固定資産税における「適正な時価」とは固定資産税の性質から正常な条件の下に成立する当該土地の取引価格，すなわち客観的な交換価値（客観的時価）をいうものと解されている（最高裁平成15年6月26日判決・民集57巻6号723頁，最判平成18年7月7日判決・集民220号621頁参照）。よって，この最高裁判決の解釈は不動産取得税にも同様に及び，統一物件については互いに法的な意味で拘束力が及ぶこととなる（最高裁平成16年10月29日判決・判時1877号64頁）。また，相続税法は同様に「時価」という文言を用いており，固定資産税における上述の適正な「時価」との連結関係が問題となるが，自動的な連結関係にはなく解釈上，同義に解するか否かが問題となる。最高裁平成22年7月16日判決（判時2097号28頁）は，相続税法22条は，贈与等により取得した財産

---

(25) この問題については，占部裕典「判例の学び方—租税法における課税要件規定等の実体法的連結と手続法的連結」『法学セミナー増刊 速報判例解説』9号8頁(2011)，占部・前掲注10書（『租税法における文理解釈と限界』）第14章参照。

の価額を当該財産の取得の時における時価によるとするが，ここにいう時価とは当該財産の客観的な交換価値をいうものと解されると判示する（高松高裁平成19年11月29日判決・税務訴訟資料257号順号10837も同様。法人税法の時価についても同様。なお，課税庁の行った評価方法とは別途異なる鑑定評価方法により「適正な時価」を主張立証することが許される場合については相違がある）[(26)]。

一方，不動産取得税は，学校法人又は私立学校法64条4項の法人がその設置する学校において直接保育又は教育の用に供する不動産等は非課税であると規定する（地方税法73条の4第1項3号）。これに対して，特別土地保有税は，土地でその取得が73条の4第1項又は73条の5の規定の適用がある取得に該当するもの（4号の5，5号，21号，23号，26号及び前号に掲げるものを除く）を非課税と規定する（586条2項29号）。実体法的連結の場面であるが上記と違って自動的・機械的な相互の連動の規定はないものの，特別土地保有税が不動産取得税の非課税要件をそのまま引き込んでいることから非課税要件についての解釈は同じであるべきと解される[(27)]。このような規定においては都道府県知事と市町村長で各々事実認定が異なることによりその判断に相違が生じ，その結果納税者の救済のあり方が問題となりうることがある。

さらに，市長村民税の所得の計算に当たり，市町村は，市町村内に住所を有する者に対して所得割を課する場合においては，その者の所得割（地方税法313条1項）の総所得金額，退職所得金額又は山林所得金額を算定するものとするとして，国税との所得についての自動的な連動が存するが，手続的には同法315条1項は，「その者が所得税に係る申告書を提出し，又は政府が総所得金額，退職所得金額若しくは山林所得金額を更正し，若

---

(26)　占部裕典「財産評価通達の課題―固定資産評価基準との対比からみえてくる問題点―」三木義一先生古稀記念論文集編集委員会編『現代税法と納税者の権利―三木義一先生古稀記念論文集』140-162頁（法律文化社・2020）。

(27)　占部裕典「私立大学の設置等のための不動産取得等に対する非課税問題～登録免許税法上の非課税規定を中心にして～」八幡大学論集39巻4号54-84頁（1989）。

しくは決定した場合においては，当該申告書に記載され，又は当該更正し，若しくは決定した金額を基準として算定する。ただし，当該申告書に記載され，又は当該更正し，若しくは決定した金額が過少であると認められる場合においては，自ら調査し，その調査に基づいて算定する」（1号）と規定する。国税の所得との実態的連動を前提とした上で，市町村には増額更正は可能であるものの減額更正ができないという手続的（連動的）連結がかけられており，国税が減額更正しない場合には市町村は適正な所得計算ができないという問題が生ずる（大阪地裁平成23年7月7日判決・判例集未登載）。

原則的には，租税法における固有概念については，租税法間（税目間）で，流用規定が明確に置かれているといえるが（たとえば，同族会社について，所得税法157条1項1号参照），そのような流用規定がない場合の解釈が問題となる。なお，借用概念については税目を問わず原則として同一の解釈ということになることから流用規定は存しないといえよう。

(3) 不確定概念の解釈

大阪地裁昭和44年3月27日判決（訟月15巻6号721頁）も，租税法律主義の機能は，経済生活の安定と予測可能性にあるのであるから，その機能が実質的に阻害されない限り，公平負担の原則からみて，不確定概念をもって課税要件を定めることが，絶対に許されないものというべきではないところ，法人の役員の退職金支出においても，それが不相当に高額であり過大であるか否かは，類似法人の通常の事例等と比較することにより，おのずから明白となり，その予測も不可能ではないから，同族会社の行為計算否認の規定は，租税法律主義に反するものではないと判示する。不確定概念の許容性自体については議論の余地は存するものと思われるが，少なくともそのような規定の適用範囲は厳格に判断されなければならない。不確定概念の許容性自体についても租税法律主義のもとで今一度再検討が必要であろう。

金子名誉教授は，法の執行に関して，具体的事情を考慮して，税負担の衡平を図るために，不確定概念を用いることは，ある程度不可避であり，また必要であるとされる。具体例として同族会社の行為計算否認の規定を取り上げられ，同族会社においては，所有と経営の分離している会社の場合と異なり，少数の株主のお手盛りにより税負担を減少させるような行為や計算を行うことが可能であり，また実際にもその例が多いことから，税負担の公平を維持するため，同族会社の経済的合理性を欠いた行為又は計算について，なんらかの不確定概念のもとにその否認を認めることは，不合理であるとはいいきれないと解される(28)。金子名誉教授の見解は「法の執行」に関して不確定概念を受け入れる余地があるとされるものと解される。所得税法157条や法人税法132条等が法の執行に関する法と割り切れるか疑問を感ぜざるを得ないが，不確定概念が仮に租税法律主義のもとで許容されるとした場合にその許容される場面にも今一度検討の余地があろう。

たとえば，法人税法132条1項にいう「これを容認した場合には法人税の負担を不当に減少させる結果となると認められるもの」か否かは，専ら経済的，実質的見地において当該行為又は計算が純粋経済人として不合理，不自然なものと認められるか否かという客観的，合理的基準に従って判断すべきものと解される(29)(最高裁昭和53年4月21日判決・訟月24巻8号1694頁，最高裁昭和59年10月25日判決・集民143号75頁参照。東京高裁平成27年3月25日判決・判時2267号24頁，一審・東京地裁平成26年5月9日判決も併せて参照)。「法の執行」に関して不確定概念を受け入れる余地があるとされるのであれば，租税法律主義のもとでは少なくとも課税庁においてその具体的な適用場面が通達等を通じて具体化されることが求められていると思われるし，課税庁において通常の行為に引き直れるがゆえに，

(28)　金子・前掲注3書85頁。
(29)　「不当に」の解釈については，占部裕典「同族会社の行為計算の否認と所得税（最三小判平成6・6・21)」中里実ほか編『租税判例百選（第6版)』120頁（有斐閣・2016）等参照。

少なくとも課税庁においてはなぜそのような行為・計算が通常の行為と比して「不当に」なのかが上記基準のもとで当該業務内容等の個別具体的な諸事情に即して立証することが求められているといえよう(30)。

⑷　不確定概念の二面性

金子名誉教授の判断基準については疑問が存することは前述のとおりである。金子名誉教授は，不確定概念には2種類あるとされる。「1つは，その内容があまりに一般的ないし不明確であるため，解釈によってその意義内容を明確にすることが困難であり，公権力の恣意や濫用をまねくおそれのあるものである。たとえば『公益上必要のあるとき』とか『景気対策上必要があるとき』というような，終局目的ないし価値概念を内容とする不確定概念が，それである。租税法規が，このような不確定概念を用いた場合には，その規定は課税要件明確主義に反して無効であると解すべきであろう。これに対し，いま1つは，中間目的ないし経験概念を内容とする不確定概念であって，これは一見不明確に見えても，法の趣旨・目的に照らしてその意義を明確になしうるものである。したがって，それは租税行政庁に自由裁量を認めるものではなく，ある具体的な場合がそれに該当するかどうかの問題は，法の解釈の問題であり，当然に裁判所の審査に服する問題である」とされる。

---

(30)　「法の執行」に関して不確定概念を受け入れる余地があるとされるのであれば対応的調整等についても整合的に考える必要がある。法人税法132条1項が適用されれば対応的調整規定（所得税法157条3項等）により減額更正等が義務的に発動されることになり，これを怠れば義務付け訴訟の対象にもなりうる。このことは立法者意思からも文言からも明らかといえよう。占部裕典「税務訴訟における義務付け訴訟の許容性（1・2完）―「更正の請求の排他性」との関係において―」民商法雑誌139巻2号147-176頁，3号332-377頁（2008）参照。なお，対応的調整規定についてはこのように解することには文理解釈上無理があるとする見解（たとえば，金子・前掲注3書36頁）も多いが，たとえば，所得税法157条3項は法人税法132条1項に規定する更正権限等を用いて（減額）更正するというものであり，ここでの更正は国税通則法24条の更正では予定されていない更正であることから，このような規定ぶりになっているのであり文理からもこのような解釈は十分に可能である。

一見不明確にみえても，法の趣旨・目的に照らしてその意義を明確にしうるものは租税法においては解釈の濫用の余地があるといわざるを得ない。課税庁においてその文言の解釈に裁量が存するか否か（自由裁量か覊束裁量かといった視点による区別は今日行政法では否定されている。）といった考え方には問題が存する。無効と思われる文言や条文であっても，司法審査によってその判断はなされる以上，このような区別はさして現実には（実務においては）意味をもたないのではないか。不確定概念ほど厳しいコントロール（文理解釈の要請）が及ぶべきではないかといった疑問はぬぐいきれない。

Ⅱ　租税法における論理解釈

文理解釈は立法者意思の解明といえるが，それは法文の文言についての現在の社会通念等による理解とはかけ離れたものとなっていることがある。この隙間や乖離（法の空白）を埋めるのが論理解釈といわれるものである。論理の力を借りてその邦文の適用範囲を確定することであるが，それは拡大（拡張）解釈と制限・縮小解釈（目的論解釈）として知られている。拡大解釈は，文理解釈によって確定された当該法文の「意味」を広げる解釈である。法文に用いられたことは言葉の外延は立法者意思を超えることが一般人の予測可能性から許されることがある。反対に，縮小解釈とは文理解釈によって確定された当該法文の意味を狭くすることである。適用範囲を狭めることである。「目的や趣旨」によって縮小して解釈する場合には目的論的縮小解釈と呼ばれるものである。これらの論理解釈はいわゆる「法文内の解釈」である。

しかし，文理解釈や論理解釈（拡大解釈，制限解釈・目的論解釈）によってその法文が適用されないとされたものは法の保護（規制）は及ばないが，法の目的・解釈さらには歴史的解釈といった価値判断から，その法文の文言を離れて，その法文が対象としている事件と類似した事件に，その類似性を根拠として，その法文が適用対象にしなかった事件に，論理解釈をもって，その法文を類推適用することを「類推解釈」という。法文外における解釈である。租税法においては，たとえば，東京高裁昭和43年5月29日判決（民集27巻10号1364頁）は，「類推適用」するのが妥当であるとして，賦課処分を取り消した原判決を相当とし，本件控訴を棄却したところ，最高裁昭和48年11月16日判決（民集27巻10号1333頁）は，類推適用による納税者の救済を直ちに退けている（その後の法改正で救済規定を置く。）。その他に，東京地裁平成13年3月29日判決（税務訴訟資料250号順号8869）参照。その他に反対解釈なども法文外の解釈に属する。文理解釈等により，ある条文の適用外とされたものを，そのとおりに論理解釈をもって規制がないとするのが「反対解釈」である。

このような法における解釈論は，租税法律主義の憲法原則が存する租税法においてどのように位置づけられているのであろうか（整理されているのであろうか）。

なお，別途，租税法の課税要件事実認定が私法関係に依拠する（私法関係絶対服従説が原則と解する。）ため，課税要件事実の認定に当たり私法の解釈論はストレートに機能するとともに重大な意義を有するがその点は民法学者等の作業であるといえよう。また，有効に成立した法律行為に基づいて課税関係が生ずるところ，いかなる法律行為が有効に成立しているかに係る議論（「私法上の法律構成による否認」論も含む。）の問題であることから，本稿では直接言及しない[(31)]。

1　限定解釈～法文内の論理解釈

限定解釈について，たとえば，最高裁平成26年12月12日判決（集民248号165頁）は，亡Aの相続人である上告人らが，Aの相続について，そ

(31)　私法上の法律構成による否認論については，占部裕典「最近の裁判例にみる『租税回避行為の否認』の課題―実体法的・証拠法的視点から―」税法学553号275-326頁（2005）参照。

れぞれ，法定申告期限内に相続税の申告及び納付をした後，その申告に係る相続税額が過大であるとして更正の請求をしたところ，所轄税務署長において，相続財産の評価の誤りを理由に減額更正をするとともに還付加算金を加算して過納金を還付した後，再び相続財産の評価の誤りを理由に増額更正をし，これにより新たに納付すべきこととなった本税額につき，国税通則法60条１項２号，２項及び国税通則法61条１項１号に基づき，法定納期限の翌日から完納の日までの期間（ただし，法定申告期限から１年を経過する日の翌日から上記の増額更正に係る更正通知書が発せられた日までの期間を除く。）に係る延滞税の納付の催告をしたことから，上告人らが，被上告人を相手に，上記の延滞税は発生していないとして，その納付義務がないことの確認を求めた事案の上告審において，本件各相続税のうち本件各増差本税額に相当する部分は，本件各相続税の法定納期限の翌日から本件各増額更正に係る増差本税額の納期限までの期間については，国税通則法60条１項２号において延滞税の発生が予定されている延滞と評価すべき納付の不履行による未納付の国税に当たるものではないというべきであるから，本件各相続税のうち本件各増差本税額に相当する部分について本件期間に係る延滞税が発生しないと解するのが相当であるとし，異なる見解の原審の判断には，明らかな法令の違反があるとして，原判決を破棄し，第一審判決を取消し，上告人らの請求をいずれも認容すべきであるとした（補足意見及び意見がある）。「本件の場合において，仮に本件各相続税について法定納期限の翌日から延滞税が発生することになるとすれば，法定の期限内に本件各増差本税額に相当する部分を含めて申告及び納付をした上告人らは，当初の減額更正における土地の評価の誤りを理由として税額を増額させる判断の変更をした課税庁の行為によって，当初から正しい土地の評価に基づく減額更正がされた場合と比べて税負担が増加するという回避し得ない不利益を被ることになるが，このような帰結は，法60条１項等において延滞税の発生につき納税者の帰責事由が必要とされていないことや，課税庁は更正を繰り返し行うことができることを勘案しても，明らかに課税上の衡平に反するものといわざるを得ない。そして，延滞税は，納付の遅延に対する民事罰の性質を有し，期限内に申告及び納付をした者との間の負担の公平を図るとともに期限内の納付を促すことを目的とするものであるところ，上記の諸点に鑑みると，このような延滞税の趣旨及び目的に照らし，本件各相続税のうち本件各増差本税額に相当する部分について本件各増額更正によって改めて納付すべきものとされた本件各増差本税額の納期限までの期間に係る延滞税の発生は法において想定されていないものとみるのが相当である。

したがって，本件各相続税のうち本件各増差本税額に相当する部分は，本件各相続税の法定納期限の翌日から本件各増額更正に係る増差本税額の納期限までの期間については，法 60 条 1 項 2 号において延滞税の発生が予定されている延滞と評価すべき納付の不履行による未納付の国税に当たるものではないというべきであるから，上記の部分について本件各相続税の法定納期限の翌日から本件各増差本税額の納期限までの期間に係る延滞税は発生しないものと解するのが相当である。」と判示する。

国税通則法 15 条 3 項 6 号，60 条 1 項 2 号などの関連規定を文理（文言）解釈すれば，本件のような場合であっても延滞税は成立・確定すると解することができるものと解される。すなわち，過納金や還付加算金の還付を受けた以上は，その後の増額更正により納付されていなかった税額は当初から納付されていなかった「未納の税額」に当たると解されるが，本判決は延滞税の趣旨，目的に照らして，同法 60 条 1 項 2 号の規定を限定解釈して，その適用を否定すべき事情が認められる例外的な事案においては延滞税が発生しないこともありうるとしている（なお，最高裁平成 17 年 12 月 19 日判決・民集 59 巻 10 号 2964 頁は，外国税額控除の趣旨・目的にそった限定解釈を採用していると解されており，その限りでは文理解釈による納税者にとっての法的安定性は阻害されているといえる）。

2　類推解釈～法文外の論理解釈

最高裁昭和45年10月23日判決（民集24巻11号1617頁）は，「不動産所得とは，不動産，不動産の上に存する権利又は船舶の貸付（地上権又は永小作権の設定その他他人をして不動産，不動産の上に存する権利又は船舶を使用せしめる一切の場合を含む。）に因る所得から事業所得を除いたものをいい，譲渡所得とは，資産の譲渡に因る所得から山林所得および営利を目的とする継続的行為に因り生じた所得を除いたものをいうとされていた（同法九条）。不動産賃貸借の当事者間で授受されるいわゆる権利金には，原判決説示のように種々の性質のものが存するけれども，明らかに営業権譲渡の対価であるようなものは格別，通常，それは賃貸人が賃借人に対して一定の期間不動産を使用収益させる対価の一部として支払いを受ける一時の所得であるから，前記法条をその文言に従つて法律的，形式的に解釈するかぎり，通常，賃借権設定の際に賃貸人に支払われる権利金は，不動産所得に当たるものと解するほかはない。/しかし，原判決（その引用する第一審判決を含む。）の確定するところによれば，第二次大戦以前においては，土地賃貸借にあたつて権利金が授受される例は少なく，また，その額も比較的低額で，これを地代の一部と解しても不合理ではないようなものであつたし，土地賃借権の売買もそれほど広く行なわれてはいなかつた。そして，昭和二五年法律第七一号による旧所得税法の改正によつて，再度，不動産所得という所得類型が定められた当時も，立法上特別の考慮を促すほどには権利金授受の慣行は一般化していなかつた，ところが，比較的近時において，土地賃貸借における権利金授受の慣行は広く一般化し，その額も次第に高額となり，借地法等による借地人の保護とあいまつて土地所有者の地位は相対的に弱体化し，多くの場合，借地権の譲渡の承認や期間の更新を事実上拒み得ず，土地賃借権の価格も著しく高額となつた，そして，借地権の設定にあたり借地権の価格に相当するものが権利金として授受されるという慣行が，東京近辺の都市において特に多く見られ，その額も，土地所有権の価格の半額を上廻る場合が少なくない，というのである。

してみると，前記昭和二五年の旧所得税法改正当時には，近時における高額の権利金のようなものは不動産所得の対象としては予想されていなかつたものであるとともに，本件で問題とされている権利金が授受された昭和三三年当時には，借地権の設定にあたつて授受される権利金のうちには経済的，実質的に見れば所有権の権能の一部を譲渡する対価としての性質をもつものが存したであろうことは否定できないところであり，右のような権利金については，これを一律に不動産所得に当たるものとして課税すべきではなく，場合によつてはその経済的実質に着目して譲渡所得に当たるものとして課税を行なうことも，公平な課税の実現のために必要であるといわなければならない。/このような見地からすれば，借地権設定に際して土地所有者に支払われるいわゆる権利金の中でも，右借地権設定契約が長期の存続期間を定めるものであり，かつ，借地権の譲渡性を承認するものである等，所有者が当該土地の使用収益権を半永久的に手離す結果となる場合に，その対価として更地価格のきわめて高い割合に当たる金額が支払われるというようなものは，経済的，実質的には，所有権の権能の一部を譲渡した対価としての性質をもつものと認めることができるのであり，このような権利金は，昭和三四年法律第七九号による改正前の旧所得税法の下においても，なお，譲渡所得に当たるものと類推解釈するのが相当である。」として，なお前記権利金の性質等につき審理する必要があるから，これを原審に差し戻すべきものと判示する。本判決は，立法者意思（文理解釈）を前提にしながらも状況変化を理由とする解釈の変更（論理解釈による変更）を認めるもので，いわゆる立法者意思説（厳格な文理解釈）が採用されているわけではない。

また，東京高裁昭和43年5月29日判決（民集27巻10号1364頁）は，被控訴人が，債権担保目的でなされた本件不動産の取得に対し控訴人がした不動産取得税の賦課処分の取消しを求めた事案の控訴審で，譲渡担保による不動産の取得については譲渡担保設定者から譲渡担保権者に対するその不動産の所有権の実質的移転が完結しない限り，旧地方税法としては課税の法的根拠がなく，地方税法73条の２第１項にいう「不動産の取得」に当たるとは解し難く，むしろ旧地方税法上の実定法規上の根拠として同法73条の７に定める形式的な所有権の移転等に対する不動産取得税の非課税の規定中第３号（信託財産の取得）を「類推適用」するのが妥当であるとして，賦課処分を取り消した原判決を相当とし，本件控訴を棄却したところ，最高裁昭和48年11月16日判決（民集27巻10号1333頁）は，地方税法73条の７（形式的な所有権の移転等に対する不動産取得税の非課税）３号は，信託財産を移す場合における不動産の取得についてだけ非課税とすべき旨を定めたものであり，租税法の規定はみだりに拡張適用すべきものではないから，譲渡担保による不動産の取得については，これを類推適用すべきものではないと判示し，類推適用による納税者の救済を直ちに退けている（その後の法改正で救済規定を置く。）（東京地裁平成13年３月29日判決・税務訴訟資料250号順号8869も，租税特別措置法（平成６年法律第22号による改正前。以下同じ。）31条の２第２項各号の適用に当たり，同法は，本来課されるべき税額を政策的な見地から特に軽減するものであって，租税負担公平の原則に照らし，その解釈は厳格にされるべきものであり，みだりに実質的妥当性や個別事情を考慮して，拡張解釈ないし類推解釈をすることは許されない旨を判示している。これらの判決は，租税政策的な規定には厳しい解釈（文理解釈）を求めている）。

3　法の空白と論理解釈

東京地裁昭和39年７月18日判決（民集27巻10号1351頁）は，「同法[地方税法]は，『不動産の取得』の概念につき，一方で実質主義の原則をとりつつ，他方で，形式的な所有権の取得として非課税とすべき典型的な場合を第七三条の七に掲げたものであり，完全，実質的所有権の取得として何人もあやしまないものと，形式的な所有権の取得として非課税扱いをすべき典型的な場合との中間にあつて，一応形式的には所有権の移転とされながらも，実質的な所有権能の移転がどの程度これに伴なうかについて濃淡の『ニユアンス』がある領域について本来，国会がこの種の領域のものについて，これを課税対象とすべきかどうか及びいかなる方式により課税すべきかを評価，考量の上明文化すべきであつたにかかわらず，それが行なわれないままで立法が行なわれたとみるのが卒直な見方であるといわねばならない。この意味において，譲渡担保としての所有権の取得は，いわば，法が課税対象として予定する『不動産の取得』と非課税扱いとされる形式的所有権の取得との中間に位するものというべきであつて，そのいずれに属するかは，単なる文理解釈や規定の外形的体裁のみによつてこれを断定することは困難なことがらである。/ただ，当裁判所が，ここで，とくに指摘しなければならないことは，かような，本来，国会が評価，考量して明文化すべくしてこれを行なわないままで放置した中間的領域の行為ないし現象をとらえて，これを課税対象とするかどうか，及び課税するとすればいかなる方式でこれを行なうかを決定することは，ほかならぬ国会の権限に属するということであり，この認識に立つことが本件の問題の判断に極めて重要な意義を有するということである。けだし，かようなことがらの決定は，課税の均衡，公正の見地，徴税技術上の見地，その取引社会に及ぼす影響等の諸要素を比較考量して，国会の立法政策上の裁量，判断によりこれを決定すべきことがらであつて，若しかような決定を，明確な法律の委任なくして行政庁が行なうときは，往々徴税の見地のみの偏重に堕し，納税者の利益や取引社会に及ぼす影響等につき必ずしも十分の考慮を払つたものとは認められないような統一的解釈通達等によつて徴税が強行され，その結果，本来国会の行使すべき権限が行政庁によつて代行され，租税法律主義の原則は，租税法規の適用，執行の段階において蚕蝕される結果となるとともに，取引社会に予想外の混乱を惹起し，課税の不公平，不公正を招来し，ひいては，国民の間に課税行政に対する不信を醸成することともなるからである。従つて，かような場合の税法の解釈適用に当たつては，行政庁は，問題の行為が経済的，実質的に考察して，法が課税対象として予想しているところのものと同一実質のものと断定し得ないかぎり課税を放棄すべきものであり，その意味において，疑わしい場合には納税者に利益に，そして納税者に有利な方向において合理的類推解釈が可能であるかぎり，この途を選ぶことが，行政庁のとるべき態度であるといわねばならない。/ちなみに，当裁判所の見解によれば，税法の解釈適用に当たつては，法の予想するところを超えて実質的に新たな課税対象を創設若しくは課税対象を拡張し，又は納税者に不利益を来たす方向において類推ないし拡張解釈を行なうことは慎しまるべきものであるが，納税者の有利に，課税の公平，公正を図る方向において合理的類推解釈を行なうことは，これを禁ずべき理由はないものといわねばならない。(略)／以上の理由により，当裁判所は，譲渡担保としての不動産所有権の取得は，課税対象としての『不動産の取得』に当たらず，むしろ，同法第七三条の七第三号の規定を類推して非課税に当たるものと解する。」と判示する。本判決は，実施記にみて非課税にされうるところ，形式的に非課税規定がないということで不動産の取得として課税することは不公正であり，また立法者においては譲渡所得の取扱については明確に意思表示をしていない状態のもとでは，このような論理解釈は許されるとしている。また，本判決は，解釈原理として「疑わしくは納税者の不利益」に解釈すべきとするものである（同様の解釈原理を説くものとして，東京高裁昭和41年3月15日判決・行裁例集173号277頁等参照[32]。東京地裁昭和39年7月18日判決の控訴審・東京高裁昭和43年5月29日判決・民集27巻10号1364頁は，譲渡担保が不動産の取得に該当するとの立法意思が存したとしても公平な課税を実現することから，そのような結論を導き出すことは困難とするものである）。

これに対して，上告審・最高裁昭和48年11月16日判決（民集27巻10号1333頁）は，「原審が当事者間に争いのない事実として確定したところによれば，被上告人は譲渡担保として本件不動産の所有権の移転をうけたというのであるから，被上告人の右不動産の取得は，地方税法七三条の二

(32)　清永敬次『税法（第6版）』38-40頁（ミネルヴァ書房・2003），金子・前掲注3書124-125頁参照。

第一項にいう『不動産の取得』にあたるものといわなければならない。そして，地方税法七三条の七第三号は信託財産を移す場合における不動産の取得についてだけ非課税とすべき旨を定めたものであり，租税法の規定はみだりに拡張適用すべきものではないから，譲渡担保による不動産の取得についてはこれを類推適用すべきものではない。そうすると，被上告人の本件不動産の取得に対し不動産取得税を課することは許されないとした原判決およびこれと同趣旨の第一審判決は，地方税法七三条の二第一項，七三条の七第三号の解釈適用を誤つた違法があ［る］」と判示する。本最高裁判決においては，租税法律主義に基づく文理解釈を課税の公平に基づく論理解釈よりも優位な位置づけをしていると評価することも可能であろう。法文外の解釈として類推解釈は，租税法の解釈としては禁じられているとみることもできる。しかし，一方で，前掲・最高裁昭和 45 年 10 月 23 日判決は，類推解釈を認めるものであるといえ，ここでも類推解釈の許容性については混乱があるといってもよかろう(33)。

Ⅲ　論理解釈（法文内の解釈）における「法の目的や趣旨」

課税要件事実の認定に基づき，租税法を適用するに当たっては，租税法（課税要件規定）の意味内容が明らかにされなければならない。この課税要件規定の解釈は，租税法律主義（憲法 30 条，84 条）のもとで，原則として文理解釈に基づいて解釈されるべきであると解されている。すなわち，租税法においては，租税法規のみが憲法 41 条により国会（立法者の意思）を国民に向かって伝達する手段であるが，これが立法者意思という価値基準が法解釈の重要な基準となる。租税法においては課税要件法定主義及び課

(33)　これらは「法律がなにも規定をしていなかった空白領域」を埋める作業をする場合に，裁判官にどの程度これを補充する権能を与えるかであるが租税法律主義のもとではその範囲は厳格に解されなければならない。「欠けつ補充の限界」については，民法の議論ではあるが，能見・前掲注 13 論文 46-50 頁参照。

税要件明確主義という価値基準が存することにより，その解釈適用は文理解釈によることが求められる。文理解釈の結果生じた「隙間」や「法の空白」を埋めるために論理解釈が行われる。この論理解釈（法文内の解釈）においては「法の目的や趣旨」が用いられる。拡大解釈（拡張解釈）や制限解釈（目的論解釈）がそのようなものであった。法文外における類推解釈等においても「法の目的や趣旨」により行われる。類推解釈や反対解釈がそのようなものであった。

そうであるならば，「法の目的や趣旨」を考慮するといっても，前述したように，そこにはいわゆる空白を埋めるために立法者でない解釈者個人の価値判断，すなわち解釈者の「主観的解釈」を忍び込ませる可能性が存する。立法者意思基準をもってする解釈を「主観的解釈」，法の目的ないし趣旨を基準とする解釈を「客観的解釈」（目的論解釈）と呼ぶが，実はこの「目的論解釈」こそが解釈者の主観的解釈となる危険を含んでいるといえる(34)。このことはきわめて重要である。新たな立法行為が解釈者の名を借りて行われることになるのである。全ての法にこのような危険性は存するのであるが，特に租税法においてこのような解釈を，すなわち解釈者（課税庁）が行えば，いわゆる法解釈の名を借りた租税回避行為の否認が行われたことになるといえよう。「法の目的ないし趣旨」の考慮を認める以上，この危険性からは免れないのである。「法の目的あるいは趣旨」という価値基準をもって解釈する場合には，課税庁においては暗に租税回避の否認という価値判断が取り込まれる危険性が存するのである。さらには裁判官においても同様の判断が行われる危険性が存するのである。

このことを表す例として，たとえば，最高裁平成18年1月24日判決（訟月53巻10号2946頁）は，上告人がオランダにおいて設立した100％出資の子会社であるA社が，その発行済株式総数の15倍の新株を上告人の関連会社であるB社に著しく有利な価額で発行したことに関し，被上告人

(34)　前田・前掲注9論文69頁参照。

が，上告人の有するA社株式の資産価値のうち上記新株発行によってB社に移転したものを，上告人のB社に対する寄附金と認定し，上告人の本件事業年度の法人税の増額更正及びこれに係る過少申告加算税賦課決定をしたため，上告人が，申告額を超える部分に係る本件各処分の取消しを求めた事案の上告審で，上告人の保有するA社株式に表章された同社の資産価値の移転は，上告人の支配の及ばない外的要因によって生じたものではなく，上告人において意図し，かつ，B社において了解したところが実現したものということができるから，法人税法22条2項にいう取引に当たるというべきであるが，原審のA社の保有する株式の評価方法には誤りがあるとして，原判決を破棄し，原審に差し戻した。東京高裁（差戻控訴審）平成19年1月30日判決（訟月53巻10号2966頁）において，「アトランティック社の株式に表章された資産価値は，被控訴人において支配し，処分することができたところ，被控訴人は，このような利益をアスカファンド社との合意に基づいて同社に移転したものということができる。すると，この資産価値の移転は，被控訴人が意図し，アスカファンド社が了解したところが実現したものということができるから，法二二条二項の取引，すなわち『無償による資産の譲渡』に当たるということができる」と判示している。

法人税法22条2項にいう取引は立法者意思によればまさに法律行為を前提とした取引であり，「取引」は固有概念ではなく，借用概念として，理解されるべきものであるところ（文理解釈を採用すべきであるところ），そのような解釈をした場合に，このような最高裁の判示する結論になるとはいえないことから，いわゆる空白を埋める必要がないにもかかわらず，空白を埋めるためとして立法者でない解釈者個人（課税庁）の価値判断，すなわち解釈者の「主観的解釈」が行われたとも解される(35)。

また，最高裁平成17年12月19日判決（民集59巻10号2964頁）は，銀

---

(35)　占部裕典「法人税法22条2項の適用範囲について～オウブンシャホールディング事件における第三者割当増資を通して～」税法学551号36頁（2004）参照。

行業を営む被上告人が，外国においてわが国との関係で二重課税を生じさせるような取引を行って外国法人税を納付した上で，国内において納付すべき法人税の額から外国法人税の額を控除して申告をしたのに対し，法人税の更正及び過少申告加算税の賦課決定がなされたため，本件各処分の取消しを求めたところ，原判決が，被上告人の請求を認容した一審判決を維持し控訴を棄却したため，上告した事案で，わが国の銀行が，本来は外国法人が負担すべき外国法人税（外国の法令により課される法人税に相当する税）について対価を得て引き受ける取引を行い，同取引に基づいて同銀行が負担した外国法人税が上記対価を上回るため，同取引自体によっては損失を生ずるが，上記外国法人税の負担を自己の外国税額控除の余裕枠を利用して国内で納付すべき法人税額を減らすことによって免れ，最終的に利益を得ようとする目的で上記取引を行ったという事情の下においては，上記外国法人税を法人税法（平成10年法律第24号による改正前のもの）69条の定める外国税額控除の対象とすることは，外国税額控除制度を濫用し税負担の公平を著しく害するものとして許されないと判示した（最高裁平成18年2月23日判決・訟月53巻8号2461頁も同旨）。これは，わが国の外国税額控除の制度をその本来の趣旨及び目的からこのような結論を導くものであり（結果的には限定解釈を認めるものであり），立法当時の立法者意思を逸脱している可能性がきわめて高く，そのような解釈は許されないものであったといえよう[(36)]。

筆者は，かつて租税法の解釈について，以下のように述べたことがある。「最近の租税法判例において，租税法規や文言に係る解釈原理が正面から問われているものが目につく。租税法の解釈をめぐっては，厳格な文理解釈による原文主義的アプローチと目的主義的アプローチとの間で緊迫した対立があり，租税法律主義からは，原則として前者が採用されるべきであるとして，徹底した文理主義を主張する立場もありえよう。立法趣旨・目

(36)　占部裕典「租税回避行為論再考―外国税額控除枠の利用にかかる法人税更正処分等取消請求控訴事件を素材として―」税法学548号21-52頁（2002）参照。

的に照らしたうえでの解釈アプローチ（法の目的ないし趣旨を基準とする解釈を『客観的解釈』（目的論解釈）。それは上記の解釈方法からいえば拡張解釈や制限解釈を行っていることになる。これを広義の文理解釈といってもよいし『緩やかな文理解釈』と呼ぶこともできる。）もまさに租税法判例において許容されている解釈であり，いわゆる『厳格な文理解釈』（立法者意思基準をもってする解釈を『主観的解釈』）の対極にある極論として目的論的アプローチあるいは『目的論的解釈』といわれているものとは異質のものであるといえよう。

しかし，今日，文理解釈においてもその内容は，論者により異なり，また判例によっても異なり，少なからず幅のあるものとして用いられている。たとえば，文理解釈における立法趣旨・目的，さらには立法経緯等の意義や位置づけについては，必ずしも一致しているわけではない。」(37)

今日，文理解釈に必ずしも固執しない判決のながれをみてとることができる。法の目的ないし趣旨を基準とする解釈が実際のところ主流となっているといっても過言ではない。しかし，重要なことは，「法の目的あるいは趣旨」という価値基準をもって解釈する場合には，課税庁において，暗に租税回避の否認という価値判断が取り込まれる危険性が存するということである（結果志向の正当化現象）。さらには，裁判官が自己の価値判断に基づいて条文の解釈を合理的に確定する作業が行われる危険性が存するということである。

「厳格な文理解釈」の対極にある極論として目的論的アプローチに近づくことによる危険性を意識する必要がある。また，「法の目的あるいは趣旨」が当該法律におけるほかの法文との整合性を超えたものであるときには，租税法律主義のもとでは原則として許されるべきものではない。

---

(37) 占部裕典「租税法の解釈構造［再論］―判例分析を通じて」同志社法学62巻1号17-122頁（2010）。

規定（条文）の趣旨・目的（ここでの解釈は目的論的アプローチ＝論理解釈）

文理解釈とは立法者の意思の解明（関係法令との整合性も考慮しうる。問題は税法ではどのようなものがその根拠となりうるか⇒議事録等）＝趣旨・目的と重なる部分

1　判例における租税法規の解釈について

租税法の解釈原理が既に述べたように文理解釈であることに学説上争いはない（ただし，文理解釈の内容については必ずしも統一的な見解が存するとはいえない）。判例における文理解釈の内容自体は必ずしも明らかではないが，立法の目的及び経緯，法を適用した結果の公平性あるいは相当性等の実質的な事情から，結果的に租税回避行為を否認するといったような解釈を導いているような場合には文理解釈が後退しているといわざるを得ないであろう。以下，判例の動向をみる(38)。

①　所得税法施行令322条にいう「当該支払金額の計算期間の日数」の意義

東京高裁平成18年12月13日判決（税務訴訟資料256号順号10600）は，「法におけるホステス報酬等の源泉徴収制度の趣旨・目的をも参酌した上で上記法条を解釈すれば，本件各集計期間のうち本件各ホステスの実際の出勤日数と解すべきことに合理性があることは前記引用に係る原判決説示のとおりである。なお，こうした解釈は，『期間』という文言から受ける印象からは外れるところがあるようにも感ぜられなくもないけれども，上記の文理解釈の範囲を逸脱するようなものであるとはいえない。」として原判決を支持する。上告審・最高裁平成22年3月2日判決（民集64巻2号420頁）は，「一般に，『期間』とは，ある時点から他の時点までの時間的隔

(38)　以下の判例の検討については，占部・前掲注1論文42-56頁参照。

たりといった，時的連続性を持った概念であると解されているから，施行令322条にいう『当該支払金額の計算期間』も，当該支払金額の計算の基礎となった期間の初日から末日までという時的連続性を持った概念であると解するのが自然であり，これと異なる解釈を採るべき根拠となる規定は見当たらない。」として，ホステス報酬の額が一定の期間ごとに計算されて支払われている場合においては，施行令322条にいう「当該支払金額の計算期間の日数」は，ホステスの実際の稼働日数ではなく，当該期間に含まれる全ての日数を指すものと解するのが相当であると判断している。いわゆる厳格な文理解釈によっているものと解される（これに対して，原審は源泉徴収制度の趣旨を含めた意味での文理解釈を展開している）。

② 租税特別措置法41条（平成10年法律第23号による改正前のもの）にいう「改築」の意義

静岡地裁平成13年4月27日判決（税務訴訟資料250号順号8892）は，租税特別措置法41条（平成10年法律第23号による改正前のもの）にいう「改築」について，「租税に関する法規もまた憲法を頂点とする法秩序の一環をなすものであるから，他の法規との間での整合性を保ちながら，その独自の立法目的を達成することを原則として制定されているものである。加えて，租税法は国民の納税義務を定める法であり，その意味で国民の財産権への侵害を根拠づけるいわゆる侵害規範であるから，将来の予測を可能ならしめ，法律関係の安定をはかる必要がある。また，納税義務は各種の経済活動又は経済現象に着目し，立法政策に基づいて発生するものであるが，それらの経済活動又は経済現象は，既に他の法規によって規律されているものでもある。

したがって，現行の租税に関する法規が，他の法規において既に明確な意味内容を与えられた形で用いられている用語と同一の用語を使用している場合においては，その用語は，特に租税に関する法規が明文で他の法規と異なる意義をもって使用されていることを明らかにしている場合に該らない限り，又は，租税法規の体系上他の法規と異なる意義をもって使用されていると解すべき実質的な理由がある場合に該らない限り，他の法規で使用されているものと同一の意義を有すると解するのが相当である。」と判示する。

これに対して，前掲・東京高裁（控訴審）平成14年2月28日判決は，「法令において用いられた用語がいかなる意味を有するかを判断するにあたっては，まず，法文自体から用語の意味が明確に解釈できるかどうかを検討することが必要であり，法文から用語の意味を明確に解釈できない場合には，立法の目的及び経緯，法を適用した結果の公平性，相当性等の実質的な事情を検討のうえ，用語の意味を解釈するのが相当である。」と判示する。立法の目的及び経緯，法を適用した結果の公平性，相当性等を顧慮に入れるものである。

③　所得税法161条6号の「貸付金（これに準ずるものを含む。）」の「利子」の意義

東京地裁平成19年4月17日判決（判時1986号23頁），東京高裁（控訴審）平成20年3月12日判決（金融・商事判例1290号32頁）における争点は，各レポ差額が所得税法161条6号の「貸付金（これに準ずるものを含む。）」の「利子」に該当するか否かであるところ，東京地裁平成19年4月17日判決は，まずその冒頭，「貸付金（これに準ずるものを含む。）」の「利子」の解釈のあり方について，「法令において用いられた用語がいかなる意味を有するかを判断するに当たっては，まず，当該法文自体及び関係法令全体から用語の意味が明確に解釈できるかどうかを検討することが必要である。その上で，なお用語の意味を明確に解釈できない場合には，立法の目的，経緯，法を適用した結果の公平性，相当性等の実質的な事情を検討の上，その用語の意味を解釈するのが相当である。」として，上記所得税法161条6号にいう「貸付金（これに準ずるものを含む。）」の「利子」の意義について「検討するに，まず，税法の解釈において使用される用語の用法が通常の用語の用法に反する場合，当該税法が客観性を失うことになるため，納税者の予測可能性を害し，また，法的安定性をも害することに

なることからすれば，税法中に用いられた用語が法文上明確に定義されておらず，他の特定の法律からの借用した概念であるともいえない場合であっても，その用語は，特段の事情がない限り，言葉の通常の用法に従って解釈されるべきである。」と判示する(39)。

前掲・東京地裁平成19年4月17日判決は，「貸付金（これに準ずるものを含む。）」は借用概念ではないとして（すなわち，立法者は，この文言が私法とのリンクを予定していなかったということになる。），言葉の通常の用法を探り，「貸付金（これに準ずるものを含む。）」の「利子」の定義について，原告・被告どちらの主張にも与しないことを明言している。前掲・東京地裁平成19年4月17日判決の採用する税法の文言の解釈原理，「貸付金（これに準ずるものを含む。）」の定義は，控訴審判決においてもそのまま支持されている。前掲・東京地裁平成19年4月17日判決，東京高裁（控訴審）平成20年3月12日判決のいう解釈原理は，ここ数年わが国で確立されている文理解釈によって規定の意味内容が明らかにできない場合には，規定の趣旨目的に照らして意味内容を明らかにしなければならないとする解釈原理とは，特段，異なる特殊な解釈原理がここで用いられたわけではない。

④　所得税法34条2項にいう「収入を得るために支出した金額」の意義

前掲・福岡高裁平成22年12月21日判決の一審・福岡地裁平成22年3月15日判決は，本件法人が契約者となり，原告と本件法人が保険料を各2分の1ずつ負担した養老保険契約の満期保険金を受領した原告が，本件法人が負担した分も含む保険料全額を，原告の所得税における一時所得の金額の計算上控除しうる「収入を得るために支出した金額」に当たるか否かが争点となったものであるが，「1　本件では，所得税法34条2項にいう『収入を得るために支出した金額』の解釈が問題となっているところ，憲法84条は，法律の根拠に基づかずに租税を課すことはできないという

(39)　占部裕典・判例時報2008号164頁（判例評論595号2頁）(2008)，占部裕典「債券貸付及びレポ取引の課税関係～所得税法161条6号等の法改正に照らして～」同志社法学63巻5号207-300頁（2011）参照。

租税法律主義の原則を定めている。そして，この定めの趣旨は，国民生活の法的安定性と予測可能性を保障することにあることからすると，租税法規はできるだけ明確かつ一義的であることが望ましく，その解釈に当たっては，法令の文言が重視されるべきである。／もっとも，課税対象となる納税者側の社会生活上の事象は千差万別であるから，それらの全てを法令により明確かつ一義的に規定することは不可能であり，公正な租税の実現の必要性も考慮すると，法令の趣旨・目的，租税の基本原則，税負担の公平性・相当性等を総合考慮し，法的安定性，予測可能性を損なうことのない限度で，租税法令を客観的，合理的に解釈することも許されるというべきである。」と判示する。

⑤　国税徴収法39条にいう「第三者に利益を与える処分」の意義

東京高裁平成26年11月26日判決（訟月61巻2号454頁）は，国税通則法42条は，国税の徴収に関しても，民法424条の詐害行為取消権の規定を準用することとしており，国税の納税者がした財産の譲渡行為等が詐害行為に該当するときは，徴収職員はその行為を訴訟によって取り消した上で当該財産に対して滞納処分を執行することができるが，国税に関する詐害行為の全てを訴訟をまって処理していたのでは，国税の簡易迅速な確保を期すことができないため，国税徴収法39条は，納税者が無償又は著しい低額で財産を処分し，そのため納税が満足にできないような資産状態に立ち至った場合には，その受益者に対して直接第二次納税義務を負わせることにより，実質的に詐害行為の取消しをしたのと同様の効果を得るために設けられたものと解されることから，国税徴収法39条の立法趣旨に照らすと，同条にいう「第三者に利益を与える処分」とは，滞納者の積極財産の減少の結果，第三者に利益を与えることとなる処分をいうものと解されると判示している。国税徴収法39条の立法趣旨が解釈の前提となっているといえよう。

⑥　法人税法33条2項における「資産……につき災害による著しい損傷その他の政令で定める事実が生じたこと」の意義

東京高裁平成3年6月26日判決（行裁例集42巻6・7号1033頁）は，法人税法33条1項は，商法の規定等により適法ないしは公正妥当に評価損の計上処理がされた場合を前提とした上，そのような場合であってもなお同法上は損金算入を認めないとの原則をうたったものであって，同条2項の損金算入を認めうる場合の要件については，同法の趣旨目的に照らして理解されるべきであるとし，法人税法33条2項，同法施行令68条2号ロの規定に定める特定の事実が生じたとして，青色申告書において納税者がした株式の評価損の損金算入を否認した法人税の更正処分が，当該株式の発行法人の資産状態が著しく悪化したことが認められないと判断している（原審・東京地裁平成1年9月25日判決・訟月36巻2号285頁は，「有価証券の価額が著しく低下した状態というのは，帳簿価額（取得価額が付される。商法二八五条の六第一項参照）で評価されている有価証券の資産価値が，その帳簿価額に比べ異常に減少しただけでは足りず，その減少が固定的で回復の見込みがない状態にあることを要するというべきである。」と判示する（国税不服審判所平成21年4月2日裁決・裁決事例集77集281頁も同旨））[40]。

⑦　所得税法25条1項柱書きにおける「金銭その他の資産の交付を受けた場合」の意義

大阪高裁平成24年2月16日判決（訟月58巻11号3876頁）は，所得税法25条1項柱書きにいう「金銭その他の資産の交付を受けた場合」とは，金銭その他の資産が実際に交付された場合だけでなく，同様の経済的利益をもたらす債務の消滅等があった場合も含むとして，本件控訴を棄却した。すなわち，「所得税法25条1項の趣旨は，形式的には法人の利益配当ではないが，資本の払戻し，法人の解散による残余財産の分配等の方法で，実質的に利益配当に相当する法人利益の株主等への帰属が認められる行為が

(40)　占部裕典・判例時報1761号177頁（判例評論514号23頁）(2001)，占部裕典「国税徴収法39条の適用対象—『その他第三者に利益を与える処分』の意義」水野武夫先生古稀記念論文集刊行委員会編『行政と国民の権利—水野武夫先生古稀記念論文集』724-745頁（法律文化社・2011）参照。

行われたときに，その経済的実質に着目して，これを配当とみなして株主等に課税するところにあるというべきである。上記趣旨に鑑みると，同柱書きにいう『金銭その他の資産の交付を受けた場合』とは，金銭その他の資産が実際に交付された場合だけでなく，同様の経済的利益をもたらす債務の消滅等があった場合をも含むものと解される。そもそも，所得税法25条1項柱書きは，配当等とみなす金額の対象を『金銭その他の資産の交付』と規定している。したがって，その一部である『資産』という文言のみを切り離した上，これを配当所得ではなく，譲渡所得を規定した同法33条1項にいう『資産』と同義と解することは，法文の解釈として相当でない。」と判示する。

Ⅳ　法令の趣旨・目的を含んだ「租税法規の客観的，合理的解釈化」現象

1　「租税法規の客観的，合理的解釈化」現象

租税法の解釈について，一連の判決をみると「当該法文自体及び関係法令全体から用語の意味が明確に解釈できるかどうかを検討し，その上で，なお用語の意味を明確に解釈できない場合には，立法の目的，経緯，法を適用した結果の公平性，相当性等の実質的な事情を検討の上，その用語の意味を解釈するのが相当である。」との理解は広く肯定される傾向にある。当該法文自体及び関係法令全体から用語の意味が明確に解釈できるかどうかとして十分な文理解釈が検討されているかといえばこのような租税法の解釈（文理解釈）が枕言葉的に引用されるだけで，安易に論理解釈が展開される傾向にあるともいえよう。

たとえば，国税徴収法39条にいう「第三者に利益を与える処分」に係る前掲・東京高裁平成26年11月26日判決は，「国税徴収法39条は，納税者が無償又は著しい低額で財産を処分し，そのため納税が満足にできないような資産状態に立ち至った場合には，その受益者に対して直接第二次

納税義務を負わせることにより，実質的に詐害行為の取消しをしたのと同様の効果を得るために設けられたものと解されることから，国税徴収法39条の立法趣旨に照らすと，同条にいう『第三者に利益を与える処分』とは，滞納者の積極財産の減少の結果，第三者に利益を与えることとなる処分をいうものと解される」と判示している。法人税法33条2項における「資産……につき災害による著しい損傷その他の政令で定める事実が生じたこと」に係る前掲・東京高裁平成3年6月26日判決は，法人税法33条1項は，商法の規定等により適法ないしは公正妥当に評価損の計上処理がされた場合を前提とした上，そのような場合であってもなお同法上は損金算入を認めないとの原則をうたったものであって，同条2項の損金算入を認めうる場合の要件については，同法の趣旨目的に照らして理解されるべきであるとし，当該株式の発行法人の資産状態が著しく悪化したことが認められないと判断している。所得税法25条1項柱書きにおける「金銭その他の資産の交付を受けた場合」に係る前掲・大阪高裁平成24年2月16日判決は，株式会社である控訴人が，その従業員持株会に対する貸付金を回収するため，同会が保有する控訴人の発行済株式を代物弁済により取得したところ，所轄税務署長から，原告には源泉徴収義務があるとして，所得税の納税告知処分等を受けたことから，その取消しを求めた事案の控訴審で，所得税法25条1項柱書きにいう「金銭その他の資産の交付を受けた場合」とは，「所得税法25条1項の趣旨は，形式的には法人の利益配当ではないが，資本の払戻し，法人の解散による残余財産の分配等の方法で，実質的に利益配当に相当する法人利益の株主等への帰属が認められる行為が行われたときに，その経済的実質に着目して，これを配当とみなして株主等に課税するところにあるというべきである。上記趣旨に鑑みると，同柱書きにいう『金銭その他の資産の交付を受けた場合』とは，金銭その他の資産が実際に交付された場合だけでなく，同様の経済的利益をもたらす債務の消滅等があった場合をも含むものと解される」と判示している。

判決の中には文理解釈の中で当初から法令の趣旨・目的等を取り込んで

法解釈するものも多く，「租税法規の客観的・合理的解釈化」現象が広がっているといえよう。

2　法令の趣旨・目的による価値基準

法解釈の「実質的側面」と「形式的側面」を区別しながら，租税法規等をみていくことが租税法律主義のもとでの文理解釈の意義を検討することは有意義であろう。文理解釈，論理解釈といった形式面のみを議論することはさして有益ではないといえよう。法解釈の「実質的側面」において，文理解釈とは法解釈において立法者（国会）が国民に向かって何を伝達しようとしたか（立法者意思という基準）を指すものと解される（立法者意思説）。立法者意思が明確な場合にはそれに反する解釈はできない。原則として立法者の意思に拘束されるが，別途の解釈との比較との関係において，そのような場合としては，関係法令との整合性が問われることとなることがある。このような場合にも法令の趣旨・目的による作業といわれることがあるが，このような解釈方法（関係法令との整合性を考慮に入れた解釈）は法の趣旨・目的による解釈とは区別することができ，否定されるわけではない。

東京高裁平成24年9月20日判決（民集68巻7号764頁）は，「地方税法は，『固定資産税の賦課期日は，当該年度の初日の属する年の1月1日とする。』（359条）と定め，固定資産税の課税要件を確定させて具体的な納税義務を発生させるための基準となる日を当該年度の初日の属する年の1月1日としている。／そして，前記のとおり，343条1項及び2項前段による家屋の『所有者』とは，当該家屋について登記簿に所有者として登記され，又は家屋課税補充台帳に登録されている者をいうとされているのであるから，この点の課税要件の充足の有無は，賦課期日である1月1日において判断されるべきこととなる。」と判示したが，最高裁平成26年9月25日判決（民集68巻7号722頁）は，「法は，固定資産税の納税義務の帰属につき，固定資産の所有という概念を基礎とした上で（343条1項），これを確定するための課税技術上の規律として，登記簿又は補充課税台帳に所有者として登記又は登録されている者が固定資産税の納税義務を負うものと定める（同条２項前段）一方で，その登記又は登録がされるべき時期につき特に定めを置いていないことからすれば，その登記又は登録は，賦課期日の時点において具備されていることを要するものではないと解される。／そして，賦課期日の時点において未登記かつ未登録の土地若しくは家屋又は未登録の償却資産に関して，法は，当該賦課期日に係る年度中に所有者が固定資産税の納税義務を負う不足税額の存在を前提とする定めを置いており（368条），また，賦課期日の時点において未登記の土地又は家屋につき賦課期日後に補充課税台帳に登録して当該年度の固定資産税を賦課し（341条11号，13号，381条２項，４項），賦課期日の時点において未登録の償却資産につき賦課期日後に償却資産課税台帳に登録して当該年度の固定資産税を賦課する（381条５項，383条）ことを制度の仕組みとして予定していると解されること等を踏まえると，土地又は家屋に係る固定資産税の納税義務の帰属を確定する登記又は登録がされるべき時期について上記のように解することは，関連する法の諸規定や諸制度との整合性の観点からも相当であるということができる。」と判示する。

前掲・最高裁平成26年９月25日判決は，固定資産税が，固定資産の資産価値に着目し，その所有という事実に担税力を認めて課する一種の財産税であることから，地法税法343条１項が納税義務者を固定資産の所有者とすることを基本とする（所有者課税の原則）として，その要件の充足の有無を判定する基準時としての賦課期日を当該年度の初日の属する年の１月１日としていることから（同法359条），上記の固定資産の所有者は当該年度の賦課期日現在の所有者を指すこととなると明確に判示している。その上で，１月１日（賦課期日）に登記簿又は土地補充課税台帳若しくは家屋補充課税台帳に所有者として記帳されている者でない限り課税され得ないと読み取れるかということである。この点，原判決は，「343条２項前段が適用される場合における同条１項にいう『所有者』とは，私法上の所有者又は同条２項後段の『現に所有している者』と同義ではなく，『登記簿に所有者として登記され，又は家屋補充課税台帳に登録されている者』をいうのであり，これが課税要件とされていることは前述したとおりであるから，賦課期日より後に課税要件の一部が備わったとしても，特段の規定がない限り，納税義務の発生を肯定することはできない。」と判示する。台帳課税主義と賦課期日制度を密接につなぎ合わせて解釈を導くが，各々の制度は別制度であり，地方税法343条２項前段が適用される場合における同条１項にいう「所有者」とは，私法上の所有者又は同条２項後段の「現に所有している者」と同義ではなく，「登記簿に所有者として登記され，又は家屋補充課税台帳に登録されている者」をいうとする点に異論はないが，同法343条２項後段は，登記簿に所有者として登記され，又は家屋補充課税台帳に登録されている者が賦課期日前に死亡した場合などには登記簿に所有者として登記され，又は家屋補充課税台帳に登録されている者でなく，現実の所有者に固定資産税を賦課するというものであり，このような場合にまで台帳課税主義を認めるのは（死亡した者に対する課税処分は無効であることなどから），「台帳課税主義」の趣旨を同法343条２項後段の場合に及ぼすことは不合理であるとする趣旨であると解される。本最高裁判決も，賦課期日の時点において未登記の土地又は家屋につき賦課期日後に補充課税台帳に登録して当該年度の固定資産税を賦課し（341条11号，13号，381条２項，４項），賦課期日の時点において未登録の償却資産につき賦課期日後に償却資産課税台帳に登録して当該年度の固定資産税を賦課する定めを置いている（381条５項，383条）ことなどを挙げて，固定資産税に係る地方税法の制度の仕組みからも原判決のような解釈が採用できないことは明らかであると判示している[41]。文理解釈の前提となる立法者意思を関係法令との整合性により明らかにしたとも解される判決である。

(41)　占部裕典・判例時報2232号116頁（判例評論669号２頁）（2014）参照。

3　文理解釈等の具体的な作業～立法趣旨・目的等の考慮

立法経緯や立法趣旨・目的を適用して文言の意味・内容を解釈するという意味での文理解釈が問題となる場面として，所得税法 56 条の適用範囲をめぐる東京地裁平成 17 年 9 月 14 日判決（税務訴訟資料 255 号順号 10125），租税特別措置法 40 条の 4 第 3 項の適用除外要件のうち，非持株会社等基準，実体基準及び管理支配基準をいずれも充足するか否かが問題となった一審・東京地裁平成 20 年 8 月 28 日判決（訟月 55 巻 7 号 2532 頁），控訴審・東京高裁平成 21 年 2 月 26 日判決（税務訴訟資料 259 号順号 11149）[(42)]等を取り上げることができよう（最高裁・上告棄却）。

たとえば，最高裁平成 16 年 11 月 2 日判決（訟月 51 巻 10 号 2615 頁）も，「所得税法 56 条は，事業を営む居住者と密接な関係にある者がその事業に関して対価の支払を受ける場合にこれを居住者の事業所得等の金額の計算上必要経費にそのまま算入することを認めると，納税者間における税負担の不均衡をもたらすおそれがあるなどのため，居住者と生計を一にする配偶者その他の親族がその居住者の営む事業所得等を生ずべき事業に従事したことその他の事由により当該事業から対価の支払を受ける場合には，その対価に相当する金額は，その居住者の当該事業に係る事業所得等の金額の計算上，必要経費に算入しないものとした上で，これに伴い，その親族のその対価に係る各種所得の金額の計算上必要経費に算入されるべき金額は，その居住者の当該事業に係る事業所得等の金額の計算上，必要経費に算入することとするなどの措置を定めている。

同法 56 条の上記の趣旨及びその文言に照らせば，居住者と生計を一に

---

(42)　占部裕典「租税法における文理解釈の意義―租税特別措置法 66 条の 6 の解釈を素材にして―」同志社法学 61 巻 2 号 175-218 頁（2009），占部裕典「我が国のタックス・ヘイブン対策税制の変遷と残された課題―OECD BEPS 最終レポート（行動 3）の影響―」同志社法学 68 巻 3 号 1-82 頁（2016），占部裕典「特定外国子会社等の『株式の保有』とタックス・ヘイブン対策税制の適用―適用除外要件の充足と後続的株式処分による二重課税―」同志社法学 60 巻 3 号 199-264 頁（2008）参照。

する配偶者その他の親族が居住者と別に事業を営む場合であっても，そのことを理由に同条の適用を否定することはできず，同条の要件を満たす限りその適用があるというべきである。／同法56条の上記の立法目的は正当であり，同条が上記のとおり要件を定めているのは，適用の対象を明確にし，簡便な税務処理を可能にするためであって，上記の立法目的との関連で不合理であるとはいえない。このことに，同条が前記の必要経費算入等の措置を定めていることを併せて考えれば，同条の合理性を否定することはできないものというべきである。他方，同法57条1項は，青色申告書を提出することにつき税務署長の承認を受けている居住者と生計を一にする配偶者その他の親族で専らその居住者の営む前記の事業に従事するものが当該事業から給与の支払を受けた場合には，所定の要件を満たすときに限り，政令の定める状況に照らしその労務の対価として相当であると認められるものの限度で，その居住者のその給与の支給に係る年分の当該事業に係る事業所得等の金額の計算上，必要経費に算入するなどの措置を規定し，同条3項は，上記以外の居住者に関しても，同人と生計を一にする配偶者その他の親族で専らその事業に従事するものがいる場合について一定の金額の必要経費への算入を認めている。これは，同法56条が上記のとおり定めていることを前提に，個人で事業を営む者と法人組織で事業を営む者との間で税負担が不均衡とならないようにすることなどを考慮して設けられた規定である。同法57条の上記の趣旨及び内容に照らせば，同法が57条の定める場合に限って56条の例外を認めていることについては，それが著しく不合理であることが明らかであるとはいえない。」として，原判決を支持している[43]。

4　解釈通達による法の解釈拡大，通達の解釈拡大

解釈通達（あるいは取扱通達）が，法令に係る課税庁における解釈であり，

(43)　占部裕典「親族が事業から受け取る対価～所得税法56条の射程距離」（はしがき・事例・研究者の視点執筆）税経通信56巻15号211-222頁（2001）参照。

直ちにそのような通達に法的拘束力があるわけではないものの，実務ではそのような通達に従って課税関係が論じられることが少なくない。そこで，通達の解釈（解釈通達による法の解釈拡大，通達の解釈拡大）が問題となる。

たとえば，財産評価通達6の解釈に当たり，裁判例の中には，その財産評価通達の制定趣旨として「租税負担の実質的な公平」を強調するものがある。「課税実務においては，相続財産の価額の評価は，法令ではない評価通達の定めた画一的な方式によることとされているところ，このような方式によることは，これが当該財産の客観的交換価値を算定する手法として合理的なものである限りは，納税者間の租税負担の公平，納税者間の便宜及び効率的な徴税という租税法律関係に係る要請を満たし，国民の納税義務の適正な履行の確保（国税通則法1条，相続税1条参照）に資するということができる。そうすると，相続財産の価額の評価は，評価通達の定める画一的な方式によるべきである。／しかし，評価通達による評価の趣旨が上記のようなものであることからすると，評価通達の定める評価方式を形式的に適用するとかえって実質的な租税負担の公平を著しく害するなど，これによらないことが相当と認められる特別の事情がある場合には，他の合理的な方式により相続財産の価額を評価することが許されると解される（評価通達6参照）」（神戸地裁平成31年4月16日判決・未登載）とした上で，「課税の公平」，「納税者間の公平」，「実質的な平等」として用いられていた財産評価通達の当初の趣旨・目的が，相続税の課税の公平といった大上段的な視点から，拡大されてきている。その結果として，財産評価通達6の適用範囲も拡大されてきている[44]。

---

(44) 固定資産税においては固定資産評価基準（法的拘束力のある告示）と比較した場合にその問題点が明らかになる。占部・前掲注25論文参照。あわせて，占部裕典「近時の固定資産税に係る最高裁判決の動向と課税実務への影響」同志社法学68巻1号91-188頁（2016），占部裕典「固定資産税の『適正な時価』と相続税法の『時価』の解釈―固定資産税の登録価格等の鑑定評価による主張立証責任について―」同志社法学64巻2号1-72頁（2012），占部裕典「相続財産の評価(1)―土地」水野忠恒ほか編『租税判例百選（第5版）』150-151頁（有斐閣・2011）参照。

裁判例等において，財産評価基本通達の趣旨・目的について「実質的な租税負担の平等」を確保するものとして，「実質的な租税負担の平等を著しく害することが明らかであるといった特別の事情がある場合」として，この「特別の事情」の中に「租税回避行為による税負担の軽減等」を滑り込ませるものがある。

たとえば，東京高裁平成5年12月21日判決（税務訴訟資料199号1302頁）は，「相続税法22条（評価の原則）は，相続税の課税価格となる相続財産の価額は，特別に定める場合を除き，財産の取得の時における時価によるべき旨を規定しており，右の時価とは相続開始時における財産の客観的な交換価格を言うが，しかし，財産の客観的な交換価格というものが必ずしも一義的に確定されるものではないことから，実務上は相続財産評価の一般的規準が評価基本通達によって定められ，その画一的な評価方式により評価することとされていること，これは，相続財産の客観的な交換価格を個別に評価する方法をとると，評価方式，基礎資料の選択の仕方等により異なつた評価価額が生じることが避け難く，又，課税庁の事務負担が重くなり，課税事務の迅速な処理が困難となるおそれがあること等からして，予め定められた評価方式により画一的に評価する方が，納税者間の公平，納税者の便宜，徴税費用の節減という見地から見て合理的であるという理由に基づくものと解されること，そうすると，特に租税平等主義の観点からして，通達に定められた評価方式が合理的なものである限り，形式的にすべての納税者に適用されることによって租税負担の実質的な公平をも実現することができるから，特定の納税者，相続財産についてのみ通達に定める方式以外の方法によって評価を行うことは，その方法による評価額がそれ自体としては前記法条の定める時価として許容できる範囲内のものであつたとしても，納税者間の実質的負担の公平を欠くことになり，原則として許されないものと言うべきである。」と判示する。すなわち，相続財産の評価が財産評価通達によることとされているのは，相続財産の客観的な交換価格を個別に評価する方法をとると，その評価方式，基礎資料の選択の仕方等により異なった評価価額が生じることが避け難く，また，課税庁の事務負担が重くなり，課税事務の迅速な処理が困難となるおそれがあること等からして，財産評価通達に定められた評価方式によりこれを画一的に評価する方が，納税者間の公平，納税者の便宜，徴税費用の節減という見地からみて合理的であるという理由に基づくものと解される。このことは，評価額が時価と乖離していても財産評価通達によった評価額である以上，時価との乖離は原則として許容されていることを示しており，裁判例も，課税庁は原則としてこの通達による評価方式により評価を行うべきであり，他の方法は原則認められないとしているところである（このように課税庁自らから定めた行為基準（通達）に課税庁が拘束されるのは通達に行政内部的に自縛力が存することを超えて，財産評価通達に一定の法的効力（外部行為）を認めているようにもみえるが，納税者にとって不利益にも機能する通達をこのように解することは租税法律主義（憲法 30 条，84 条）に反することとなる。基礎商品比較法の施行令 121 条 1 項 1 号の有効性判定方法該当性が争点となった東京高裁平成 25 年 10 月 24 日判決・税務訴訟資料 263 号順号 12321（確定），一審・東京地裁平成 24 年 12 月 7 日判決・税務訴訟資料 262 号順号 12108，医療費控除に係る通達について横浜地裁平成 1 年 6 月 28 日判決・判時 1326 号 110 頁，東京高裁平成 2 年 6 月 28 日判決・行裁例集 41 巻 6・7 号 1248 頁等参照）。財産評価通達の趣旨・目的による課税庁の通達による解釈の拡大あるいは通達の定めの拡大解釈により，適用範囲の不当な拡大がみられる。

おわりに
〜租税法における論理解釈の意義と残された問題

最近の文理解釈の意義についての一般的な判示は，⑴租税法律主義の趣旨は，国民生活の法的安定性と予測可能性を保障することにあることからすると，租税法規はできるだけ明確かつ一義的であることが望ましく，その解釈に当たっては，法令の文言が重視されるべきである，⑵もっとも，課税対象となる納税者側の社会生活上の事象は千差万別であるから，それらの全てを法令により明確かつ一義的に規定することは不可能であり，公正な租税の実現の必要性も考慮すると，法令の趣旨・目的，租税の基本原則，税負担の公平性・相当性等を総合考慮し，法的安定性，予測可能性を損なうことのない限度で，租税法令を客観的，合理的に解釈することも許されるというべきである，といったようなものであろう。しかし，裁判例では，厳格な文理解釈が枕詞的に引用されるものの，現実は，文言自体の解釈の幅と法令の趣旨・目的，租税の基本原則，税負担の公平性・相当性等からその文言の意味内容を明らかにして，その解釈がその文言の通常の意味から乖離しない範囲内でその文言や当該規定の意味や内容を明らかにしていっているとも評価できる。このような傾向は，租税法規の解釈に当たって今日広くとられているといってよい。

しかし，ここで留意すべきは「立法趣旨・目的」とは立法者意思基準とは異なるものであるところ，裁判所や課税庁において立法趣旨・目的という名のもとに論理解釈が行われ，文理解釈が否定され，さらには事実上立法行為が行われたと評価されうる状況が散見されうることである。租税法における論理解釈を通じた租税回避行為の否認や事実上の立法行為については，租税法律主義のもとでは排除される必要がある。

なお，本稿では，租税実体法（課税要件規定）の解釈を中心に検討を加えているところ，租税手続法の解釈に係る解釈原理についても併せて検討することが必要である。また，納税者において複雑かつ難解な租税法の解釈・適用が問題となるところ，納税者の救済を拡大する方向での議論が展開される必要がある。

第3章　租税法における趣旨・目的解釈の意味と判例の状況

同志社大学法学部教授　田中　治

はじめに

本稿の目的は，若干の裁判例等を素材に，租税法の解釈の場において，趣旨・目的解釈（以下「目的論的解釈」ということもある）の意味と限界を考察することにある[(1)]。

本稿の関心は次のようなものである。

第一に，租税法の解釈において，文理解釈が原則であるとされつつ，文理解釈だけでは解釈問題の決め手を欠く場合，あるいは，複数の合理的な解釈の可能性がありうる場合には，規定の趣旨・目的が考慮されるべきだとされるが，そこでいう文理解釈と趣旨・目的解釈との関係や区別をどのように理解すべきかである。後に触れるように，本稿は，文理解釈と趣旨・目的解釈とは，それほど対立的，二者択一的に捉えるべきものではな

(1)　租税法の解釈論に関する筆者のこれまでの論考として，「税法の解釈における規定の趣旨目的の意義」税法学563号215頁（2010年），「租税法律主義の現代的意義」税法学566号243頁（2011年），「租税訴訟において法の趣旨目的を確定する意義と手法」127頁（伊藤滋夫編『租税法の要件事実』（日本評論社，2011年）所収），「所得税法における要件事実論」297頁（伊藤滋夫ほか編『租税訴訟における要件事実論の展開』（青林書院，2016年）所収）。

い，と考える。およそ現存する制度において，基本的に何らかの趣旨・目的を持たないものはないといってよいであろう。そのような趣旨・目的（およびこれに対応する実体）とそれを条文として示した文言（形式）とは本来一致するはずである。それにもかかわらず，両者が不一致となった場合に，どのように法的に処理するかが問われることになる。

第二に，租税法における文理解釈と趣旨・目的解釈の関係を具体的に考察する場合に，どのように処理をすべきかという問題である。これについては，さしあたり，①立法者意思と文言が違っている例，②立法者意思を歪めた例，③「本質論」の過剰の例，④立法者の政策目的ないし公益を過大視した例，⑤趣旨・目的解釈の排除の例の五つに区分し，特徴的な裁判例を取り上げることにする。

さらにもう一つの切り口として，①租税法と私法との関係，②租税法と会計との関係をどのように考えるかという論点を取り上げることにする。

第三に，当初の立法目的が時代遅れないし時代の要請に応えていないという状況になった場合の法解釈のあり方が問題となる。ありうる二つの対応として，①合理的な法解釈によって，立法の適用範囲を拡張し，あるいは縮小する，②たとえ時代の変化と要請がありうるとしても，立法府が新たな立法をしない限り，文言の厳格かつ形式的な解釈による取扱いを変更することは，解釈上できないとする。目的論的解釈は，基本的に，上記①の考え方によるものであり，その考え方がどこまで，なぜ正当化されるか，が問われることになる。

第四に，租税法規の解釈適用においては，納税者と課税庁の立ち位置によって，状況の見え方に違いがある。同じ文言であっても，自分にとってより有利となる解釈をし，その結果，当事者が相互に対立する状況に至るのはそれほど珍しいことではない。租税法において，そのような対立，紛争の主要な場面はどのようなものなのか，なぜ法解釈をめぐる紛争になるのか，という問題である。紛争の場面は極めて多種多様であって，一般化は困難であるが，一つの切り口として，課税庁の側からする，①税収の確保，②執行過程における公平（あるいは公益）の達成，③効率的執行，といった租税行政上の要請が過剰に表出し，それが納税者の権利，利益と衝突する場面を考えることができる。

Ⅰ　租税法の解釈方法概論

次章以下の判例動向を検討する前提として，租税法の解釈方法論の特徴について概観する。

1　租税法の解釈方法の特徴

⑴　命令規範，行為規範としての租税法

憲法 84 条の下，納税者は，法律の定めによってしか納税義務を負わない。そのことは，租税法規を頂点として，租税法規の定める範囲内で法の解釈，適用が許されるにすぎないことを意味する。

租税法規は，何より，納税者および課税庁の行為を規律するものである。その意味で，行為規範であるということができる。租税法規の下，納税者は何ができて，何ができないのか，何をすべきなのか，が問われる。また，課税庁は，課税処分等において，何ができ，何ができないのか，何をすべきなのか，が問われる。

⑵　裁判規範としての租税法

第一に，租税法規に関して，規範の意味の確定と事実への当てはめという作業は，他の法分野と特に変わるところはない。また，制度として税制が存在する以上，制度の趣旨，目的，射程は具体的に存在しているはずである。

第二に，とはいえ，具体的な租税法規の解釈，適用については，常に一義的に定まるものでもなく，紛争が絶えない。租税法規の文言の持つ曖昧さがなお存在するところから，法の解釈者による解釈の幅ないし歪みを免れないからである。それは，文言の持つ意味や概念の理解の差異によるも

のであったり，文言の不明，欠缺の場合の対処に関する見解の違いによるものであったりする。文言の不明等の下での納税者の税負担軽減行為に対する評価の違い，そのような納税者の行為を規制しようとする課税庁の行為に対する評価の違いなども反映される。

第三に，規範の解釈，および規範の事実への当てはめの場面において，租税事件はしばしば事例判決であると評されることが多い。これは，租税法律主義を前提とするならば，ある意味では当然だといってよい。なぜなら，租税法律主義の根幹は，国民を代表する議会のみが納税者の納税義務を左右することができることを意味するのであって，国民を代表しない課税庁や裁判所は，租税法律主義の縛りの下でしか，法の解釈適用はできないというべきである。租税事件に関して，裁判所が規範を定立することに関し，憲法上の縛りがあるからこそ，その判断は，基本的に，事例判決の性格を帯びざるをえないというべきである。

2　租税法の解釈方法上の問題点

⑴　規範とは何か

法解釈の上で，規範とは何をいうか，についても，広狭種々の考え方がありうる。例えば，その範囲として，

a　文言の意味する範囲か，

b　条文の体系が示唆するものか，

c　立法事実（法律の立法目的および立法目的を達成する手段の合理性を裏付ける社会的，経済的，文化的な一般事実：芦部信喜『憲法（第７版）』395頁（岩波書店，2019年））を含むものか，

d　上記から示唆される立法者意思か，

e　解釈者による，正義（感）または重要な政策に基づく帰結，あるいはそのような解釈からの帰納を含むのか，

などを挙げることができる。

さしあたり，上記のａからｄまでは，規範を構成するといってよいかも

しれない。上記のeは，その範囲が主観的で定まらないおそれがあり，仮に規範の範囲に含まれるにしても，厳格かつ慎重に確定されねばならないであろう。

⑵　規範の解釈の許容範囲はどこまでか

規範の解釈の許容範囲は，解釈方法論と深く関連している。近時の研究では，法の解釈の際に参照すべきことがらに着目して，文理解釈，体系的解釈，立法者意思解釈，歴史的解釈，法律意思解釈の五つに，また，条文の適用の仕方の違いに応じて，条文の本来の意味に沿って処理する場合，既存の条文を基礎にこれを縮小，拡張する場合，法律に欠缺がありこれを補充する場合，適用条文が不都合極まりないなどの理由によって文言の指示を変更する（反制定法解釈）場合の四つにそれぞれ分類して説明するものがある[(2)]。とはいえ，このような手法が租税法の解釈適用にどれだけ妥当するかは必ずしも明確ではない。

租税法の領域においては，通例，解釈論として許容される方法論，範囲として，原則として文理解釈によるべきであるとされ[(3)]，ありうるとしても拡張解釈，縮小解釈までといわれる。例えば，類推解釈は許されないとするものに，不動産取得税に関する最判昭48・11・16民集27巻10号1333頁がある。とはいえ，このような命題の法的根拠は何か，租税判決がそのような範囲にとどまっているかどうかは，なお検討の余地がある。

例えば，課税物件の帰属に関する親子歯科医師事件（東京高判平3・6・6訟月38巻5号878頁）は，課税物件の帰属として，「従来父親が単独で経営していた事業に新たにその子が加わった場合においては，特段の事情の

---

(2)　笹倉秀夫『法解釈講義』4-26頁（東京大学出版会，2009年）。法の解釈適用をめぐる先行業績にはおびただしいものがあるが，橋本公亘「行政法の解釈と運用」（橋本公亘『公法の解釈（憲法・行政法研究Ⅱ）』（有斐閣，1987年（初出は1959年））所収），広中俊雄『民法解釈方法に関する十二講』（有斐閣，1997年），広渡清吾「法的判断論の構図：法の解釈・適用とは何か」社会科学研究55巻2号113頁（2004年）等を参照。

(3)　金子宏『租税法（第23版）』123頁（弘文堂，2019年）。

ない限り，父親が経営主体で子は単なる従業員としてその支配のもとに入ったものと解するのが相当である」とする。その判断基準は，明文の根拠規定を持たず，裁判所独自の解釈と思われるが，解釈方法論として，どのように位置づけうるのか。

贈与税に関する武富士事件の控訴審判決（東京高判平20・1・23訟月55巻2号244頁）は，住所の概念につき，「一定の場所が生活の本拠に当たるか否かは，住居，職業，生計を一にする配偶者その他の親族の存否，資産の所在等の客観的事実に，居住者の言動等により外部から客観的に認識することができる居住者の居住意思を総合して判断するのが相当である」とするが，このような判断基準が導かれた論理の筋道はよく分からない。どのような解釈方法論に立っているかもはっきりしない。

Ⅱ　租税法の解釈における文理解釈と趣旨・目的解釈との関係

以下においては，叙述の便宜上，二つの場面に区分して，租税法の解釈における文理解釈と趣旨・目的解釈との関係を検討する。すなわち，①立法者意思（立法の趣旨・目的）と文言とが違っている場合，②会計および私法との関係において，租税法規の優先性が問題となる場合とをさしあたり区分する。

1　文言と趣旨・目的との乖離，対立の場面

通例，制度の趣旨・目的は，文言に過不足なく表現されている（はずである）。ある物事を表す，実体と形式は一致している（はずである）。とはいえ，事案によっては，それが乖離し，対立し，それゆえ争いが生じる。

文言　（形式）
趣旨・目的（実体）

⑴　立法者意思と文言が違っている例

ア　養老保険事件（最判平 24・1・13 民集 66 巻 1 号 1 頁）

本件は，養老保険の満期保険金に係る一時所得の計算をめぐる紛争である。

納税者が経営する会社が契約者となり，被保険者を納税者，満期保険金の受取人を納税者とし，納税者と同会社が保険料を各２分の１ずつ負担した養老保険契約に基づき満期保険金を受領した納税者が，同会社負担分も含む保険料全額を，所得税における一時所得の金額の計算上控除しうる「収入を得るために支出した金額」（所税 34 条）に当たるものとして所得税に係る確定申告をしたところ，課税庁から課税処分を受けた。

当時の関連する所得税法施行令 183 条２項２号は，「生命保険契約等に係る保険料又は掛金の総額」は一時所得の計算上控除できる旨を定めていた。所得税基本通達 34-4 も，問題の保険料または掛金の額には，その一時金の支払を受ける者以外の者が負担した保険料等も含まれる旨を定めていた。

第一審（福岡地裁）および控訴審（福岡高裁）は，上記施行令等の定めに依拠して納税者の請求を認めたが，最高裁は，これを破棄し自判した。その内容は，①一時所得に係る支出が所得税法 34 条２項にいう「その収入を得るために支出した金額」に該当するためには，それが当該収入を得た個人において自ら負担して支出したものといえることを要する，②本件事情の下では，本件満期保険金に係る本件納税者の一時所得の金額の計算上，本件会社等において保険料として損金経理されている部分は，所得税法 34 条２項にいう「その収入を得るために支出した金額」に当たらない，とするものであった。

見解は分かれうるが，最高裁の上記判断は妥当と考える。所得税の課税の趣旨からすると，法人において損金経理されている部分まで再び所得税の課税所得計算から控除することは余りにも不合理である。また，法規よりも下位規範である政令が法規の解釈を決定づけるものではなく，法規の趣旨，目的と整合的に解されるべきである。

イ　行為計算否認規定の対応調整規定の問題性

これまで具体的な紛争は生じていないようであるが，同族会社の行為計算否認規定に関し，平成18年度の税制改正により導入された対応調整規定（法税132条3項，所税157条3項，相税64条2項）は，立法者意思と条文の規定の内容が一致せず，その解釈については悩ましいものがある。

例えば，所得税法157条につき新たに付加された規定は，同条1項の規定（いわゆる同族会社の行為計算の否認の根拠規定）は，問題の法人の行為または計算につき，法人税法132条1項，相続税法64条1項の「規定の適用があった場合における第1項の居住者の所得税に係る更正又は決定について準用する」（所税157条3項）と定める。

しかしながら，この準用規定が，本当に対応調整を意味しているかどうかは，相当に疑問である。行為計算の否認規定を「準用」する，ということの意味が問題になる。

行為計算の否認規定は，もともと，増額更正処分を予定しているものであり，法の文言に忠実に解釈すれば，当該規定を準用するとは，「増額更正」（減額更正ではない）の根拠規定を一定の場合に適用することを意味する。

要するに，行為計算の否認規定を準用すると，それは増額更正処分にしかならない。減額更正処分をしたいのであれば，行為計算の否認規定を準用するのではなく，全く別の条文において明確に定めなければならない，というべきである。すなわち，「所得税において行為計算を否認して増額更正をした場合は，その更正に対応して，法人税等において減額更正をする」旨等を，別の条文において明確に定めうるし，定めるべきである。

他方，平成18年改正の立法趣旨として，『改正税法のすべて（平成18年版）』は，これまで規定上は，所得税や相続税の行為計算の否認規定によって「増額計算が行われた際に，反射的に法人税の課税所得等を減少させる計算を行う権限が税務署長に法律上授権されているかは必ずしも明らかでは」ないとして，納税者の利便性をも考えて，「所得税法及び相続税法の適用関係に係る明確化措置として，所得税法第157条や相続税法第64条の規定の適用による所得税，相続税又は贈与税の増額計算が行われる場合に，税務署長に法人税における反射的な計算処理を行う権限があることを明定する」こととした，と説明する(4)。

この説明にいう「反射的」の意味は，必ずしも明確ではない。まず，所得税等の行為計算の否認に伴ってなされる課税所得等の減少が，義務づけられているかどうかは不明である。次に，「反射的」という文言や「納税者の利便性」という表現から見ると，「反射的な計算処理」とは課税所得等の減少を意味しているようであるが，他面で，納税者の不利益になる課税所得等の増大が排除されているかどうかは定かでない。

一般に，この改正は，経済的二重課税等を考慮して導入されたものと考えられている。この考え方は，所得税において行為計算が否認され税金が増えれば，それに対応して法人税も減るという対応的調整であって，これは，納税者にとって福音であると考えるのであろう。

しかしながら，実際の条文の組立てを見ると，このような理解がはたして成り立つか，相当の疑問が生じる。というのは，条文の規定それ自体から見て，平成18年の立法趣旨として，上記のような経済的二重課税を排除する意思を読み取るのは容易ではないからである(5)。

立法論としては，対応的調整の是非をめぐる二つの選択肢を適正に考慮すべきである。立法論としては，対応的調整をしないというのも一つのあ

---

(4)　財務省主税局総務課課長補佐ほか『改正税法のすべて（平成18年版）』374頁（大蔵財務協会，2006年）。

(5)　清永敬次『税法（新装版）』47頁（ミネルヴァ書房，2013年）。

りうる選択肢である。この方向性は，一見すると納税者にとって，二重課税の負担を負わせるように見えるかもしれないが，そもそも，行為計算否認による「二重課税」とは何か，そのような状態は否定されるべきかを考える必要がある[(6)]。また，現実世界における適正な修正を反映した対応的調整を立法化するというのももう一つ別の選択肢である。今回の立法は，この種の選択に必ずしも成功していない。

現時点で，性急に対応的調整措置を導入することが，当然に納税者の権利性の伸長につながるかどうかもそれほど明確ではない。従前の裁判例は，頑なに対応的調整（減額更正）を拒んできた[(7)]。平成18年の当該改正は，これまでの判例学説を十分に検討することなく，かなり唐突になされたものである。その結果，規定の立法趣旨と規定の文言との間に決定的な齟齬が生じており，現状でこの規定をその文言のとおりに使うことは相当ではない。

なお，実務的にのみいえば，対応的調整だと説明されている規定がある以上は，納税者は，行為計算の否認を受けたならば，他の税目について減額更正を求めることになろう（とりわけ税理士は，損害賠償のおそれを考慮すると，減額更正を求めざるをえないであろう）が，その「権利性」を確かなものとするためには，現行の規定では不十分である。なお，さしあたりの課題として，租税法律主義の見地から見て，対応的調整の前提となる，行為計算の否認規定の発動そのものに対する厳格な法的統制をも併せて求め

(6) 行為計算の否認は，通常の取引と考えられる仮定の事実を前提に課税計算をすることである。そのことに正当性がある限りで，二重課税の主張は排斥されるべきであろう。例えば，所得税法の側の仮定の事実（適正とされる管理料の支払があったという仮定の取引）と法人税法の側の現実の事実（所得税の側では過大とされたが，一定の収益があるという実際の取引）とを比べて，かつ，両者を一体として捉えて，二重課税を論じることは，同一次元における議論として可能かどうか，疑問がある。またそれは，それぞれ他の税目として，固有の課税計算をするという基本的な仕組みから見て，合理性に欠けるように思われる。

(7) 例えば，法人税法132条により役員賞与として益金に計上してなされた課税処分が後に取り消されても，所得税法の源泉徴収義務に基づく徴収処分は影響を受けないとする最判昭48・12・14訟月20巻6号146頁を参照。

ることが重要になる[8]。

この準用規定につき，文理解釈としてはかなりの無理があるとしつつ，それでもなお，この規定が設けられた趣旨に鑑みると，対応的調整としての減額更正をも認める趣旨であると解すべきであるとする見解[9]がある。これは，現実的，合理的な解釈論だということは可能なものの，文言と立法趣旨が余りにも乖離し，しかも，立法趣旨そのものが納税者の権利として対応調整を設けたかどうかがはっきりしないところからすれば，そのような目的論的解釈には躊躇を覚える。とはいえ，既に述べたように，実務上は，納税者は，しかるべきときに対応的調整を求める必要があり，他方，課税庁は，これに応じざるをえないであろう。

⑵　立法者意思を歪めた例

ア　妻弁護士事件，妻税理士事件（最判平16・11・2訟月51巻10号2615頁等）

本件は，所得税法（以下「法」ということがある）56条の適用の可否をめぐる問題である。妻が弁護士あるいは税理士といった場合にまで，法56条の適用が及ぶかどうか，が争点となった事案である[10]。

所得税法はかなり徹底した個人単位主義を採用している。所得を稼得した個人の担税力に即して課税をする見地（稼得者課税あるいは稼得者単位主義ということができる）からすれば，個人単位主義は最も適合的なものということができるであろう。法56条は，この個人単位主義の例外として，

---

(8)　田中治「同族会社の行為計算否認規定の発動要件と課税処分取消訴訟」税法学546号183頁（2001年），同「同族会社の行為計算否認規定（所得税法157条）の射程」税務事例研究89号21頁（2006年），同「租税回避否認の意義と要件」39頁（岡村忠生編『租税回避研究の展開と課題』（ミネルヴァ書房，2015年）所収）など。なお，対応的調整規定について，田中治「同族会社の行為計算否認の見直しで脚光を浴びる対応的調整規定」税理50巻8号138頁（2007年），日本税務研究センター編『同族会社の行為計算の否認規定の再検討―租税回避行為との関係を含めて』88頁以下〔田中治執筆〕（財経詳報社，2007年）。

(9)　金子前掲・注（3）・536頁。

(10)　田中治「親族が事業から受ける対価」税務事例研究77号25頁（2004年）。

昭和25年に改正された。シャウプ勧告は，個人課税を原則としつつ，要領のよい納税者に対する抜け道を封じるために一定の範囲の所得について合算することを勧告し，昭和25年の改正はこの勧告に沿って「みなす事業所得」の規定を創設し，一定の改正を経て今日に至っている。

このような立法の経緯から見ると，法56条は，納税者による恣意的な所得分割を排除する意図から制定されたということができる。このような立法趣旨の理解は，これまでの学説および判例において基本的に広く承認されてきたものである。これは，戦後，家制度が廃止されたとはいえ，我が国の個人事業においては，事業主（世帯主）による事実上の支配関係を残しつつ，所得を分散することを目的に，家族に対する適正な対価の支払によることなく，本来であれば事業主に属すべき所得を家族に分散させかねないという危惧を背景に立法されたものといってよいであろう。

問題は，家族をめぐる社会的基盤や法56条に係る立法事実が大きく変化した今日において，法56条がなおも無条件に適用されるべきかどうかである。いわゆる妻弁護士事件，妻税理士事件においては，家族（妻）は弁護士あるいは税理士として，それぞれ独立した事業を営むところ，弁護士である夫が弁護士あるいは税理士であるそれぞれの妻に対して支払った報酬について，法56条の適用が及ぶかどうかが問題となった。

この点，事案の具体的内容に左右されるが，法56条の理解については大別して異なる二つの考え方が対立をした。一つは，法56条に関する上記の立法趣旨から見て，独立した事業者である家族に対する報酬の支払については，法56条は適用できないとする考え方である（妻税理士事件第1審判決（東京地判平15・7・16判時1891号44頁））。別の考え方は，法56条は，家族間における恣意的な所得の分散防止にとどまらず，租税負担の公平を求めるものと解して，法56条の適用を認める考え方である（妻弁護士事件第1審判決，同控訴審判決，同最高裁判決（最判平16・11・2訟月51巻10号2615頁））。

裁判所の大勢は後者の考え方を採用している。妻弁護士事件の最高裁判決は，「所得税法56条は，事業を営む居住者と密接な関係にある者がその事業に関して対価の支払を受ける場合にこれを居住者の事業所得等の金額の計算上必要経費にそのまま算入することを認めると，納税者間における税負担の不均衡をもたらすおそれがあるなどのため」，所定の措置を採ることとしているのであり，「同法56条の上記の趣旨及びその文言に照らせば，居住者と生計を一にする配偶者その他の親族が居住者と別に事業を営む場合であっても，そのことを理由に同条の適用を否定することはできず，同条の要件を満たす限りその適用があるというべきである」と判示する。

本最高裁判決の法56条の「立法の経緯や趣旨」の理解（なお，立法の経緯には全く触れられていない）は必ずしも正確なものではない。規定上は，「密接な関係にある者が」という文言はなく，「生計を一にする配偶者その他の親族が」である。規定上は，その事業に「関して」対価の支払を受ける，ではなく，その事業「から」対価の支払を受ける，である。また判決は，納税者間における負担の不均衡をもたらすおそれがあることを立法目的とするが，既に述べたように，これまでの支配的な学説および判例は，それは主として，家族間における恣意的な所得分割を防止するため，と説いてきたものである。

本最高裁判決が，法56条の趣旨として，なぜ，明文の規定内容と微妙にずれる説明をし，あるいは，伝統的に理解されてきた，家族間における恣意的な所得分割の防止，ということに触れないのか，が問題となる。判決は，上記のような理解を導いた理由を明示すべきであったし，それがない限り，判決の説得力は十分なものとはいえない。

法56条の立法の歴史や背景に立ち返ってその趣旨目的を検討することが特に重要である。法の趣旨・目的の範囲から外れる場合には，たとえ例外的な取扱いを許す明示的な規定がないときでも，法の文言を形式的に当てはめるのは相当ではない。法が明示的に禁じているのであればともかく，個別的妥当性を求めて適正で合理的な解釈を導きうることが可能であるし，またそうすべきであると考える。なお，立法論としては，法56条は廃止されるべきだと考える。

イ　武富士事件控訴審判決（東京高判平20・1・23訟月55巻2号244頁）

本件は，贈与税に係る課税処分の適法性が争われた事案である[11]。本件は，最終的には，最高裁判決により，納税者勝訴となったが，その原審の控訴審判決は，興味深い解釈方法論を示している。本件は，課税庁の側から，住所の意義につき，文理解釈を破る主張がされ，本件控訴審判決がそれを受け入れたものと見ることができる。

本件の原告は，平成9年6月27日から平成12年12月17日までの香港滞在期間中，父母から，オランダ王国における有限責任非公開会社（YST）の出資（贈与税の課税価格1653億円）を贈与された。香港滞在日数の割合は，65.8%，日本滞在日数の割合は26.2%である。香港では贈与税は課されない。

課税庁が，平成17年3月2日付けで，本件納税者は日本に住所があるとして贈与税の決定処分（1157億円）および無申告加算税賦課決定処分（173億円）をしたところ，第一審裁判所（東京地判平19・5・23訟月55巻2号267頁）は，納税者の香港滞在の目的の一つに贈与税の負担回避があったとしても，現実に香港自宅を拠点として生活をした事実が消滅するわけではなく，日本に生活の本拠を有していたと認定することは困難であるなどとして，本件課税処分を取り消した。

これに対し，控訴審判決は，住所の判定においては，住居，職業等の客観的事実に，「居住者の言動等により外部から客観的に認識することができる居住者の居住意思を総合して判断するのが相当である」として，本件納税者の住所につき，本件納税者は，贈与税回避を可能にする状況を整えるために香港に出国することを認識していた，実際に香港の滞在日数を容易に調整しえたことからすると，香港での滞在日数と日本での滞在日数を形式的に比較して住所を判断するのは相当でない，などとし，さらには，

---

(11)　田中治「税法の解釈方法と武富士判決の意義」同志社法学360号203頁（2013年）。

本件納税者にとっては，香港における仕事の重要性よりも，日本におけるそれがより大きい，香港における資産量に比べて日本にある資産量が圧倒的に大きい，として，本件滞在期間中の生活の本拠は日本にあった，と結論した上で，原判決を取り消した。

最高裁は，当該控訴審判決を破棄し，次のように判示している（最判平23・2・18訟月59巻3号864頁)。贈与税の課税要件である住所とは，「反対の解釈をすべき特段の事由はない以上，生活の本拠，すなわち，その者の生活に最も関係の深い一般的生活，全生活の中心を指すものであり，一定の場所がある者の住所であるか否かは，客観的に生活の本拠たる実体を具備しているか否かにより決すべきものと解するのが相当である。」「一定の場所が住所に当たるか否かは，客観的に生活の本拠たる実体を具備しているか否かによって決すべきものであり，主観的に贈与税回避の目的があったとしても，客観的な生活の実体が消滅するものではないから，上記の目的の下に各滞在日数を調整していたことをもって，現に香港での滞在日数が本件期間中の約３分の２（国内での滞在日数の約2.5倍）に及んでいる上告人について前記事実関係等の下で本件香港居宅に生活の本拠たる実体があることを否定する理由とすることはできない。このことは，法が民法上の概念である『住所』を用いて課税要件を定めているため，本件の争点が上記『住所』概念の解釈適用の問題となることから導かれる帰結であるといわざるを得ず，他方，贈与税回避を可能にする状況を整えるためにあえて国外に長期の滞在をするという行為が課税実務上想定されていなかった事態であり，このような方法による贈与税回避を容認することが適当でないというのであれば，法の解釈では限界があるので，そのような事態に対応できるような立法によって対処すべきものである。そして，この点については，現に平成12年法律第13号によって所要の立法的措置が講じられているところである。」

租税法律主義を重視する考え方からすれば，本件第一審判決および本件最高裁判決の考え方が妥当と考える。本件控訴審判決は，条文の明示的な根拠によることなく，課税の公平感，公正感，正義感を背景とした住所概念の拡張の例というべきであろう。道徳的な批判，反発等の感情を，法的判断に直結させてはならない，というべきである。

(3) 「本質論」の過剰の例

ア　離婚の際の土地の財産分与事件（最判昭50・5・27民集29巻5号641頁）

一般に，譲渡所得課税の本質論として，その課税対象は所有資産の価値の増加益であって，譲渡によって資産が所有者の手を離れるのを機会に，その所有期間中の増加益を清算して課税しようとするものである，と説明される（増加益清算説）[12]。

戦後すぐの税制においては，包括的な所得概念の考え方の下，未実現の所得に対してもみなし譲渡課税をすることが一般的であった（相続人に対して，相続した財産に対して相続税を課すとともに，被相続人に対して，値上がり益に対して所得税を課す）が，現実的でないなどの強い批判があり，今日では，みなし譲渡課税の範囲は相当限定的となっている（所税59条）。理想主義的な税制の制度設計が，納税者の理解や納得を得られなかったためにその改正を余儀なくされるに至った，といえよう。

ところが，離婚の際の財産分与として土地を譲渡した場合については，みなし譲渡課税の対象と明示されていないにもかかわらず，いわば，みなし譲渡課税をしたのと同様の課税がされ，これが訴訟で争われた結果，当該課税処分が支持された[13]。本件最高裁判決は，①「譲渡所得に対する課税は，資産の値上りによりその資産の所有者に帰属する増加益を所得として，その資産が所有者の支配を離れて他に移転するのを機会に，これを清算して課税する趣旨のものであるから，その課税所得たる譲渡所得の発生には，必ずしも当該資産の譲渡が有償であることを要しない」とするとともに，②「財産分与に関し右当事者の協議等が行われてその内容が具体的

---

(12)　金子前掲・注（3）・260頁。
(13)　田中治「譲渡所得課税における取得費」税務事例研究36号25頁（1997年）。

に確定され，これに従い金銭の支払い，不動産の譲渡等の分与が完了すれば，右財産分与の義務は消滅するが，この分与義務の消滅は，それ自体一つの経済的利益ということができる。したがつて，財産分与として不動産等の資産を譲渡した場合，分与者は，これによつて，分与義務の消滅という経済的利益を享受したものというべきである」とする。

しかしながら，最高裁のこの判断には異論が強い。裁判所のいう「増加益清算説」は，昭和43年の最高裁判決以降，裁判所の採る考え方であるが，これは，実定法の規定を根拠とするものではなく，実定法の規定と整合しない（所得税法33条は，譲渡所得の金額は，総収入金額－(取得費＋譲渡費用)と定める)。むしろ今日では，「譲渡益所得説」の考えが強くなり，これに依拠する最高裁判決（最判平18・４・20訟月53巻９号2692頁）もある。また，分与義務の消滅が経済的利益となるという論理は，なかなか理解しがたい。分与義務は契約上の義務の履行であるにすぎず，それが，分与者の所得の「収入金額」を構成するというのは，非現実的である。

なお，未実現の所得に対する課税を納税者がどの程度受け入れるかは，歴史的に変化しうる。所得税は実現時課税が原則であるが，平成27年度税制改正により創設された，国外転出時課税制度（一定の要件の下に未実現のキャピタルゲインに課税する仕組み。所税60条の2-60条の４）をどのように見るかが問題となる。この制度は，１億円以上の対象資産を所有等している一定の居住者の国外転出等を対象とするものである。多額の含み益を有する株式等を保有する者が，キャピタルゲイン非課税国へ出国し，これを売却する等の「課税逃れ」を防止するための制度と説明される。この政策的判断に重要性，妥当性があるとすれば，例外的に，未実現課税が認められるということになるのかもしれない。

⑷　立法者の政策目的ないし公益を過大視した例

ア　外国税額控除余裕枠事件（最判平17・12・19民集59巻10号2964頁）

本件においては，納税者が，その外国税額控除の余裕枠を利用し，受取利息に対して外国政府より徴収された源泉徴収税額につき，外国税額控除をした上で申告したのに対し，これを認めないとして課税処分がなされた。本件最高裁は，納税者の請求を認めた下級審判決を覆して，次のように述べた。

「これは，我が国の外国税額控除制度をその本来の趣旨目的から著しく逸脱する態様で利用して納税を免れ，我が国において納付されるべき法人税額を減少させた上，この免れた税額を原資とする利益を取引関係者が享受するために，取引自体によっては外国法人税を負担すれば損失が生ずるだけであるという本件取引をあえて行うというものであって，我が国ひいては我が国の納税者の負担の下に取引関係者の利益を図るものというほかない。そうすると，本件取引に基づいて生じた所得に対する外国法人税を法人税法69条の定める外国税額控除の対象とすることは，外国税額控除制度を濫用するものであり，さらには，税負担の公平を著しく害するものとして許されないというべきである。」

判決のいう「濫用する」の判断基準，「公平を著しく害する」の判断基準は，示されていない。また，納税者による税制の濫用がある場合には，法の定める外国税額控除を認めなくてよいとの根拠規定はない。この事件の後，立法府は外国税額控除制度の要件を修正したが，最高裁の上記のような解釈手法については，当初の立法の欠缺ないし不十分性を裁判所が合理的に補充したという評価と，他方では，明文の根拠規定と明確な判断基準なくして，課税の公平という概括的な基準を当てはめたもので，租税法律主義に反するものとして許されないとする評価が対立する。これを外国税額控除制度の本来の趣旨・目的に沿った限定解釈の例だとする考え方(14)もあるが，納税者の予測可能性，法的安定性を考えると，このような解釈手法は，いわば事後法を承認するに等しいもので，基本的には後者の評価を採用したい。

(14)　金子前掲・注（3）・140頁。

イ　遡及効事件（最判平23・9・22民集65巻6号2756頁）

遡及立法の憲法適合性をめぐる問題は，長期譲渡所得の課税の特例（租税特別措置法31条）に関し，平成16年度の税制改正において，土地，建物等の譲渡損の損益通算が認められなくなったことに端を発している。この改正は，平成16年4月1日の施行とされたが，同法の附則において，同年の1月1日以降の土地，建物等の取引について遡及適用することとされた。その結果，例えば，平成16年2月において土地を売買した者は，土地の譲渡損を損益通算することが認められない。当該土地取引時点においては当該法律は存在しないにもかかわらず，当該取引に関連して遡及して不利益な法効果を生じさせることが果たして許されるのか，が問われることになる[(15)]。

福岡地判平20・1・29判時2003号43頁は，判断基準として，国民に不利益を及ぼす租税法規の遡及適用は租税法律主義の禁じているところと解すべきであるとしつつ，「租税の性質，遡及適用の必要性や合理性，国民に与える不利益の程度やこれに対する救済措置の内容，当該法改正についての国民への周知状況等を総合勘案し，遡及立法をしても国民の経済生活の法的安定性又は予見可能性を害しない場合には，例外的に，租税法規不遡及の原則に違反せず，個々の国民に不利益を及ぼす遡及適用を行うことも，憲法上許容されると解するのが相当である」とし，結論として，納税者勝訴とした。

これに対し，最判平23・9・22民集65巻6号2756頁および最判平23・9・30訟月58巻10号3603頁は，遡及適用を定める本件附則が憲法84条の趣旨に反するか否かの判断基準としては，「当該財産権の性質，その内容を変更する程度及びこれを変更することによって保護される公益の性質などの諸事情」「を総合的に勘案した上で，このような暦年途中の租税法規の変更及びその暦年当初からの適用による課税関係における法的安

(15)　田中治「土地の譲渡と租税特別措置法の適用をめぐる問題」税務事例研究107号23頁（2009年）。

定への影響が納税者の租税法規上の地位に対する合理的な制約として容認されるべきものであるかどうかという観点から判断するのが相当と解すべきである」とする。その上で，判決は，大要，①本件附則が損益通算廃止規定を暦年当初から遡及したのは，地価の下落を阻止し，駆け込み売却を防止する等の「公益上の要請に基づくもの」である，②法改正により事後的に変更されるのは，「納税者の納税義務それ自体ではなく，特定の譲渡に係る損失により暦年終了時に損益通算をして租税負担の軽減を図ることを納税者が期待し得る地位にとどまるものである」，③「暦年の初日から改正法の施行日の前日までの期間をその適用対象に含めることにより暦年の全体を通じた公平が図られる面があり，また，その期間も暦年当初の３か月間に限られている」，④これらの諸事情を総合的に勘案すると，遡及適用は課税関係における「法的安定に影響を及ぼし得るものではあるが，上記のような納税者の租税法規上の地位に対する合理的な制約として容認されるべきものと解するのが相当である」，と述べた。

最高裁判決は，「当該財産権の性質，その内容を変更する程度及びこれを変更することによって保護される公益の性質など」を総合的に勘案した上で，「納税者の租税法規上の地位に対する合理的な制約」になっているかどうかを判断すべきだとしている。しかしながら，そこでいう「公益」「租税法規上の地位」の意味内容は不明である。

仮に租税法規の遡及適用が認められる場合があるとした場合，そこで求められる遡及の合理性，必要性は具体的で明確なものでなくてはならない。ところが，裁判所が摘示する合理性，必要性の内容は，損益通算の排除措置は土地の下落を阻止するという立法目的を持つものである，駆け込み売却のおそれがあった，などの一般的，抽象的なものでしかない。租税法律主義の例外として認められうる遡及適用であることを論証するためには，①他の年と比べて，問題の１月から３月末日までにおける「駆け込み売却」の数と程度はいかほどか，②これらに対して遡及適用することによって地価の下落の防止にいかほどの効果が生じたか，などを具体的かつ明確に示すことが必要である。立法が地価の下落を防止する目的を持つこと，立法の結果，現実に地価の下落防止の効果が生じること，遡及の対象となる期間について，現実に地価の下落防止の効果が生じることは，それぞれ次元を異にすることがらである。もし，当該期間における遡及適用によって地価の下落防止の効果が生じないのであれば，当該遡及適用を受けた者は，単に，課税を通した事後的な制裁を受けるにすぎないこととなる。しかしながら，およそ課税は制裁ではありえない。

租税法律主義の下では，人は自らの行為や取引の時点において存在する税法にのみ拘束され，その制約下で行動するのが自然な姿というべきである。もし，当該遡及適用の期間における政策上の効果（地価下落の防止等）が具体的に示されないのであれば，遡及の合理性，必要性はないことになり，不利益に遡及する租税立法の是非を論じる際の前提を欠くことになる。

ウ　旭川市国民健康保険税条例事件（最大判平18・3・1民集60巻2号587頁）

本件においては，保険料は税ではなく，したがって，租税法律（条例）主義の適用はないといいうるかどうかが争われた(16)。この事件において，旭川市側は，保険料はその徴収の対価として，被保険者に一定の保険事故の発生を要件に保険給付を支給するものであるから，無償とはいえず，したがって，保険料は本質的に税とはいえず，租税法律（条例）主義の適用は考えられないと主張した。

これに対し，旭川地判平10・4・21判時1641号29頁は，次のように述べて，このような主張を全面的に退けた。「国民健康保険は，①強制加入制であること，②その保険料又は保険税は選択的とされ，いずれも強制的に徴収されるものであること（特に被告市においては賦課徴収方法について市税条例が準用されていること），③その収入の3分の2を公的資金でまかない，保険料収入は3分の1にすぎないのであるから，国民健康保険は

(16)　田中治「国民健康保険税と国民健康保険料との異同」税法学545号97頁（2001年），同「地方税の法原則」税法学583号253頁（2020年）。

保険というよりも社会保障政策の一環である公的サービスとしての性格が強く，その対価性は希薄であること等の事実に照らせば，このような性質を有する徴収金（保険料）は，保険税という形式を採っていなくても，民主的なコントロールの必要性が高い点で租税と同一視でき，一種の地方税として租税法律（条例）主義の適用があると解するべきである。」

他方，本件最高裁判決は，次のように述べて，本件控訴審判決の考え方を維持した。「国又は地方公共団体が，課税権に基づき，その経費に充てるための資金を調達する目的をもって，特別の給付に対する反対給付としてでなく，一定の要件に該当するすべての者に対して課する金銭給付は，その形式のいかんにかかわらず，憲法 84 条に規定する租税に当たるというべきである。

市町村が行う国民健康保険の保険料は，これと異なり，被保険者において保険給付を受け得ることに対する反対給付として徴収されるものである。前記のとおり，被上告人市における国民健康保険事業に要する経費の約 3 分の 2 は公的資金によって賄われているが，これによって，保険料と保険給付を受け得る地位とのけん連性が断ち切られるものではない。また，国民健康保険が強制加入とされ，保険料が強制徴収されるのは，保険給付を受ける被保険者をなるべく保険事故を生ずべき者の全部とし，保険事故により生ずる個人の経済的損害を加入者相互において分担すべきであるとする社会保険としての国民健康保険の目的及び性質に由来するものというべきである。

したがって，上記保険料に憲法 84 条の規定が直接に適用されることはないというべきである（国民健康保険税は，前記のとおり目的税であって，上記の反対給付として徴収されるものであるが，形式が税である以上は，憲法 84 条の規定が適用されることとなる。）。」

本件最高裁判決は，保険料は税ではないという性格決定をした上で，国保料には租税条例主義は及ばないとするものである。本件最高裁判決は，本件条例の下では，相互扶助の精神に基づき，費用および収入の見込額の対象を詳細かつ明確に規定している，専門的，技術的な細目に関わる事項を課税庁の合理的な選択に委ねたことは違法ではないとするが，課税庁により，具体的にどのような「合理的な選択」がなされたのかについては，全然考察されていない。仮に，合理的な選択に委ねることが適法であったとしても，それは，委ねられた選択それ自体が適法であることを当然に意味するものではない。社会保険としての国民健康保険の目的，特質を強調すれば，それだけで委任の正当性が付与されるわけではない。これを「相互扶助の精神」で一般的に正当化することもできない。国保事業の３分の２が一般税収でまかなわれているという現実を見る限り，被保険者自身による財政負担と収支均衡が国保制度の根幹を成すと解することは，明文の根拠規定なしには導きえないと考えるからである。

また，本件最高裁判決がいうところの，国保料には租税法律主義が及ばないが，租税法律主義の「趣旨」は及ぶという論理の意味は何か，である。この何とも歯切れの悪い表現は何ゆえに用いられるのか。考えうる理由の一つとしては，判決は，国保料の現実およびその編成原理として，負担の強制性や収入目的性を否定することができなかったからだと思われる。

このように見てくると，本件最高裁判決は，保険料は，保険税とは異なり，社会保険としての論理を優先して貫くべきだという命題を最重視したように思われる。国保料と国保税は異なる，という論理から出発し，国保料の負担においては，被保険者間の「相互扶助の精神」に基づくべきものであるとしている。その上で，判決は，①賦課総額の算定基準は明確である，②専門的，技術的な細目を市長の合理的な選択に委ねたものである，③国民健康保険事業特別会計の予算および決算の審議を通じて議会の民主的統制が及ぶ，と結論する。しかしながら，既に述べたように，このような論理については，問題が多い。加えて，予算や決算を通した議会の民主的統制と国保料の個人負担の適正さに対する議会統制とは基本的に直結しない。予算や決算による統制は，主として財政の総額の適正さや妥当性を検討の対象とするものであって，被保険者の負担の適正さや妥当性については，保険料条例の審議において対象とすべきものである。そうだとすると，被保険者の負担の適正さや予測可能性の確保との関連で，予算や決算を通した民主的統制の意味やその効果はかなり小さなものとならざるをえない。最高裁の論理は，それでよいとするものであるが，国保料の社会保険的性格や相互扶助の精神から独立採算制の論理を導き，その上で，被保険者の負担の適正さの審議を基本的任務とするものではない，国保事業特別会計の予算，決算をもって民主的統制の手法と観念することは，解釈論としては強引といわざるをえない。そのような公的資金の投入を不可欠とする国保事業の現実態を見る限り，「社会保険」，「相互扶助」，「保険者自治」というような観念は，現実的基礎を欠くがゆえに十分な説得力と規範性を持たないように思われるからである。

⑸　趣旨・目的解釈の排除の例

ア　帳簿不提示による仕入税額控除否認事件（最判平16・12・16民集58巻9号2458頁）

本件は，消費税法（以下「法」ということもある）30条7項をめぐる紛争である[17]。平成16年12月16日判決は，事業者が，「法30条7項に規定する帳簿又は請求書等を整理し，これらを所定の期間及び場所において，法62条に基づく税務職員による検査に当たって適時にこれを提示することが可能なように態勢を整えて保存していなかった場合は，法30条7項にいう『事業者が当該課税期間の課税仕入れ等の税額の控除に係る帳簿又は請求書等を保存しない場合』に当たり，事業者が災害その他やむを得ない事情により当該保存をすることができなかったことを証明しない限り（同項ただし書き），同条1項の規定は，当該保存がない課税仕入れに係る課税仕入れ等の税額については，適用されない」との結論を示したが，その理由づけは必ずしも明確に示されていない。

この判決の4日後（12月20日）に出された別の最高裁判決（最判平16・

(17)　田中治「消費税における仕入税額控除の存在理由と判例動向」273頁（金子宏編『租税法の発展』（有斐閣，2010年）所収）。

12・20判時1889号42頁）は，この12月16日判決を引用している。法廷意見は，「消費税法……が採る申告納税制度の趣旨及び仕組み並びに法30条7項の趣旨に照らせば」という表現の後に，上記の12月16日判決の結論部分とほぼ同一の結論を導いている。

なお，この判決において注目すべきは，滝井裁判官による次のような反対意見が付されていることである。

「我が国消費税は……課税の累積を排除する方式によることを明らかにし（同法4条，10条，11条），これを受けて，法30条1項は，事業者が国内において課税仕入れを行ったときは，当該課税期間中に国内で行った課税仕入れに係る消費税額を控除することを規定しているのである。この仕入税額控除は，消費税の制度の骨格をなすものであって，消費税額を算定する上での実体上の課税要件にも匹敵する本質的な要素とみるべきものである。ただ，法は，この仕入税額控除要件の証明は一定の要件を備えた帳簿等によることとし，その保存がないときは控除をしないものとしているのである（同条7項）。しかしながら，法が仕入税額の控除にこのような限定を設けたのは，あくまで消費税を円滑かつ適正に転嫁するために（税制改革法11条1項），一定の要件を備えた帳簿等という確実な証拠を確保する必要があると判断したためであって，法30条7項の規定も，課税資産の譲渡等の対価に着実に課税が行われると同時に，課税仕入れに係る税額もまた確実に控除されるという制度の理念に即して解釈されなければならないのである。

しかしながら，法58条，62条にかんがみれば，法30条7項は，事業者が税務職員による検査に当たって帳簿等を提示することが可能なようにこれを整理して保存しなければならないと定めていると解し得るとしても，そのことから，多数意見のように，事業者がそのように態勢を整えて保存することをしていなかった場合には，やむを得ない事情によりこれをすることができなかったことを証明した場合を除き，仕入税額の控除を認めないものと解することは，結局，事業者が検査に対して帳簿等を正当な理由なく提示しなかったことをもって，これを保存しなかったものと同視するに帰着するといわざるを得ないのであり，そのような理由により消費税額算定の重要な要素である仕入税額控除の規定を適用しないという解釈は，申告納税制度の趣旨及び仕組み，並びに法30条7項の趣旨をどのように強調しても採り得ないものと考える。」

「また，大量反復性を有する消費税の申告及び課税処分において迅速かつ正確に課税仕入れの存否を確認し，課税仕入れに係る適正な消費税額を把握する必要性など制度の趣旨を強調しても，法30条7項における『保存』の規定に，現状維持のまま保管するという通常その言葉の持っている意味を超えて，税務調査における提示の求めに応ずることまで含ませなければならない根拠を見出すことはできない。そのように解することは，法解釈の限界を超えるばかりか，課税売上げへの課税の必要性を強調するあまり本来確実に控除されなければならないものまで控除しないという結果をもたらすことになる点において，制度の趣旨にも反するものといわなければならない。……法における仕入税額控除の規定は，前記のとおり課税要件を定めているといっても過言ではなく，青色申告承認のような単なる申告手続上の特典ではないと解すべきものである。そして，法は，消費税額の算定に当たり，仕入税額を控除すべきものとした上で，帳簿等の保存をしていないとき控除の適用を受け得ないとしているにとどまるのである。」

「法は，提示を拒否する行為については罰則を用意しているのであって（法68条），制度の趣旨を強調し，調査への協力が円滑適正な徴税確保のために必要であることから，税額の計算に係る実体的な規定をその本来の意味を超えて広げて解することは，租税法律主義の見地から慎重でなければならないものである。」

消費税法30条7項の帳簿等の保存要件の趣旨・目的をどのように考えるか。この規定の趣旨・目的につき，大別して二つの考え方が対立する。一つは，法は，大量反復性を有する申告および課税処分において，課税仕入れに係る適正な消費税額を課税庁が把握するための資料として，納税者に帳簿等の保存を義務づけたものであって，課税庁が税務調査において保存を欠くと判断した場合は，仕入税額控除をしないという実体法的な効果を持たせたものである，とするものである。上記の最高裁の法廷意見は，その表現の明晰さや強弱の違いはあるものの，基本的には，この考え方に立つものと見てよいであろう。

他の一つは，仕入税額控除の仕組みは，税負担の累積を防止し，付加価値に対して課税をするという消費税の基本的な仕組みを維持する上で，不可欠の要素であって，課税仕入れに係る税額が存在する以上，これを控除することを原則とすべきであり，単に帳簿の提示を拒んだというだけの理由で，仕入税額控除を否定する実体法上の効果は生じない，とするものである。上記の滝井反対意見はこのような考え方を示すものである。

私は，後者の考え方が妥当であると考える。

第一に，わが国の消費税が付加価値税だというのであれば，付加価値に対する課税の仕組みを維持すべきである。課税売上げに対してきちんと課税をするのと同様に，課税仕入れに係る税額もきちんと控除すべきである。課税の累積を排除する仕入税額控除は，いわば消費税の生命といってよい。

消費税法は，課税売上高を課税標準とし（法28条），これに税率を適用する（法29条）仕組みを採用している。しかしながら，この仕組みがあるからといって，わが国の消費税は課税売上高に対して課税をするものであって，仕入税額の控除（法30条）は，納税者に対する特典であるということは相当ではない。課税計算上，売上げに係る税額から仕入れに係る税額を控除して得られる税額は，付加価値に対して税率を適用して得られる税額に等しいものである。わが国の消費税が付加価値税である限り，仕入税額の控除は消費税の税額計算に内在する不可欠の要素というべきである。

帳簿等の保存を課税仕入れの事実から切り離し，独立の実体的課税要件とすることは，論理としてはありうるかもしれない。しかしその場合は，付加価値への課税という理念から遠ざかることになる。それはまた，仕入れの事実があり，納税者は仕入れに係る税負担を事実上負っているという事実を無視することになる。

第二に，法30条7項は，仕入税額を正しく計算する上で，取引の証拠を確実にするために帳簿等の保存を求めているにすぎないと解することができる。

このように考えるならば，仕入税額控除は，手続法上の特典ではなく，実体法上その権利性を承認することが基本だというべきである。この点，所得税法や法人税法における青色申告の承認が特典と考えられていることと比べて，対照的というべきである(18)。

イ　非居住者に対する源泉徴収事件（東京高判平28・12・1税資266号順号12942）

本件においては，日本国内に住所があるとの説明とともに住民票を提出するなどしていた売主（実は非居住者）から不動産を購入した不動産会社は，所得税法（以下「法」ということもある）212条に基づく源泉徴収義務を負うかどうかが争われた。

本件判決は，「原告は，原告が本件注意義務を尽くしたことを前提として，本件条項の限定解釈ないし適用違憲を理由に，原告が本件条項に基づく源泉徴収義務を負わない旨主張しているが，前記検討によれば，原告が本件注意義務を尽くしたということはできないから，本件譲渡対価に係る源泉徴収義務を否定すべき理由はなく，原告の主張を採用することはできない」と判示して，納税者の請求を退けている。とはいえ，この判断には問題が多い(19)。

---

(18)　もっとも，最判平17・3・10民集59巻2号379頁は，帳簿書類の提示を拒否した場合の青色承認取消事由該当性が争われた事件について，本件は，適時に提示することが可能なように態勢を整えて保存していなかった場合に当たるとして，その取消しに違法性はないとした。この表現は，仕入税額控除の否認をめぐる平成16年の二つの最高裁判決のそれに符合する。裁判所が，同じ表現で何をいおうとするかは必ずしも明確ではないが，帳簿等の提示がなかったという局面は同じだとしても，青色申告承認の取消しと仕入税額の否認とを同一視することができるのか，相当に疑問である。

第一に，非居住者の土地等の譲渡に係る源泉徴収制度は，平成2年に導入された。その趣旨は，当時，国内にある不動産を譲渡した非居住者等が，申告期限前に譲渡代金を国外に持ち出し，無申告のまま出国する事例が増えており，申告期限前に保全措置を講ずる手段がなく，他方，申告期限後の決定処分をしても，実際に税金を徴収することは非常に難しい状況にあったこと等を考慮して導入されたものとされる。その立法趣旨は一般には，合理的で妥当なものということができるかもしれない。とはいえ，具体的な状況において，通常要求される調査を尽くしても，源泉徴収義務の存在が不明な場合にまで，当該源泉徴収義務者が源泉徴収をしないことについて，その義務違反を問うことは相当とはいえない。まして，本来の納税義務者が意図的に無申告で出国した場合に，代替的課税として，源泉所得税の納付を徴収義務者に求めるのは，法の趣旨を超えた，過度の財産的犠牲を徴収義務者に強いるもので許されるものではない。このような意味において，問題の規定は，一定の限界的事案においては，違憲の問題が生じるであろう。これまで，源泉徴収制度は，立法裁量論を根拠に，憲法29条，13条，14条等には違反しないとされてきたが，仮に，一般論としてはこのようにいうことができるとしても，支払者に対して余りにも過酷な負担を求める限界的な事案の場合については，少なくとも適用違憲の問題が生じるであろう。

第二に，源泉徴収義務は，本来の納税義務者との関係においては，本来の納税義務者の租税債務の予納，前納という性格を持つというべきである。給与等の支払者に課されている源泉徴収義務は，徴収の便宜ある者に対する特別の負担であって，もともと他人の税金を徴収する義務である。この意味において，源泉徴収義務には，自ずから合理的な制約があるというべきである。まして，本来の納税義務者がその義務を履行しない蓋然性が大きいからといって，源泉納税義務者に代替的に負担を求めるというのは，

(19)　田中治「源泉徴収制度等の存在理由」税法学571号137頁（2014年）。

源泉徴収制度の趣旨を逸脱するものといわざるをえない。

とはいえ，本来の納税義務者である非居住者について，その者が非居住者かどうかの判断は必ずしも容易ではない（東京高判平 23・8・3 税資 261 号順号 11727 も参照）。非居住者該当性の判断について客観的な困難性がある場合には，その買主に過大な負担を求めるのは相当ではない。まして，非居住者たる売主が，その事実を意図的に隠蔽仮装する場合にまで，その買主に源泉徴収義務があるとするのは，余りにも非現実的で過酷である。そのような場合には，適用違憲とするか，あるいは制限的な解釈を通して，源泉徴収義務それ自体を排除ないし軽減することが必要となる。立法論としては，買主への宥恕規定を定めるとともに，非居住者該当性の判断につき，課税庁が適切に関与し，適時適正な判断を可能とする制度（買主の疑義を相談し確認する制度）の整備が望まれる。

本件判決は，源泉徴収制度の趣旨・目的につき正面からの考察をしていない。その歴史的経緯等を考慮するならば，源泉徴収制度はあくまで徴収の便宜として導入されたもので，申告納税制度を代替するものではない。また，源泉徴収義務者に対して，源泉徴収義務の存否に関して過剰な調査や確認を求めることは，自動確定を旨とする源泉税の性格から見て相当ではなく，源泉徴収義務の範囲は自ずから合理的な限定に服するものというべきである。

2　租税法における規範の解釈―租税法の優劣

⑴　民商法との関係

ア　夫婦財産契約事件（東京地判昭 63・5・16 判時 1281 号 87 頁）

本件は，弁護士である納税者が，婚姻届出日以降に夫婦が得る財産を持分２分の１ずつの共有とすることなどを定めた夫婦財産契約（民法 756 条，婚姻の届出までに登記をすることを要する）を根拠に，夫が得た弁護士報酬等の２分の１を妻の所得とする旨の確定申告をしたことに対し，課税庁は，夫婦間での所得の分割は認められないとして課税処分をしたところ，当該課税処分取消訴訟が提起されたものである。問題は，民法上有効な夫婦財産契約の効力が，課税の領域にどこまで及ぶのか，及ばないのか，その根拠は何か，である。

裁判所は，「ある収入が誰に帰属するかという問題は，単に夫及び妻の合意のみによって決定されるものではなく，例えば雇用契約に基づく給料収入であれば，その雇用契約の相手方との関係において決定されるものである。雇用契約において，労務を提供するのは被用者たる夫婦の一方であって，夫婦の双方ではなく，したがって，労務の対価である給料等を受け取る権利を有する者も被用者たる夫婦の一方であって，夫婦の双方ではないのであり，仮に夫婦間において夫婦の双方が右給料等を受け取る権利を有するものと合意したとしても，それだけでは，その合意は，雇用契約の相手方たる使用者に対しては何らの効力を生ずるものではないといわなければならない」，「ある収入が所得税法上誰の所得に属するかは，このように，当該収入に係る権利が発生した段階において，その権利が相手方との関係で誰に帰属するかということによって決定されるものというべきであるから，夫又は妻の一方が得る所得そのものを原始的に夫及び妻の共有とする夫婦間の合意はその意図した効果を生ずることができないものというべきである」，と述べ，納税者の請求を退けた。

本件契約が有効に成立していることに配慮した，異なる見解も若干あるとはいえ，所得税が，稼得者に対する課税である以上，裁判所の考え方は妥当と思われる。所得課税の場面では，誰が所得を稼得したのか，誰の担税力が増大したのかに着目してその稼得者に対して課税がされるものである。民法と租税法はその目的，守備範囲，役割をそれぞれ異にしており，課税の領域においては，経済力の増大を課税根拠とする租税法の趣旨・目的が優先されるべきものであろう。

イ　申告における錯誤の主張の可否（最判昭39・10・22民集18巻8号1762頁）

民法上の意思表示の考え方が，租税法の領域でどこまで適用できるかについては，当初は見解が大きく対立していたが，その決着をつけたのが，昭和 39 年の最高裁判決である。本件は，自己の所得でないのに誤解をして申告をしたとして，確定申告に関して錯誤を主張した納税者の訴えを退けたものである。本件最高裁判決は，次のように述べて，原則として錯誤の主張は認められないとする。

「そもそも所得税法が右のごとく，申告納税制度を採用し，確定申告書記載事項の過誤の是正につき特別の規定を設けた所以は，所得税の課税標準等の決定については最もその間の事情に通じている納税義務者自身の申告に基づくものとし，その過誤の是正は法律が特に認めた場合に限る建前とすることが，租税債務を可及的速かに確定せしむべき国家財政上の要請に応ずるものであり，納税義務者に対しても過当な不利益を強いる虞れがないと認めたからにほかならない。従つて，確定申告書の記載内容の過誤の是正については，その錯誤が客観的に明白且つ重大であつて，前記所得税法の定めた方法以外にその是正を許さないならば，納税義務者の利益を著しく害すると認められる特段の事情がある場合でなければ，所論のように法定の方法によらないで記載内容の錯誤を主張することは，許されないものといわなければならない。」

本判決は，申告納税制度の下での過誤の是正は，原則として，法律で定められた特別の方法（修正申告，更正の請求）によるべきとするものである。これは，法が過誤の是正手段を限定する趣旨・目的を勘案し，過誤の是正には，原則として民法上の錯誤の主張を排斥するのが妥当と考えたからであろう。

なお，特段の事情がある場合に限って，ごく例外的に錯誤の主張が認められてきたが，その多くは，基本的に税務職員の誤指導の場合である（京都地判昭 45・4・1 行集 21 巻 4 号 641 頁，東京地判昭 56・4・27 行集 32 巻 4 号 661 頁，札幌地判昭 63・12・8 訟月 35 巻 5 号 900 頁など）。

なお，昭和 39 年の最高裁判決は，その錯誤が客観的に明白かつ重大であることを要件としているが，このうち，明白性の要件は必要ないというべきであろう。

(2)　会計との関係

会計の考え方と租税法の考え方との関係も微妙な点がある[20]。一般に，実定税法は，会計の考え方につき，それを修正すべき点は別段の定めとして法人税法等で明確に規定し，それ以外は会計の考え方に依拠している。収益の額，費用の額等については，「一般に公正妥当と認められる会計処理の基準」に従って計算するものとする（法税22条4項)。この公正処理基準の意味がはっきりしないことに加えて，租税法は公正処理基準に従属するのか，それとも，独自の観点からそれを広げたり，狭めたりして解釈しうるのか，もはっきりしない。

ア　脱税協力金事件（最判平6・9・16刑集48巻6号357頁）

本件最高裁判決は，脱税工作のために支出した協力金を損金算入できないと判示した。「架空の経費を計上して所得を秘匿することは，事実に反する会計処理であり，公正処理基準に照らして否定されるべきものであるところ，右手数料は，架空の経費を計上するという会計処理に協力したことに対する対価として支出されたものであって，公正処理基準に反する処理により法人税を免れるための費用というべきであるから，このような支出を費用又は損失として損金の額に算入する会計処理もまた，公正処理基準に従ったものであるということはできないと解するのが相当である」とするものである。

事実に反する会計処理は，公正処理基準に反するということができるとしても，違法な行為に基因する支出が当然に公正処理基準違反だということにはならない（例えば，顧客の依頼で荷物を急送中，法定速度違反によって罰金を支払ったからといって，その支払それ自体が公正処理基準に反するということはできない)。後者の意味での「公正処理基準」は，会計の基準というよりは，正義の観点から許せないという意味での，「公正という基準に

(20)　田中治「法人税法における公正処理基準の法的意味」70頁（三木義一先生古稀記念論文集『現代税法と納税者の権利』（法律文化社，2020年）所収)。

反する」旨を意味するものであり，前者とは論理の次元を異にする。

イ　TFK 事件判決（東京高判平 26・4・23 訟月 60 巻 12 号 2655 頁）

次に，前期損益修正についても，争いがある。その第 1 弾ともいうべきものが，TFK 事件判決である(21)。これまで，課税庁および裁判所は，事業所得および法人所得については，特別の更正の請求によって過年度の所得の是正を認めてこなかったが，この事案においても同様の結果となった。

TFK（旧武富士であり，平成 18 年の過払金をめぐる最高裁判決を機に，膨大な過払金の支払を求められ，業況が悪化して清算会社となった）の管財人が，これまで国に対して法人税として納付してきた税額が，過払債権者からその過払分の支払を求められた結果，過大納付となったとして，国税通則法 23 条 2 項に基づく更正の請求（特別の更正の請求）をしたところ，これが拒否されたため，当該拒否処分の取消しを求めた事案である。

管財人の側は，継続中の会社であればともかく，清算中の会社は，いくら損失を計上してもそれに見合う益金が存在しないのであって，過去に国に支払った法人税額が結果として過払となり，その過大納付分は過納金として返還されるべきだと主張する。すなわち，更生手続を通して，1 兆 3800 億円の金額が確定判決と同一の効力をもって更生債権として確定し，これは，国税通則法 23 条 2 項 1 号にいう「課税標準等又は税額等の計算の基礎となった事実に関する訴えについての判決（判決と同一の効力を有する和解その他の行為を含む。）により，その事実が当該計算の基礎としたところと異なることが確定したとき」に当たる，とするものである。これに対して，国は，債権者からの過払金返還によって損失が生じたとしても，それは，前期損益修正として，その事実が発生した当期において処理すべきであって，それが事実上できないなら，それまでだと主張する。

第一審判決（東京地判平 25・10・30 判時 2223 号 3 頁）と同様に，控訴審

(21)　田中治「貸金業者の過払金返還債務と更正の請求の可否」380 頁（佐藤幸治＝泉徳治編『滝井繁男先生追悼論集　行政訴訟の活発化と国民の権利重視の行政へ』（日本評論社，2017 年）所収）。

判決もまた，「前期損益修正の処理は，法人税法22条4項に定める公正処理基準に該当すると解される一方，本件更生会社については，これと異なり過年度所得の更正を行うべき理由があるとはいえず，通則法23条1項1号に該当するものとは認められず，本件更生会社が納付した法人税について法律上の原因がないともいえないことは，前記引用に係る原判決の説示のとおりであ」る，として控訴人の請求を退けた。

前期損益修正は，いつから「法規」となったのか。法人税法22条4項は，企業会計が直接法規として課税計算を規律することを決して意味しない。企業会計は代表議会が定立したものではないこと，一般に公正妥当な会計処理の基準の意味内容は確定しがたいこと等からすれば，むしろ租税法は，課税の公平を重視するという独自の観点から租税法律関係を規律していると見るべきであろう。

前期損益修正は，法令の根拠はなく，通達のみに基礎づけられているものである（法基通2-2-16「当該事業年度において契約の解除又は取消し，返品等の事実が生じた場合でも，これらの事実に基づいて生じた損失の額は，当該事業年度の損金の額に算入するのであるから留意する」）。判決は，地裁，高裁のいずれも，通達番号にすら言及していないが，その理由はよく分からない。前期損益修正は，継続企業を前提とし，かつ便宜的な制度である。各事業年度の正しい所得，正しい税額という税法上の要請に反しない限りで，認められる限定的なものである。この前提を欠く場合は，原則に返って，各事業年度の正しい税額を求めるべきである。

なお，このところ，前期損益修正に関する会計の考え方が大きく変わり，過去の会計情報の誤謬については遡及処理をする（修正再表示をする）方向が明確にされている（平成21年12月4日「会計上の変更及び誤謬の訂正に関する会計基準」（企業会計基準24号））。近時の課税実務も，このような過年度遡及会計基準に対応して，一定の方向性を示している（「法人が『会計上の変更及び誤謬の訂正に関する会計基準』を適用した場合の税務処理について」平成23年10月20日付けの情報）。そこでは，問答形式による問1への答えとして，遡及処理が行われた場合でも，確定決算主義の考え方から，その過年度の確定申告において誤った課税所得の計算を行っていたのでなければ，過年度の法人税の課税所得の金額や税額に対して影響を与えない旨が述べられている。

重要なことは，課税実務の考え方においても，「その過年度の確定申告において誤った課税所得の計算を行って」いれば，その場合には過年度の所得の修正を要するということである。また，問7の問答が示すとおり，過年度の売上げの計上漏れ，費用の過大計上は，税務上も課税所得金額を是正すべきものとされている。

なお，本件の特徴を分かりやすく表示するために，設例として，簡単な数字を挙げよう。例えば，武富士の10年間の累計所得金額が10兆円であり，これを基礎として国に納付した累積法人税額が10年間で3兆円とする（法人税の税率を30%とする）。本件更生手続において過払返還請求権について確定した債権のうち，利息制限法所定の制限を超える利息等の10年間の累積額が8000億円とする。このことにより，武富士の10年間の所得のうち，8000億円が後発的に違法となり，税法上，8000億円相当の所得が失われることになる。その結果，武富士の10年間の正しい累積所得金額は，9兆2000億円となり，これに対応して，武富士が国に納付してきた3兆円の累積税額のうち，2400億円（8000億円×30%＝2400億円）が過納金となる。この過納金は，国が保有し続ける正当性のないものであり，すみやかに納税者である武富士（TFK）に対して，本件更正の請求に基づき，過去の各事業年度に関し，減額更正処分を通して還付すべきものである。

もし，この還付がない場合には，結果として，所得のないところで課税をすることを意味する。これは課税の公平を害するとともに，納税者の財産権を侵害するものであって，到底許されるべきものではない。

ウ　外注費の前期損益修正の可否（東京地判平27・9・25税資265号順号12725）

本判決は，そもそも前期損益修正は，納税者を縛る法的規範ではないとしている。この事件は，TFK判決の後の紛争事案である。納税者が，過年度に計上漏れの売上原価につき，前期損益修正に基づくものとして，当期の損金に算入した事案（納税者は，平成12年から13年に係る外注費を平成21年分の法人税の課税計算において損金に計上し，申告をした）につき，課税庁は増額更正処分をした。本件判決も当該課税処分を支持した。

本件判決は，「ある事業年度に損金として算入すべきであったのにそれを失念し，それを後の事業年度に発見したという単なる計上漏れのような場合において，企業会計上行われている前期損益修正の処理を法人税法上も是認し，後の事業年度で計上することを認めると，本来計上すべきであった事業年度で計上することができるほか，計上漏れを発見した事業年度においても計上することが可能となり，同一の費用や損失を複数の事業年度において計上することができることになる。こうした事態は，恣意の介在する余地が生じることとなり，事実に即して合理的に計算されているともいえず，公平な所得計算を行うべきであるという法人税法上の要請に反するものといわざるを得ないのであって，法人税法がそのような事態を容認しているとは解されない」，「また，法人税法上，修正申告や更正の制度があり，後に修正すべきことが発覚した場合，過去の事業年度に遡って修正することが予定されているのであって，企業会計上固有の問題に基づき行われているにすぎない前期損益修正の処理を，それが企業会計上広く行われているという理由だけで採用することはできないというべきである」と判示した。この考え方は，所得課税の原則とその是正の方法に関する原則的な考え方を示すものであって，妥当と考える。この考え方はTFK判決の考え方とは真っ向から対立している。

エ　会計の遡及修正の可否（大阪高判平30・10・19判タ1458号124頁）

前期損益修正に係る事案であるが，その変形ともいうべき事案が本件である[22]。本件の事案は，上記のTFK事件に類似する。かつて，利息制限法に定める制限超過利息を超える利息等の支払を受けた破産会社による，過年度の法人税額に係る更正の請求につき，本件大阪高裁は，破産管財人が過年度の決算を遡って減額修正することは，公正処理基準に合致するとする（この点では，「前期損益修正」ではなく，「会計の遡及修正」が公正処理基準に当たるか否かを問題にしているようである）とともに，本件の特殊性を理由に，納税者の請求を認めた。本件では，破産会社において，制限超過利息を現実に収受したこと等による経済的成果が失われたか否かが争われたが，「法人税法が，法人が現実に収受した制限超過利息について，権利未確定の状態であるにもかかわらずこれを益金の額に算入すべき収益の額として取り扱うのは，納税者間の公平という公序の要素が含まれていると解されるところ，当該法人について破産手続開始決定がされ，破産会社自身が利害関係を有さず，専ら顧客ら（破産債権者）の損失の上に，被控訴人が利得を保持し続けることについての利害の調整が問題となる局面において，破産管財人が破産債権者に債権の全部又は一部を現実に弁済（配当）していることを求めるという意味での『経済的成果が失われること』を要求する理由に乏しい。したがって，少なくとも破産管財人による更正の請求が行われたという本件のような場面においては，破産債権者に対する現実の配当を要することなく，前記破産債権者表の記載がされたことをもって経済的成果が失われるか又はこれと同視できる状態に至ったと解するのが相当である」と述べている。

本件判決の結論には同意できる。とはいえ，会計の過年度遡及修正が，法人税法22条4項に適合することと，法人税法の課税所得計算の仕組みから見て，過年度の所得を是正することが許されるかどうかということとは，別の論点というべきであろう。本件において問われているのは，法人税法22条4項該当性ではなく，22条2項の益金の額に算入すべき金額を，

(22) 田中治・判批・TKC税研情報28巻6号141頁（2019年），同・判批・判例評論734号（判時2433号）185頁（2020年）。

事実の変動に応じて遡及的に修正すべきかどうかという問題である。国税通則法23条2項1号にいう「その事実が当該計算の基礎としたところと異なることが確定したとき」に当たるかどうかである。すなわち，本件会社が過年度において適法に納付した法人税額の一部が，破産時の過払金返還債務の確定によって後発的に違法（過大納付）となったので，過年度の法人税額を減額すべきかどうかである。

なお，本件判決は，最判令2・7・2判例集未登載（裁判所ホームページ）によって破棄自判された。最高裁判決は，前期損益修正によることが公正処理基準に合致するというべきであるとするが，既に本稿で述べたとおり，この解釈は相当ではないと考える。

Ⅲ　租税法における立法府の不対応と法解釈のあり方

過去においてはそれなりの合理性，妥当性はあったが（過去においても合理性，妥当性がない場合もあるかもしれない），時代の変化につれ，従前の解釈や取扱いが違法性を帯びるようになる。そのような場合において，立法府の手当てが十分になされないときに，問題が尖鋭化する。

この場合，解釈の方法として，二つの処理方法がありうる。その方法のいずれが適切かは，一般論としていうのは相当に困難であるように思われる。

1　法の拡張解釈，縮小解釈等の目的論的解釈

一つは，立法の趣旨，目的，具体的な機能を検討し，合理的な法解釈によって，立法の適用範囲を拡張または縮小するなどして，法の個別的妥当性を図ることである。この場合，納税者勝訴の場合もあれば，納税者敗訴の場合もある。

納税者勝訴の例として，例えば，右山事件として知られている最判平17・2・1訟月52巻3号1034頁がある。この事件は，父親からゴルフ会

員権の贈与を受けた子が，その贈与の際に支払った名義書換料が，当該ゴルフ会員権を第三者に譲渡した際の譲渡所得計算において，取得費を構成するかどうかが争われた。最高裁は，これを否定する原審を破棄し，受贈者である子が支払った付随費用として，その取得費該当性を認めた。この判決は，所得税法 60 条 1 項の解釈として，受贈者が「引き続いてこれを所有していたものとみなす」旨の規定があるからといって，現実に，当該納税者が当該ゴルフ会員権を贈与によって受けた際に支払った名義書換料は，その譲渡所得の計算において，現実に担税力を減殺する費用であるという事実は否定することができないという考慮を優先させたものといえる。それまで，最高裁判決において，一般的，抽象的に繰り返されてきた譲渡所得課税の本質論（譲渡所得課税は，当初の資産の取得から譲渡までの間に生じた増加益に対する課税である）からする，形式論（本質論どおりだとすると，名義書換料は，当初の所有者が支払ったものでもなく，価値の増加益とも関係がない，ということになる）を排除したものであって，合理的，現実的な法解釈ということができる。

他方，既に触れた外国税額控除余裕枠事件（最判平 17・12・19 民集 59 巻 10 号 2964 頁）においては，裁判所は，所定の事情の下では，納税者が外国税額控除制度を濫用し，これが税負担の公平を著しく害するものとして許されないとした。これは，外国税額控除制度は，「同一の所得に対する国際的二重課税を排斥し，かつ，事業活動に対する税制の中立性を確保しようとする政策目的に基づく制度である」にもかかわらず，納税者の行為は，その本来の趣旨・目的を逸脱したものと判断したことによるものということができる。

2　立法府の不作為を根拠とする現状維持の解釈

別の方法は，たとえ時代の変化があるとしても，立法府が新たな立法をしない限り，文言の厳格または形式的な解釈に基づく取扱いを変更することは裁判所に許されていない，とするものである。この判断は，文言を厳格に解したり，あるいは形式的に解したりすることによって，法の意味の拡張解釈や縮小解釈を排除しようとするものである。

例えば，既に触れた所得税法56条をめぐる妻弁護士事件，妻税理士事件において，裁判所は，所得税法56条の規定上，事業から対価を受ける親族が弁護士，税理士等の自由職業者である場合には例外的に扱う旨の明文の根拠規定を欠くことに注目して判断したように思われる。確かに，妻弁護士事件における最高裁判決（最判平16・11・2訟月51巻10号2615頁）は，「事業を営む居住者と密接な関係にある者がその事業に関して対価の支払を受ける場合にこれを居住者の事業所得等の金額の計算上必要経費にそのまま算入することを認めると，納税者間における税負担の不均衡をもたらすおそれがあるなどのため」，所得税法56条があるとの趣旨解釈をしているが，既に述べたように，この趣旨・目的解釈は立法の歴史的経緯，立法事実から見て，相当の問題があり，裁判所が，適正な解釈をしたようには思えない。裁判所はむしろ，所得税法「56条の上記の趣旨及びその文言に照らせば」と述べているように，同法の規定上，明確な例外規定がないことを重視しているようにも見える。

他方，ガーンジー島事件最高裁判決（最判平21・12・3民集63巻10号2283頁）は，複数の課税方法のうちから一つを選択することを許していたガーンジーの法人所得税制の下で，納税者が，0％超30％以下の範囲で税務当局に申請し承認された税率で納付した場合において，本件外国税が当時の法人税法69条等にいう外国法人税に該当しないとはいえない，と判示した。本件最高裁判決は，基本的にそれぞれの国や地域の課税権のあり方を，画一的な基準で判断することを排斥している。すなわち判決は，「確かに，前記事実関係等によれば，本件外国税を課されるに当たって，本件子会社にはその税率等について広い選択の余地があったということができる。しかし，選択の結果課された本件外国税は，ガーンジーがその課税権に基づき法令の定める一定の要件に該当するすべての者に課した金銭給付であるとの性格を有することを否定することはできない。また，前記事実関係等によれば，本件外国税が，特別の給付に対する反対給付として課されたものでないことは明らかである」とする。外国法人税該当性についても，本件租税は，納税者の裁量が広いものではあるが，税率の決定はあくまで税務当局の承認が必要であること，本件子会社は税率26％の本件外国税を納付することによって実質的に見ても本件外国税に相当する税を現に負担しており，これを免れるすべはなくなっている，などとしてこれを肯定している。

本最高裁判決は，控訴審判決が述べた「納税者間の平等ないし税制の中立性の維持」，「我が国の財政主権が損なわれる」などの判断基準ないし評価軸を採用せず，これを結果として排斥している。控訴審判決を読む限りでは，「課税の公平論」あるいは「制度の濫用論」を最高裁が採用する余地はありえたと思われるが，このような論法を解釈論上最高裁が排斥したことの意味は大きいということができる。

なお，上記判決への対応として，上記判決とは異なる内容で政令が改正された。すなわち，平成23年の改正において，複数の税率の中から納税者と税務当局が合意をして税率を定める等の場合は，外国税額控除の対象から除かれることとなった（所税令221条3項，法税令141条3項）。この改正は，上記最高裁判決によって鮮明となった，当時の立法の不備を改めたものといえる。

Ⅳ　租税行政の特質論と納税者の権利利益との衝突

租税法における趣旨・目的解釈の必要性やその問題性が問われる場面の一つとして，納税者と課税庁との間で，法の解釈，適用をめぐる紛争がなぜ生じるのか，紛争が生じる状況は何かという切り口から考察することが可能である。これは，課税庁の存在理由にも関わるもので，課税庁は，しばしば，①税収の早期安定的確保が求められている，②課税の公平を確保することが求められている，③税務行政の効率的執行が求められている，といった観点を強調して，租税法規の解釈適用を図ることがある。このような場合において，問題の租税法規の適正な解釈の範囲内であれば問題は顕在化しないが，問題の租税法規の規定が不明確なとき，当該状況を規律する法の優先性がはっきりしないときなどにおいて，納税者の権利利益との衝突が顕在化することになる。納税者からすれば，課税庁が，一般的抽象的な価値判断を優先させることによって，納税者の個別的で，具体的な権利や利益を損なった，という主張になる。

以下，既に触れた裁判例にも再度触れつつ，若干の裁判例を素材に，このような切り口から見た法解釈の意味と特徴を概観する(23)。

1　税収の早期かつ安定的確保の主張

(1)　非居住者に対する源泉徴収義務（東京高判平28・12・1税資266号順号12942）

源泉徴収制度は，国にとっては，安定的継続的な税収の確保を約束する仕組みである。源泉徴収制度においては，租税債務は自動確定するとされる。給与の支給の際に支給者に課される源泉徴収義務は，その履行が比較的容易といえようが，源泉徴収義務の履行が求められているかどうかが直ちに認識できない場合，例えば，非居住者から不動産を購入した場合に課される所得税法212条の源泉徴収義務の場合には，売手が非居住者かどうかの判定に困難を来すことも珍しくないであろう。

このような場合の買主の源泉徴収義務の存否については，法は沈黙している。その沈黙の意味をどう見るかが問題となる。課税庁による事後的な調査によって数年後に当該売手が非居住者であることが判明した場合でも，当初の源泉徴収がなされていなかったら，当該源泉徴収義務者はなおも所定の源泉徴収税額を国に支払わなければならない，とするのが現在の課税庁の考え方のようである。

---

(23)　田中治「租税行政の特質論と租税救済」27頁（芝池義一ほか編『租税行政と権利保護』（ミネルヴァ書房，1995年）所収）。

しかしながら，この考え方には相当の問題がある。源泉徴収義務は，申告納税制度を前提とする限り，もともとは，本来の納税義務者が支払う租税債務の前取りの性質を持つべきものである（申告を要しない非居住者の場合には，取切りということもありうるが）。源泉徴収制度は，もともと徴収の便宜のために設けられていることからすると，源泉徴収義務者が負うべき義務の範囲は，自ずから合理的な制約に服すべきものである。売手が非居住者かどうかを調査する権限と能力を持たない民間の買手に対して，形式的に源泉徴収義務の履行を強制すれば，それは，本来の納税義務者が支払うべき未払の税額を源泉徴収義務者に代替的に求めることになる。これは，本来の源泉徴収制度が持つ役割を超えることになる。税収の確保は一般的に重要であるが，制約のない税収確保論は許されるものではない。

⑵　権利確定主義と管理支配基準

ある所得がどの年度または年分に属するかの明確な基準は法定されていない。例えば，所得税法36条は，収入金額は，「その年において収入すべき金額」をいうと定めるが，その意味は必ずしも明確ではない。この点，支配的な判例学説は，収入金額とは，その年において「収入すべき権利が確定した金額」をいうものと説いてきた（権利確定主義）。加えて，一定の場合は，権利の確定ではなく，利得が納税者のコントロールの下に入ったという意味で管理支配基準を適用するのが妥当な場合もあるとして，例外的に，管理支配基準を承認する。しかし，権利確定主義という重要な文言が実定法上は存在しないにもかかわらず，権利確定主義に依拠することが妥当かどうか，また，課税の現場では権利確定主義が年度帰属の判定基準として用いられていない（例えば通達上は商品等について引渡基準等を用いている）にもかかわらず，権利確定主義を維持することに現実的意味はあるか，など基本的な問題は残るが，ここでは一応それを措いて述べることにする。

問題の一つは，権利確定主義と管理支配基準の不当な使い分けの可能性があるということである。これが，権利確定主義の第一の限界ともいうべき問題である[24]。

事業所得に関連する具体的な例を示そう。例えば，矯正歯科医が，矯正装置の装着の日に，次年度の治療分（50万円）を含めて一括して100万円の矯正料を受領した場合，管理支配基準に基づき，当該歯科医は，100万円の全てを本年分の収入金額に計上すべきだとされる（徳島地判平7・4・28行集46巻4・5号463頁の考え方）。他方，例えば，交通事故の受傷者に対する診療報酬につき，加害者に対して100万円の支払を請求したところ，加害者が支払うべき金額について加害者との間で紛争となり，翌年に至って，50万円を支払うことで合意を見た場合には，医師は患者に対する診療行為を行うことにより直ちに診療報酬請求権を行使できるから，100万円を第1年度において計上すべきだとされる（静岡地判昭60・3・14税資144号485頁の考え方）。前者では，一定の金員を事実上支配していることが決め手とされ，後者では，一定の金員を事実上支配していることが無視される。前者では，事業所得の基因となる診療行為の事実が無視され，後者では，診療行為の事実が決め手となる。

両者の例に共通するのは，課税の時期が早くなるという事実である。権利型の理由づけ（権利確定主義）と支配型の理由づけ（管理支配基準）を使い分けることにより，早期課税がもたらされることになるが，法は，納税者の一般的な義務として，早期課税，早期納付を義務づけているわけではない。

納税者の納得を得るためには，このような使い分けはすべきではない。基本的に，権利確定主義によって判断すべきであり，それが不可能な極めて例外的な場合（そのような場合があるとするならば）にのみ，管理支配基準を用いるべきである。

次に，権利確定主義の第二の限界は，いつ権利行使が可能になるか（いつ収入金額または益金の認識が可能になるか）という問題は，複数年度にわ

---

(24)　田中治「事業所得における収入金額の年度帰属」税務事例研究29号33頁（1996年）。

たる所得の適正な年度帰属という問題とは別であって，権利確定主義だけでこの二つの問題を同時に解決することは困難だということである。権利確定主義は課税のタイミングを律するルールであり，所得をどの年度に属せしめるかという年度帰属を規律することは別の考慮によるべきだというべきである(25)。

この問題に関して争われた事件が，仙台高判平19・3・27訟月54巻4号983頁である。この事件は，納税者の配偶者控除の適用の可否が争われたものである。本件において，納税者の妻が社会保険庁長官に対して，過去5年分の裁定請求をしたところ，その請求が認められ，過去5年分（各年分について5万円余）の26万円余の年金が支給された。課税庁の判断では，この金員は，各年分のものとしてそれぞれ課税の対象となるべきだとされ（その結果，過去の年分の配偶者控除は基準を超えるため認められない），裁判所はこの主張を認めた。判決は，厚生年金保険法の定める各支払期月において権利が確定するとしたが，権利確定主義をいうのであれば，長官による裁定によって初めて権利が確定するというべきであろう。

何よりも，暦年課税を前提とするならば，各年分の正しい所得の算定という要素を重視すべきではないか。そうだとすれば，権利が確定した時にその全額を帰属させるのではなく，当該金員を帰属させるにふさわしい，しかるべき年分に帰属させるのが筋ではないか。このように考えると，裁判所の結論は相当だと考えるが，その理由づけには疑問が残る。

権利確定主義は，基本的に所得の実現時を決定するための考え方というべきである。いつ権利行使が可能となるかという話と，それによって手に入れた権利ないし金員をどの年分に属せしめるかは，論理的には別の話というべきである。

---

(25)　田中治「過年度分の遡及的支給と年度帰属」税務事例研究113号24頁（2010年）。

2　課税の公平の主張

租税法規を解釈するに際して，課税庁が課税の公平を主張する仕方には，二種のものがある。一つは，実質的公平の主張である。明確な法令の根拠規定がなくとも，課税の公平の見地から課税すべきだ，というようなものである。しかしながら，この種の主張には問題が多い。それは，法律の欠缺や曖昧さはそれ自体問題ではあるが，その欠缺等を埋める権限と正当性を持つのは国民を代表する立法府であって，国民を代表しない行政府によっては，統治構造上，これをなしえないからである。また，何を課税の公平と考えるか，どのような状態を課税の公平と考えるかなどについては，立法府が立法段階において措置しているはずであり，それを超えて立法の内容を充填したり，補正したりすることは原則として許されないからである。

もう一つのタイプは，形式的公平の主張である。これは，一般に，個別具体的な利害関係を考えよ，例外的な状況への例外的な措置を許容せよという納税者の主張を排斥する結果をもたらす。一般に，法の趣旨・目的を考えて，一定の合理的な範囲で法を解釈し適用することは，租税法律主義の許容範囲にあると思われるところであり，それを画一的，形式的な理由づけで排斥することは適切ではないであろう。

(1)　実質的公平の主張

課税の領域でしばしば見られるのが，同族会社の行為計算否認規定などの租税回避の否認規定に関する解釈であり，また，納税者の租税負担軽減行為を規制する解釈である。課税庁による租税回避の否認規定に関する解釈の問題性については，これまでいくつかの論考で詳しく検討したところであり，改めてここでは触れない[(26)]。また，後者については，既に述べた，贈与税に係る武富士事件判決を例として挙げることができる。武富士事件控訴審判決（東京高判平20・1・23訟月55巻2号244頁）は，納税者の租税

(26)　注（8）を参照。

負担軽減行為が課税の公平に反するとして，住所概念を理由なく拡大したものと見ることができる。納税者の行為に対する感情的，倫理的批判は分からなくはないが，そのことと，相続税法上の「住所」の意義を法的に確定することとは，全く別のことがらである。

実質的公平の主張は，時として，解釈によって制裁的意味合いを持つことがある。賄賂の支出の損金性が法定されていない時代に，個室付き浴場業を営む経営者が支出した賄賂を損金として認めることができるかどうかなどが争われた事件（横浜地判平元・6・28 訟月 35 巻 11 号 2157 頁）において，裁判所は，「犯罪行為摘発を阻止する工作費用を必要経費と認めることは，課税上の問題であるとしても法の理念からして到底許容できるものではな」いなどとして，その損金性を否定している。明文の根拠規定がない中で，「法の理念」を根拠とすることは説得力に欠ける。この判断の基礎には，納税者の種々の行為に対する裁判官の正義感が基礎にあると思われるが，租税は制裁ではない。租税は所得の適正な測定を基本的な役割とするものであって，制裁目的を持つものではないことに注意する必要がある。

⑵ 形式的公平の主張

形式的公平の主張の例として，既に述べた，所得税法 56 条に関する妻弁護士事件，妻税理士事件（最判平 16・11・2 訟月 51 巻 10 号 2615 頁等）を挙げることができる。所得税法 56 条の立法の歴史や背景に立ち返って，その趣旨・目的を解釈することが重要である。法が明示的に禁じているのであればともかく，所得税法 56 条の立法事実が大きく変わっている今日，同法の適用範囲を合理的に解釈し，個別的妥当性を求めることは可能である。また，そのように解釈することが求められているように思われる。

既に述べた，帳簿等の不提示による仕入税額控除の排除に係る事件（最判平 16・12・16 民集 58 巻 9 号 2458 頁）も同様に，形式的公平の主張の例ということができる。消費税の生命ともいわれる仕入税額控除の権利性につき，消費税の課税の根拠に立ち返って解釈すべきだと考える。

それ以外に，例えば，固定資産税の登記名義人課税をめぐる紛争（福岡高判昭56・8・24行集32巻8号1455頁）がある。1月1日現在の登記名義人が固定資産税の納税義務者であるという命題を貫くことが余りにも不合理である場合には，例外を認める明文の規定がなくとも，その例外を認める余地はありうると思われる(27)。

3　効率的執行の主張

法的争点として効率性が直接主張され，その当否が問われることはまずない。それにもかかわらず，行政の効率的執行の要請を背景としていると思われる問題領域がある。代表的なものが，課税処分の理由の記載または理由の提示に関わるものである。

この問題は，かつては，主として，青色申告に係る理由の記載の程度をめぐる問題として争われたが，平成23年の国税通則法改正を機に，不利益処分の際の理由の提示が課税処分についても求められるようになった。とはいえ，それでもなお，課税処分取消訴訟の事案の中では，理由の差替えが安易に主張される例（東京地判平30・4・19判時2405号3頁）もあり，なおも理由の提示の積極的承認の定着度は強くはないようである。しかし，これは納税者の手続的権利保障の見地から見て問題は大きい。税務執行の効率性，簡便性の主張にはそれなりの合理性があるとしても，手続的権利の側面からの制約があるということが認識されなければならない。処分庁の恣意の抑制および不服申立ての便宜供与という理由の提示の趣旨は，今後ますます重要となると思われる。

例えば，青色申告者である財団法人が，問題の事業は非収益事業であるのに法人税が課税されたことは違法だとして争った事案において，原判決（納税者敗訴）においては問題とされなかった更正の理由付記（法税130条2項）につき不備があり，違法であるとして，その余の争点を判断するま

(27)　田中治「固定資産税における台帳課税主義」シュトイエル300号75頁（1987年）。

でもないとして，課税処分が取り消された例がある（大阪高判平 25・1・18 判時 2203 号 25 頁）。大阪高裁判決は，「本件各付記理由は，法適用に関しては，『法人税法 2 条 13 号に規定する収益事業の収入に該当する』との結論を記載するにとどまり，法人税法施行令 5 条 1 項 10 号，同施行規則 4 条の 3，実費弁償通達の各規定や，その適用関係についての判断過程の記載がすっぽりそのまま欠落しており，本件各事業がなぜ収益事業の収入に該当するのかについての法令等の適用関係や，何故そのように解釈するのかの判断過程についての記載が一切ない」などとして，課税処分を取り消した。

なお，近時の裁決例においても，相続財産の評価に関して，理由の提示の趣旨を十分に満たすものではないとして，課税処分を取り消した例がある（国税不服審判所裁決平 26・11・18TAINS・F0-3-398）。

おわりに

本稿での考察をごく簡単に概括する。

まず，租税法の解釈方法論はどうあるべきか，は論者によって考え方が違うであろうし，当然違ってよい。その中で，趣旨・目的解釈とは何か，趣旨・目的解釈と文理解釈は違うのか，どう違うのか，という論点を取り上げて論じてきたが，文理解釈と趣旨・目的解釈はそれほど対立的に，二者択一的に捉えるべきものではないと考える。趣旨・目的のない租税法規はなく，また同時に，明確かつ正確な文言なくして租税法規の趣旨・目的を適正に具体化することはできない。本稿は，このように考えた上で，この両者が分離している，齟齬を来していると思われるいくつかの場面を取り上げて検討をした。

その具体的な紛争のうち，特徴的な類型として，①立法者意思と文言が違っている例，②立法者意思を歪めた例，③「本質論」の過剰の例，④立法者の政策目的ないし公益を過大視した例，⑤趣旨・目的解釈の排除の例に区分して概観した。一般論として概括するのは困難であるが，租税法規の趣旨・目的と文言との両者を考察しつつ，立法者の意思は何か，租税法規の守備範囲は何か，何が原則で何が例外か，などの検討が解釈論において重要と思われる。また，租税法と私法との関係，租税法と会計との関係においては，租税法および他の領域のそれぞれの目的，存在理由や守備範囲をどのように考えるかが特に重要だと考える。

第二に，立法の欠缺や立法府の不対応の場合の法解釈が問題となる。積極的に目的論的解釈をするのか，それともそれに対して謙抑的であるかは，一概にはいえないとしても，そのことによって，納税者の権利利益がどのように変化するか，その変化をもたらす（もたらさない）ことの妥当性は何か，を常に直視する必要がある。

第三に，課税庁による，租税行政の持つ役割や特性を基礎とした税収確保論等の主張は，租税法の解釈の上では，原則として許されるべきではない。そのような役割や特性を織り込んで，既に租税法規上具体的に定められているはずだからである。これらの特質論は，個別の租税法規の解釈を個別具体的に進めていくというよりは，そのような合理的な解釈を，概括的で抽象的な正義論等に回収して，それ以降の個別の解釈や判断を妨げるおそれがある，ということに注意が必要である。

第4章　租税回避否認規定と租税法の解釈

東洋大学教授　高野　幸大

はじめに

租税回避行為は，実定法の概念ではないため，論者によりその論じる内容は一様ではなく，後に確認する代表的な有力学説間においても，必ずしも見解の一致をみているわけではない。それゆえ，租税回避研究において，「研究対象としての租税回避に共通認識があったのか否かは明らかでない。」(1)と指摘されることがある。

もっとも，仮装行為による脱税行為，法の予定する節税行為とは異なるものという位置付けが行われることについては，多数説に共通するところであるように解される。その際，適法ではあるが不当であるという意味で，脱税行為・節税行為との違いを見出す見解(2)，合法な行為であるのか違法な行為であるのか截然と区別できない「灰色領域」に属する行為を指すとする見解(3)もあるが，両者は，課税要件の充足を免れる行為を想定する点

(1)　岡村忠生「租税回避研究の意義と発展」岡村忠生編著『租税回避研究の展開と課題――清永敬次先生謝恩論文集』（ミネルヴァ書房・2015年）299頁（以下，同書を「前掲注（1）『清永謝恩』」と表記する。）。

(2)　谷口勢津夫『税法基本講義〔第6版〕』（弘文堂・2018年）61頁。

(3)　増井良啓『租税法入門〔第2版〕』（有斐閣・2018年）51頁。

で共通することなど[4]にも，学説の多様性を見ることができる。

いずれにしても，納税者の選択した行為が課税要件を充足するか否かを判断するには，課税要件規定の解釈が前提となるし[5]，租税回避行為については，そもそも明示的な否認規定がなければ否認することができないのかという問題意識のもと，私法上の法律構成による否認ということが主張される場合がある。

少なくとも論者の主観的認識において，いずれもそのよって立つところを租税法律主義に求める点に異なるところはないが，実定租税法律の文言に可能な限り忠実に租税回避否認規定を解釈して結論を導こうとする立場と租税回避の意図や法の趣旨・目的を重視することにより実定租税法律の欠缺を埋めることに積極的な立場とが対極をなしているように解される。

有力学説は，租税回避を否認することは，新たな課税要件を創設することにつながるとの配慮から法律の根拠が必要であると解しているところ，我が国法は，個別分野に関する租税回避に対する一般的否認規定として，法人税法 132 条，所得税法 157 条，相続税法 64 条等に同族会社等の行為又は計算の否認規定を置いている。また，組織再編成に係る行為又は計算の否認規定が法人税法 132 条の 2 に，連結法人に係る行為又は計算の否認規定が同法 132 条の 3 に，置かれている。

例えば，法人税法 132 条 1 項は，「税務署長は，次に掲げる法人〔内国法人である同族会社――執筆者補足〕に係る法人税につき更正又は決定をする場合において，その法人の行為又は計算で，これを容認した場合には法人税の負担を不当に減少させる結果となると認められるものがあるときは，その行為又は計算にかかわらず，税務署長の認めるところにより，その法人に係る法人税の課税標準若しくは欠損金額又は法人税の額を計算することができる。」と規定するように，これらの規定においては「不当に」とい

(4)　谷口・前掲注 (2)・61 頁，増井・前掲注 (3)・51 頁参照。
(5)　谷口勢津夫「租税回避と税法の解釈適用方法論――税法の目的論的解釈の『過形成』を中心に――」・前掲注 (1)『清永謝恩』・2 頁。

う不確定多義概念を用いられているため，この文言の意義をめぐって解釈の問題が生じることになる。

また，個別的な否認規定と解される，役員給与の損金不算入に係る法人税法34条2項には「不相当に高額な部分の金額」と，「不相当に」との不確定多義概念が，相続人の数に算入される養子の数の否認に係る相続税法63条にも「相続税の負担を不当に減少させる結果」と，「不当に」との不確定多義概念が，用いられているから上述の一般的否認規定の場合と同様に解釈の問題が生じるし，無償取引に係る収益について規定する法人税法22条2項についても無償取引とは何かという解釈問題が生じることになる。

以上のようなことから，本稿は，租税回避否認規定に係る租税法の解釈について検討を行うものである。

Ⅰ　本稿における租税法解釈の基本姿勢

本研究の中核的課題については，占部裕典「租税法における文理解釈の意味と判例の状況」，田中治「租税法における趣旨・目的解釈の意味と判例状況」において詳細かつ精緻な検討が行われているが(6)，本稿の課題について検討を行うに際して，簡単に，執筆者のとる，租税法解釈の基本姿勢を確認しておくこととする。

法学においては，法規範を大前提とし，事実を小前提として，事実に法規範を当てはめることにより価値判断を行う（結論を導く）という法的三段論法により問題の解決が図られる。それゆえ，問題の解決に際して，まず大前提である法規範が存在しているのか明らかにし，存在している場合，その規範の意味を法解釈により明らかにすることが必要となる。

もとより法的三段論法による思考方法は研究者や裁判官のみに許される

(6)　占部裕典「租税法の解釈の『実質的側面』と『形式的側面』――租税法における『文理解釈』とは何か――」同志社法学68巻4号（2016年）1頁以下も参照。

ものではない。研究者は，その専門とする分野の学術的研究の進展ないし発展に貢献することを使命として，裁判官は「その良心に従ひ独立してその職権を行ひ」(憲法76条3項)，「一切の法律上の争訟を裁判」(裁判所法3条1項）するために，税理士は，「税務に関する専門家として，独立した公正な立場において，申告納税制度の理念にそって，納税義務者の信頼にこたえ，租税に関する法令に規定された納税義務の適正な実現を図る」(税理士法1条）という使命を果たすべく，そして，納税義務者は，自己の財産権を違法な課税により侵害されないように，実定租税法律の解釈を行うことによって法的三段論法による考察を行うことになる。その際，法学の理論に基づく方法により法を理解する作業である法解釈は，専門的・学問的成果を踏まえた上で，一般の人の知識レベルで，当該規定の文言についての一般的・常識的理解により行われることを基本とし，当該理解（解釈）が法律の体系的理解からして不合理な結果をもたらすときに，法解釈における専門技術的方法により行われることになる[(7)(8)]。法解釈におけるこうした姿勢は，申告納税制度を採用する租税法の分野においてとりわけ要請されるものである。租税法律の行為規範としての性格も併せて考慮するとき，当該規範に用いられている文言の一般的・常識的理解により当該規範の意味内容を明らかにすることができる場合には，専門技術的方法による解釈は不要であるし，当該規範が一義的概念で構成されている場合にも，当該文言の一般的・常識的意義に従って当該規範の意味内容が理解されることになる[(9)]。

そして，上述のような姿勢による解釈によって規範の意味内容が明確にできない場合に，法解釈において当該規範の趣旨・目的，あるいは立法の経緯が参考にされることは，もとより否定されるものではない。法解釈に

(7) 新井隆一「税法解釈の基本的姿勢」税研138号（2008年）18-19頁。

(8) 裁判官が行う解釈，行政が行う解釈，立法過程において行われる解釈，私人が行う解釈等について，吉田利宏『新法令解釈・作成の常識』(日本評論社・2017年) 11-32頁参照。

おける立法者意思の重要性は否定できないし，法案に係る議論の内容は，国立国会図書館の国会会議録検索システムで閲覧することが可能である[(10)]が，ひとたび制定された後は，法律は，立法趣旨が想定していなかった，社会の変化に対応すべき客観的な存在となるという意味で，立法者意思に拘泥すべきではない[(11)]。内閣提出法案であれ，議員提出法案であれ，法案可決の際の国会の多数を構成する意見を反映して立法者意思と解されるにすぎず，多数決原理の帰結として極端な場合には，1票差で立法者意思とされる場合があることを考慮しても，法律制定時点の立法者意思といえども必ずしも法解釈の根拠として合理的なものとはいえない可能性があることは否定できない[(12)]。関連して，租税法律であれば『改正税法のすべて』等の図書を通じて，立法担当者の意思ないし見解を知ることができるが，課税行政に対する立法府の民主的コントロールという租税法律主義の機能を考慮すると，立法担当者の意思と立法者意思とを直ちに同視することには慎重であるべきである[(13)]。例えば，平成18年度改正で，いわゆる対応調整に係る規定が法人税法132条3項，所得税法157条3項，相続税法64条2項等に置かれたところ，この改正の趣旨については，所得税157

---

(9)　金子宏『租税法〔第23版〕』（弘文堂・2019年）123-124頁（以下，「金子・前掲注（9）『租税法』」と表記する。），金子宏「租税法解釈論序説――若干の最高裁判決を通して見た租税法の解釈のあり方」金子宏ほか編『租税法と市場』（有斐閣・2014年）3頁参照。法解釈におけるこうした姿勢は，我妻榮『新版民法案内Ⅰ私法の道しるべ』（コンメンタール刊行会／一粒社・1967年）120頁にもみられるほか，ヘルムート・コーイング〔松尾弘訳〕『法解釈学入門』（慶應義塾大学出版会・2016年）49頁にもみられる。

(10)　吉田・前掲注（8）・23-24頁参照。なお，国会会議録検索システムについては，http://kokkai.ndl.go.jp 参照。

(11)　団藤重光『法学入門』（筑摩書房・1973年）310頁。なお，同書は，「立法者の主観的意思が何であったかは，単なる参考資料以上の意味をもつものではない。」と論じる。伊藤正己・加藤一郎編『現代法学入門〔第4版〕』（有斐閣・2005年）75頁も同旨。

(12)　吉田・前掲注（8）・24頁参照。

(13)　山下純司ほか『法解釈入門』（有斐閣・2013年）23頁。新井・前掲注（7）・19頁も同旨。

条等の規定の適用による所得税等の「増額計算が行われた際に，反射的に法人税の課税所得等を減少させる計算を行う権限が税務署長に法律上授権されているかは必ずしも明らかでは」なかったため，「所得税法及び相続税法の適用関係にかかる明確化措置として」，前述のような場合に「税務署長に法人税における反射的な計算処理を行う権限があることを明定することとされました。」[14]と立法担当者による説明が行われているが，「新設規定の文言から直ちに右のような趣旨を読み取ることは必ずしも容易ではない」[15]と指摘されていることなどは，本稿との関係では論点の一であると解されるが，この点については後に改めて論じることとする。

また，上述のように，ひとたび制定されれば，法律は客観的存在となるから，一般に，法解釈には静態的な規範の内容に，その適用対象である事象や社会の進歩・発展または変化に「相応する新しい意味を入り込ませて動態的にこれを正しく適用しうるものとさせるという役割がある」としても，そのことが納税義務者の予測可能性に対する障碍となる蓋然性が否定できないことを考えると，法解釈のそのような役割に鑑みて立法経緯等を考慮することを否定的に解する[16]よりも，租税法においては立法による対応を基本とすることが望ましいと解される。

租税法の解釈において，当該文言の一般的・常識的意義に従って当該規範の意味内容が理解されることになるという上述したことについては，租税法の解釈が国語的理解による作業にとどまることになることを危惧する立場からの反論が想定される。

しかし，上述のように解することは，租税法の解釈が国語的理解による作業にとどまることを意味するわけではない。例えば，並列の選択的接続詞である「又は」と「若しくは」の使い方にみられるように，法令用語の

(14) 『改正税法のすべて（平成18年版）』（大蔵財務協会・2006年）374頁。

(15) 清永敬次『税法〔新装版〕』（ミネルヴァ書房・2013年）45頁。日本税務研究センター編『同族会社の行為計算の否認規定の再検討――租税回避行為との関係を含めて』（財経詳報社・2007年）〔田中治執筆〕88頁以下。

(16) 新井・前掲注（7）・19頁参照。

使い方には決まりがあり，この決まりを踏まえて解釈を行うことが必要であるうえ[17]，A，B，C，Dを並列する場合，A，B，C又はDと規定してもいい場合に，解釈を明確にさせるために，A又はB，C若しくはDと規定した起案者の意図を読み取ることが必要になる場合などがあるからである[18]。

法解釈の奥底では法哲学の問題にも帰着する問題の一である，個々の法領域における性格の問題があるところ[19]，私有財産権の保障について規定する憲法29条と納税の義務について規定する憲法30条とが原則と例外との外観を呈していることと，生存権について規定する憲法25条1項の自由権的側面に鑑みれば，租税法は，国民の財産権の保護と，国民の福祉の増進とを，理念とする法であると解することができるから，私有財産権を故なく制約し，侵害するものであってはならないほか，国民の健康で文化的な生活を脅かすものであってはならない[20]。それゆえ，租税法の解釈は，このような租税法の使命と理念とに立脚して行われなければならない[21]。

ここで，上述したことと関連して，少し法解釈の自由度ということについて簡単に言及しておくこととする。私法の分野では私的自治の原則が働くから，当事者は公序良俗に反するような内容のものでない限り自由に法関係を構築することができ，民法が意味を持つのは，当事者間で争いになった場合であるという意味で，民法は「裁判規範」であるから，契約の時

(17)　団藤・前掲注（11）・306頁は，法解釈は，国語学者の仕事の領域に属するものではないと論じるために，この点について指摘する。

(18)　吉田利宏『新 法令用語の常識』（日本評論社・2014年）12-13頁は，民法120条1項を例にとり，このことを指摘する。

(19)　団藤・前掲注（11）・313頁。

(20)　新井・前掲注（7）・21頁参照。

(21)　新井・前掲注（7）・21頁は，租税法の解釈は，「租税法律要件（実体的租税法律要件と手続的租税法律要件）の内容を特定する作業であり，実体的租税法律要件を充足する事実を認識し（事実の認定），手続的租税法律要件を満足する行為をもって納税義務を確定させるに至るまでの全行程におけるすべての作用（税法の適用）に奉仕することをその主要な任務とする。」

点で当事者は民法を無視してもいいほどその解釈は自由だといえる。これに対して，刑法の分野では，その規範の存在を知っていたか否かに関わりなく（刑法38条3項），例えば，殺人罪であれば，人を殺すとはどういうことか，ということを厳格に解釈して，事実に当てはめることになる。そうでなければ，人を殺したことに「してしまおう」という判断を介在させて法を適用することが認められることになりかねず，いかようにも処罰をすることが可能になってしまうからである(22)。

このように法解釈において民法と刑法は対極にあるといえるところ，租税法の分野でも刑法と同様の解釈姿勢が求められることになる(23)。租税法の分野では，納税者も税務行政機関（の職員）も法の規定に従って行為することが求められるから，租税法は行政法規として納税者と税務行政機関（の職員）双方を拘束する「行為規範」であるところ，行政法では，行政庁に法規の解釈の自由度をどの程度認めるかということを，「裁量」の問題として論じてきた(24)。そして，法律が，「暦年の終了の時」，あるいは「税率100分の1.4」などと一義的な概念を用いて規定されている場合には，立法府が行政庁に対して法文の読み方を一つに限定して命じていることになるから，それに反する解釈は違法なものになる。

一義的な概念に対して，役員給与の損金不算入に係る法人税法34条2項におけるように「不相当に高額な部分の金額」と「不相当に」との多義的で不確定な概念を用いて規定をする必要がある場合があることは否定で

---

(22) ベッカリーア（風早八十二・五十嵐二葉訳）『犯罪と刑罰』（岩波文庫・1938年）33頁はこうした解釈が行われてきたことの問題をつとに指摘する。また，ベッカリーア・同書・184-187頁は，ほとんどあらゆる刑罰が財産刑であった時代には，「臣民の犯罪は君主にとり一種のドル箱であ」り，「裁判官は国庫のための弁護士とな」るという問題が惹起されることを指摘するが，国等の財政収入に直接的に関連する租税の分野における租税法律主義は，罪刑法定主義以上に為政者により侵害されないように配慮することが必要であると解される。

(23) 租税法においても，刑法においても，類推解釈や拡大解釈が認められていないことを想起することからも理解可能である。

(24) 田中二郎『新版行政法（上）〔全訂第2版〕』（弘文堂・1974年）116-120頁，塩野宏『行政法Ⅰ　行政法総論〔第6版〕』（有斐閣・2015年）136-154頁等参照。

きない。税務行政機関の行為規範としての租税法規と不確定多義概念との関係を行政の民主的コントロールという観点で考えたとき，不確定多義概念を用いて規範が定立されている場合，立法府が税務行政機関に規範の解釈の自由を認めていることになるから，租税法律主義のもつ民主主義的側面との関係をどう解するかということが問題になる。このとき，一般に，行政機関の判断を原則として尊重し，踰越・濫用に至るような判断の誤りがなければ違法なものとして司法審査の対象とならないもの（自由裁量・便宜裁量）と，行政機関の判断の誤りが違法適法の問題として司法審査の対象となるもの（羈束裁量・法規裁量）とに区別して考察が行われることになる。

それではどのような不確定多義概念が自由裁量にあたるのかということがさらに問題となる。権利と義務の内容に関わる実体法は，どういう要件（条件）が満たされればどういう効果（結果）がもたらされるかという構成をとるが，この実体法の構造に着目して，要件の部分に自由裁量性を認め，効果の部分に用いられている不確定多義概念は自由裁量の問題にはならないと解する要件裁量説という考え方と，それとは反対に効果の部分の不確定多義概念に自由裁量性を認め，要件の部分に不確定多義概念が用いられていても自由裁量の問題にはならないと解する効果裁量説という考え方が唱えられていた時代がある(25)。今日ではより多様な考え方が取られているが，ここでは要件裁量説と効果裁量説に従って考えてみよう。要件の部分の不確定多義概念に自由裁量性を認めるとすると，税務行政機関の要件についての誤った判断による課税処分の違法性を司法審査の対象とすることができなくなるから，租税法上，要件の部分の不確定多義概念に自由裁量性を認めることはできない。そうすると，効果の部分の不確定多義概念に自由裁量性を認めることができるかという問題が残るが，これについては，効果裁量説の代表的論者による「美濃部三原則」が，権利・自由を侵

(25)　塩野・前掲注（24）・139-141 頁は，これを「古典的アプローチ」と呼ぶ。

害する行為は自由裁量行為ではないという基準を立てていることから，侵害規範である租税法律の効果の部分に自由裁量性を認めることはできないということになる(26)。

租税法律主義は，法的安定性と予測可能性に資するものであるから，租税法において不確定概念を用いることには慎重である必要があるが，加算税の規定における「正当な理由」，質問検査権の規定における「必要があるとき」，役員給与の規定における「不相当に高額」などの不確定多義概念が，実際に用いられているし，租税負担の公平を図る必要上からも不可避的に用いる必要がある。しかし，要件，効果いずれの部分において用いられている不確定多義概念も税務行政庁に自由裁量を与えるものではないということになる。

この点について，課税要件明確主義との関係において，租税法の有力学説は，「公益上の必要のあるとき」や「景気対策上必要のあるとき」というような「終局目的ないし価値概念を内容とする不確定概念」と「中間目的ないし経験概念を内容とする不確定概念」とを区別し，前者は課税要件明確主義に反するが，後者は「法の趣旨・目的に照らしてその意義を明確になしうるものであ」り，法解釈の問題となるから，課税要件明確主義に違反するものではなく，「租税行政庁に自由裁量を与えるものではない」(27)とする。価値概念については主観に依存して理解されることになると解されるのに対して，経験概念については経験から帰納してその内容を解釈することができるという意味で，有力学説の説く区分は，一般論ないし抽象論としては妥当なものである。しかし，「終局目的」と「中間目的」との区分において，それぞれ「価値概念」と「経験概念」とが相互補完的な概念として用いられているか，互換的な概念として用いられているかにかかわりなく，何をもって「終局目的」といい，何をもって「中間目的」というかについては，必ずしも明確ではない。私益と公益とを截然と区別するこ

(26)　美濃部三原則については，塩野・前掲注（24）・140頁参照。
(27)　金子・前掲注（9）『租税法』・85-86頁。

とが困難な場合があることは否定できないと解されるが，そのこと自体が「公益」という概念を解釈上明らかにできる可能性を示しているし[28]，「経済政策上必要」かということについても，経済政策をとることが必要であるのか，あるいはどのような経済政策をとることが必要であるのか，経済政策上の知見を踏まえるなどして経験上帰納的に解釈することも否定できないことを考えると，具体的な考察においては，「終局目的」ないし「中間目的」という区分は，相対的なものにとどまるように解される[29]。

Ⅱ　租税回避行為の意義と法解釈

租税回避行為は実定法上の概念ではないため，その意義については，学説の一致をみているわけではないが，「多くの場合，税法上通常のものと考えられている法形式（取引形式）を納税者が選択せず，これと異なる法形式を選択することによって通常の法形式を選択した場合と基本的には同一の経済的効果ないし法的効果（……）を達成しながら，通常の法形式に結びつけられている税法上の負担を軽減又は排除するという形式をとる。」ことによって，「課税要件の充足を避けることによる租税負担の不当な軽減又は排除をいう。」[30]とする定義，あるいは「私法上の形成可能性を異常または変則的な（……）態様で利用すること（濫用）によって，税負担の軽減または排除を図る行為」であり，「合理的または正当な理由がないのに，通常用いられない法形式を選択することによって，通常用いられる法形式

(28)　公法私法の区分に関して，公益に資する法か私益に資する法かを基準とする利益説に対する批判として，個人医院の開設行為のように，純粋な私益のための行為であっても，公益に資する行為であるものもあることが指摘されることがあることからも，このことを理解することができよう。この点について，藤田宙靖『第四版行政法Ⅰ（総論）〔改訂版〕』（青林書院・2005年）30頁参照。

(29)　塩野・前掲注（24）・141頁が指摘するように，古典的アプローチにおいて，要件裁量説，効果裁量説が，それぞれのよって立つ法治国原理に基づいて，考察をしていることも，そのことの証左となるのではなかろうか。

(30)　清永・前掲注（15）・42頁。

に対応する税負担の軽減または排除を図る行為」と「租税減免規定の趣旨・目的に反するにもかかわらず，私法上の形成可能性を利用して，自己の取引をそれを充足するように仕組み，もって税負担の軽減または排除を図る行為」の二つの類型の行為からなる[(31)]とする定義が代表的なものであろう。前者は課税要件の充足を避けることのみを問題としているのに対して，後者は，「租税減免規定の趣旨・目的に反するにもかかわらず，私法上の形成可能性を利用して，自己の取引をそれを充足するように仕組」むことも含まれるように定義が改められたので，前者を有力狭義説，後者を有力広義説と呼ぶこととする[(32)]。

有力狭義説において，引用部分の前半が租税回避行為の説明で，「課税要件の充足を避けることによる租税負担の不当な軽減又は排除をいう。」とする部分がその定義であるとすると[(33)]，法形式の非通常性は要求されていないため，選択した法形式の非通常性を要件とする，修正前の有力広義説とも，必ずしもその範囲は同じではないとの指摘がなされていた[(34)]。また，有力狭義説においては，その説明部分で「税法上通常のものと考えられている法形式」と述べ，税法の世界からみた法形式の通常性を問題とし，有力広義説では，「私法上の形成可能性」と私的自治の原則を前提として論じていることと，旧版において「私的経済取引プロパーの見地」からの合理性を問題としていたことから[(35)]，この点についての修正がないとすれば，私法の世界からみた法形式の通常性を問題としている点で両者は異なるように解される。もっとも，租税法律においては，法的または経済的生活における現象事実は課税要件のうち課税物件（課税対象）として

---

(31)　金子・前掲注（9）『租税法』・133-135頁。

(32)　金子・前掲注（9）『租税法』書の19版（2015年）129頁から「租税回避の1つのタイプ」として，これを租税回避の中に含めるようになり，22版127頁からこれを含めて租税回避を定義している。

(33)　岡村忠生ほか『ベーシック税法〔第7版〕』（有斐閣・2013年）50，52頁。

(34)　渡辺徹也「組織再編成と租税回避」・前掲注（1）『清永謝恩』・125頁。

(35)　金子・前掲注（9）『租税法』書は，21版125頁までは，「私的取引プロパーの見地」という記述が行われていた。

規定されるところ(36)，有力狭義説がいう「税法上通常のものと解されている法形式（取引形式）」と有力広義説がいう「通常用いられる法形式」が，課税物件として規定された法的または経済的生活における現象事実から演繹される法的または経済的生活における現象事実を想定しているとすれば(37)，課税要件の考察を出発点とする，それゆえ税法的考察を出発点とするという意味で，両者は共通していると解される。法的または経済的生活における現象事実については，私法が規律しているから，有力狭義説は，私法における私的自治の原則により形成された法関係が「税法上通常のものと考えられている法形式（取引形式）」ではない場合に，これに租税法上対応して「税法上通常のものと考えられている法形式（取引形式）」をとったがゆえに課税された者との公平性が阻害されないようにすることを志向していると解されるのに対して(38)，有力広義説は，私法上の形成可能性が「濫用」に至らないかぎり私的自治の原則により形成された法関係を尊重することを志向しているという意味で，両者は，それぞれがよって立つ租税法律主義の自由主義的側面を重視する点で共通すると解される。

しかし，有力狭義説が租税回避と区別する「租税回避の試み」という概念(39)を含めて有力広義説が租税回避を論じる(40)点で，両者は異なる。

そして，有力狭義説では，租税回避の否認とは，「租税回避を除去するに必要な，課税要件規定によるときとは異なる取扱いをすることをいう。」(41)ことであり，有力広義説では，「租税回避があった場合に，当事者

(36)　新井隆一『租税法の基礎理論〔第3版〕』（日本評論社・1997年）48頁。

(37)　谷口勢津夫『租税回避論―税法の解釈適用と租税回避の試み―』（清文社・2014年）5-6頁は，本文の有力広義説（金子・前掲注（9）『租税法』・134頁）の「『通常用いられる法形式』というのは，……立法者が，課税要件を定めるのに当たって，一定の経済状態・経済成果の達成のために取引生活上，通常用いられると，想定していた法形式，というような意味であろう。」とする。

(38)　清永・前掲注（15）・42頁。

(39)　「租税回避の試み」という概念について，清永・前掲注（15）・47頁注（11），谷口・前掲注（37）・i-iii頁参照。

(40)　金子・前掲注（9）『租税法』・135頁参照。

(41)　清永・前掲注（15）・43頁。

が用いた法形式を税法上は無視し，通常用いられる法形式に対応する課税要件が充足されたものとして取り扱うこと（減免規定については，その適用を否定すること）」[42]ということになる。

いずれにしても，有力広義説のように，租税減免規定を充足するように自己の取引を仕組むことを含めて租税回避を定義する場合，これを否認するためには，「減免規定の趣旨・目的にそった限定解釈」[43]が行われることが容認されることになる。この学説自身が，租税法の解釈について，租税法は侵害規範であるがゆえに，租税法においては法的安定性が強く働くため，その解釈は文理解釈によることを原則とし，「文理解釈によって規定の意味内容を明らかにすることが困難な場合に，規定の趣旨目的に照らしてその意味内容を明らかにしなければならない」[44]と論じていることとの関係をどう理解すべきかということが問題となる。

一般に，学理解釈においては，文理解釈と論理解釈（目的論的解釈）が適宜使い分けられて，規定の意味内容を明らかにすることの必要性が説かれるが[45]，租税法における解釈のあり方が論じられるときには，これ以上の意味があると理解されるべきことは論を待たない。

ここで，租税法の大原則である租税法律主義に立ち戻って考えてみよう。憲法29条は私有財産権を保障し，憲法30条は納税義務について規定するところ，憲法29条と憲法30条とは，原則と例外との関係に立つような外観を呈するから，原則と例外との関係からして，法律に納税義務者の間接的承認を求め，憲法30条は，法律が定める場合に，国民は納税義務を負うことを，宣言し，確認するという消極的意義と，法律が定めをおいていない場合には，国民は納税義務を負わないということを明確にするという積極的意義を有している[46]。課税要件は，私法において債権債務関係の成

(42) 金子・前掲注 (9)『租税法』・140頁参照。
(43) 金子・前掲注 (9)『租税法』・140頁。
(44) 金子・前掲注 (9)『租税法』・123-124頁。
(45) 林修三『法令解釈の常識』（日本評論社・1975年）10頁，吉田・前掲注 (8)・11頁。

立の基礎となる法的行為に代わって，課税権者と納税義務者との租税債権債務関係を租税法律の法（規）効果により成立させるものであるから[47]，文理にそって解釈されることが原則とされなければならない。そうでなければ，納税義務者は租税法律の定立を通じて課税に間接的に承諾を与えることができない。課税要件明確主義が租税法律主義の内容の一とされていることの理由はここにある。租税減免規定の充足は，当該規定がなければ成立していたことになる租税債務の全部または一部が軽減されることを意味するから，当該規定が適用されるのか，適用された場合，どの程度軽減されることになるのかということについて，納税義務者の間接的な承認が必要であることは，課税要件規定に関する場合と異なるところはない。

租税回避を否認するということは，従来の課税要件とは異なる課税要件を新たに創設することを意味するため，租税法律主義の原則を根拠として，否認のためには明文の規定が必要であることが導き出されている[48]のも，同様の理解によるものと解される。

このことに関連して，A国の外国法人B社から同社の外国子会社C社への手形貸付に伴い，C社が振出した約束手形を内国法人であるX銀行が買取る契約をB社・C社と締結して，B社がC社から受取る利息に対する源泉税の税率を金融機関であるX銀行が受取ることで軽減させたうえ，X銀行がB社にA国の源泉税の負担軽減を図るなどのためにX銀行の外国税額控除の余裕枠を利用させたことが租税減免規定を濫用した租税回避にあたるか否かが争われた事件で，減免規定の限定解釈について，大阪高裁平成14年6月14日判決（訟月49巻6号1843頁）は，法人税「法69条の制度を濫用する事案のみを排除することは，むしろ，制度の趣旨・目的に沿うものというべきであり，法律によらない課税を容認したり，新たな否認類

---

(46)　新井・前掲注（36）・58-60頁。なお，谷口・前掲注（2）・21-22頁は，憲法30条について，29条4項説を唱える。

(47)　金子・前掲注（9）『租税法』・156頁。

(48)　清永・前掲注（15）・43頁，金子・前掲注（9）『租税法』・138頁。

型を創設することにはならないと考える」と判示する。

一般に，法解釈は法文の文言の解釈を行うことを出発点とし，正確に把握された法文の用語の概念から正確に演繹して結論を導く作業であり，そのようにして行われた文理解釈の結果を，社会的妥当性や社会の公平感・正義感との整合性等の観点から改めて批判的に検討して，著しく妥当性が欠如すると解されるときには，法文の趣旨・法令全体の目的に鑑みて，論理解釈（目的論的解釈）を取り入れる余地が考慮されるのであり，文理解釈と論理解釈（目的論的解釈）を適宜，合目的的に併用し，「常に結果的妥当性を意識しつつ，成文法令の法文から飛躍せずに，これから出発し，演繹的論理によって正しい結論を導き出すことこそ，法令解釈の正しい方法である〔下線執筆者〕」[49]と解されている。上述のように，このことは租税法においてすぐれて妥当することである。

租税法律の目的を考えるとき，財政収入を確保するために課税のための規範を定めることが主であり，原則であって，非課税や減税・免税のための規範を定めることは例外であるから，原則と例外との関係からして，非課税規定や減税規定・免税規定の解釈は課税要件規定の解釈以上に厳格に行われることが要請される[50]。

また，租税法において，納税者が選択し，実際に採用された法形式を基礎として課税関係が形成されるところ，租税回避の否認をすることはこのような原則に対する例外となるから[51]，「原則」と「例外」との関係からすれば，租税回避の否認規定は厳格に解釈されるべきことになる。租税減免規定を充足するように自己の取引を仕組むことによる租税回避を否認するために，租税減免規定をその趣旨・目的にそって限定解釈することは，このような理解と親和的である。法解釈一般における正しい方法として直前に述べたことと，租税法における解釈について既に述べたこととの関係

(49) 林・前掲注（45）・39-40頁。
(50) 新井・前掲注（7）・20頁。
(51) 清永・前掲注（15）・43頁。

からして，租税法令の精緻な文理解釈を行うために，減免税規定の趣旨・目的が考慮されることは許容されるべきである。確かに，温泉街の宿屋の主人が宿泊客の便宜のために，たばこ屋から事前に立て替えて買っておいたたばこを宿泊客の求めに応じて販売した行為がたばこ専売法違反になるか否かが争われた事件で，最高裁（1小）昭和32年3月28日判決（刑集11巻3号1275頁）は，このような少量のたばこ販売行為という軽微な違法行為を処罰することは同法の趣旨・目的ではないと判示しており，罪刑法定主義が支配する刑法の領域においても，全く明文の規定がないにもかかわらず，社会常識も踏まえながら結論を導いたものがある。この判決は，健全な社会常識を反映し，「法律の精神をとらえた正当な解釈」を行ったものとして評価されているが，このような解釈手法は，成文法主義を無視した恣意的なものとなり，公平を欠いた結果をもたらす危険性を孕んでいるため，その限界をどこに画するかということを十分に意識する必要があることが指摘されている[(52)]。

この最高裁判決は，法の趣旨・目的を考慮して処罰をしないことで当該者の自由を保護するものであったのに対して，租税減免規定の趣旨・目的を考慮して，租税減免規定を充足するように自己の取引を仕組むことによる租税回避を否認することは，納税者の財産権を侵害することにつながるという意味で，同じように理解することはできないし，法の趣旨・目的を考慮して租税減免規定を限定解釈すべきことが主張されるのは，租税減免規定を充足するように自己の取引を仕組んだがゆえに，租税減免規定を適用されて租税負担を軽減され，あるいは免れた納税者と，そのようなことを仕組まなかったがゆえに課税された納税者との公平性を実現することにあるとすれば，その意図に反して，このような解釈手法がむしろ不公平をもたらす可能性を孕むことに注意する必要がある。租税法律主義は法律の規定を精緻に解釈することによる形式課税を原則とするものであることを

(52)　林・前掲注（45）・26-27頁。

考えれば[53]，租税減免規定の趣旨・目的によりこれを限定解釈することには抑制的姿勢がとられるべきである。

このように解すると，租税法規の趣旨・目的は，文理解釈による租税法規（規範）の意味の解明に当たり，文理解釈を補完するために意味を持つものであって，租税減免制度ないし租税減免規定の趣旨・目的を否認規範とすることにより，当該規定を限定解釈することは租税法の解釈方法として許容されるべきではない[54]。その意味で，租税減免規定の限定解釈を行うことが許容されるのは，少なくとも租税法の領域においては，当該規定の趣旨・目的が法文の文言に明記されているのと同程度に明確に，納税者一般にも認識できる場合に限られる，と解すべきである[55]。

また，外国税額控除の余裕枠の利用に関して，最高裁（２小）平成 17 年 12 月 19 日判決（民集 59 巻 10 号 2964 頁）（以下，「最高裁平成 17 年判決」という場合がある。）は，「(1)　法人税法 69 条の定める外国税額控除の制度は，内国法人が外国法人税を納付することとなる場合に，一定の限度で，その外国法人税の額を我が国の法人税の額から控除するという制度である。これは，同一の所得に対する国際的二重課税を排斥し，かつ，事業活動に対する税制の中立性を確保しようとする政策目的に基づく制度である。

(2)　ところが，本件取引は，全体としてみれば，本来は外国法人が負担すべき外国法人税について我が国の銀行である被上告人が対価を得て引き受け，その負担を自己の外国税額控除の余裕枠を利用して国内で納付すべき法人税額を減らすことによって免れ，最終的に利益を得ようとするものであるということができる。これは，我が国の外国税額控除制度をその本来の趣旨目的から著しく逸脱する態様で利用して納税を免れ，我が国において納付されるべき法人税額を減少させた上，この免れた税額を原資と

(53)　新井・前掲注（36）・84 頁は，実質課税の原則について，注意深く，租税法律主義の補足的「原則」と論じている。なお，罪刑法定主義について，萩原滋『罪刑法定主義と刑法解釈』（成文堂・1998 年）参照。

(54)　谷口・前掲注（5）・前掲注（1）『清永謝恩』・13-21 頁。

(55)　谷口・前掲注（5）・前掲注（1）『清永謝恩』・21 頁。

する利益を取引関係者が享受するために，取引自体によっては外国法人税を負担すれば損失が生ずるだけであるという本件取引をあえて行うというものであって，我が国ひいては我が国の納税者の負担の下に取引関係者の利益を図るものというほかない。そうすると，本件取引に基づいて生じた所得に対する外国法人税を法人税法69条の定める外国税額控除の対象とすることは，外国税額控除制度を濫用するものであり，さらには，税負担の公平を著しく害するものとして許されないというべきである。」と判示し，最高裁（1小）平成18年2月23日判決（訟月53巻8号2461頁）（以下，「最高裁平成18年判決」という場合がある。）も，「法人税法69条の定める外国税額控除の制度は，内国法人が外国法人税を納付することとなる場合に，一定の限度で，その外国法人税の額を我が国の法人税の額から控除するという制度であり，我が国の企業の海外における経済活動の振興を図るという政策的要請の下に，国際的二重課税を防止し，海外取引に対する課税の公平と税制の中立性を維持することを目的として設けられたものである。

ところが，本件各取引は，これを全体として見ると，本来は内国法人が負担すべきでない外国法人税について，内国法人である本件銀行が対価を得て引き受け，これを自らの外国税額控除の余裕枠を利用して我が国において納付されるべき法人税額を減らすことによって回収することを内容とするものであることは明らかである。これは，我が国の外国税額控除の制度をその本来の趣旨及び目的から著しく逸脱する態様で利用することにより納税を免れ，我が国において納付されるべき法人税額を減少させた上，この免れた税額を原資とする利益を取引関係者が分け合うために，本件銀行にとっては外国法人税を負担することにより損失が生ずるだけの取引をあえて行うものというべきであって，我が国ひいては我が国の納税者の負担の下に取引関係者の利益を図るものにほかならない。そうすると，本件各取引は，外国税額控除の制度を濫用するものであり，これに基づいて生じた所得に対する外国法人税を法人税法69条の定める外国税額控除の対象とすることはできないというべきである。」と判示する。

この二つのほぼ同様の最高裁判決のロジックについて簡単に検討をしてみよう。

いずれも，法人税法69条の外国税額控除の目的を確認するところからはじめ，①国際的二重課税を排除するための制度であること，②事業活動に対する税制の中立性の確保ないし海外取引に対する税制の中立性の維持のための制度であることが目的であるとする。外国税額控除に係る事業活動に対する税制の中立性も海外取引に対する税制の中立性も同義であると解されるので，外国税額控除の目的について，二つの最高裁判決は共通していると解される。ただし，最高裁平成17年判決は，これら二つの目的が「政策目的」であると判示するのに対して，最高裁平成18年判決は，「我が国の企業の海外における経済活動の振興を図るという政策的要請」を二つの目的の前提としている。両判決ともそれぞれの理解する「政策」という概念から逸脱することを法人税法69条の限定的な適用の条件とする点でも共通するが，最高裁平成17年判決では国際的二重課税等の排除自体を政策目的と位置付けているから納税者が租税減免規定を充足するように自己の取引を仕組んだことが租税回避に該当するか否かは，これらの政策目的がそのことにより逸脱されたか否かにより判断されることになるのに対して，後者の判決では，納税者が租税減免規定を充足するように自己の取引を仕組んだことが租税回避に該当するか否かは，上述の政策的要請が逸脱されたか否かにより判断されることになるという点で異なるように解される。最高裁平成17年判決で，国際的二重課税等の排除が政策目的であるか否かは議論のあるところではあるが(56)，両判決の前提とするロジックは上述のとおりである。そして，最高裁平成17年判決は，納税者が仕組んだ取引が「我が国の外国税額控除制度をその本来の趣旨目的か

(56) 中里実『タックスシェルター』（有斐閣・2002年）229-238頁は，外国税額控除制度は，政策的恩恵的な制度であるとし，水野忠恒『租税法〔第5版〕』（有斐閣・2011年）586頁は，所得課税の基本構造を性格を有し，政策的なものとは考えられない，とする。水野忠恒『大系租税法〔第2版〕』（中央経済社・2018年）724頁も同旨。

ら著しく逸脱する態様で利用して納税を免れ」るものであると判示し，最高裁平成18年判決でも，ほぼ同様の判示を行っている。しかし，その前提で述べているロジックからすると，最高裁平成18年判決では，納税者の仕組んだ取引により，上述の政策的要請が逸脱されているか否かが検討されなければならないと解されるが，そのことが検討されないまま最高裁平成17年判決とほぼ同じ判決文につながるという点で，最高裁平成18年判決の論理展開は不十分である。政策的目的や政策的要請が租税減免規定を限定解釈するための条件ないし根拠になりうるか明確ではないが(57)，そのことを措いても，両判決の論理展開において，前段でなされている政策目的または政策的要請に係る判示が，その後の判示に影響を与えていないということが，法の趣旨・目的を解釈原理とすることが租税法律主義との関係で極めて危ういものであることの証左であるように解される。

有力広義説は，両判決が，法人税法69条の「適用を否定したのも，法律上の根拠がない場合に否認を認める趣旨ではなく，外国税額控除制度の趣旨・目的にてらして規定の限定解釈を行った例であると理解しておきたい。」と述べた後で，「ただし，租税法律主義の趣旨からして，この限定解釈の法理の適用については，十分に慎重でなければならない」(58)と述べるが，この有力広義説に対する体系的理解からして，前半部分は両判決の具体的妥当性に係る評価であり，「ただし」以下の部分に有力広義説の主眼があると解される。

また，両判決は，納税者が仕組んだ取引が，「我が国の外国税額控除制度をその本来の趣旨目的から著しく逸脱する態様で利用」する行為であると判示し，趣旨・目的からの単なる逸脱ではなく，「著しい」程度の逸脱は，「外国税額控除制度を濫用するものであり」許されないと判示するように，「著しい逸脱」や「制度の濫用」という，法人税法69条には規定されていない不確定概念を用いて同条を限定解釈する(59)。上述したように，租税法

(57)　田中治「租税回避否認の意義と要件」『清永謝恩』・47頁。
(58)　金子・前掲注（9）『租税法』・140-141頁。

律で用いられている不確定概念は法的概念であるところ，まして十分な解釈を示すことなくこれら明文上存在しない不確定概念を要件として用いることは，司法による立法行為であり問題である[60]。

平成13年度改正で，現行法人税法69条1項の外国法人税を「納付する場合」から「内国法人が通常行われるものと認められないものとして政令で定める取引に基因して生じた所得に対する外国法人税を除く。」とのカッコ書きが追加された。

このカッコ書きが追加される以前の，上述の両最高裁判決の事件当時の旧法人税法69条1項には，同制度の趣旨・目的を制限する規定は置かれていなかったのであるから，最高裁平成17年判決は，同法条には当然に同条の趣旨・目的に反する同制度の利用で濫用に至るものは規制されているという不文の要件が内包されているとの論理構成をとっていることになる[61]。最高裁平成17年判決のとる，このような論理構成を前提とすれば，平成13年度改正で追加されたカッコ書きは確認規定ということになるが，カッコ書きを受けて規定されていた旧法人税法施行令141条4項（現行142条の2外5項1号）が「内国法人が，当該内国法人が借入をしている者と第4条（同族関係者の範囲）に規定する特殊の関係にある者に対し，当該借入れられた金銭に相当する金銭を貸付ける取引（当該貸付に係る利率その他の条件が，当該借入に係る利率その他の条件に比し特に有利な条件であると認められる場合に限る。）とする。」と規定して，規制の対象が極めて具体的に特定の取引に限定されていることは，最高裁平成17年判決が旧法人税法69条1項に内包されていると解している不文の要件に該当する，同制

(59)　田中・前掲注（57）・前掲注（1）『清永謝恩』・47-48頁は，「濫用という判断基準を税法の解釈における解釈基準としてもちいうるかどうかが問われるべきである。」としたうえで，解釈基準への濫用の法理の導入には慎重であるべきである，とする。

(60)　谷口・前掲注（5）・前掲注（1）『清永謝恩』・17頁。

(61)　谷口・前掲注（5）・前掲注（1）『清永謝恩』・17頁は，これを「不文の濫用規制要件」の措定ないし創造と呼ぶ。

度の趣旨・目的に反する同制度の利用で濫用に至るものは他にもあるはずであることを考慮すると，論理的に整合性を欠くことになると解される。そうであるとすれば，現行法人税法69条1項カッコ書きは，創設規定であると解さざるを得ないため，旧法人税法69条1項に不文の要件が内包されているように解釈を行うことは，裁判所（司法）による立法行為である[(62)]。憲法30条が「法律の定めるところにより」と規定し，憲法84条が，「新たに租税を課し，又は現行の租税を変更するには，法律又は法律の定める条件によることを必要とする」と規定するのは，課税権が立法権に属することを意味するため，租税法律主義の民主的側面と課税要件法定主義の側面からして，最高裁平成17年判決や最高裁平成18年判決のような解釈を行うことは許されない。

Ⅲ　租税回避と私法上の法律構成による否認論

法的思考方法の基本である法的三段論法において，小前提である事実の認定が正確に行われなければ，大前提である，当てはめるべき法を探りあてることはできないし，また，探りあてた法の正しい解釈を明らかにできたとしても，正しい結論を導き出すことはできない。上述したように，租税回避については，そもそも明文の否認規定がなければ否認することができないのかという問題意識のもと，私法上の法律構成による否認ということが主張される場合がある。私法上の法律構成による否認論は租税回避の定義にも関わるため，本稿と関連する限りにおいて，ここで簡単に検討をしておくこととしたい。それゆえ，私法上の法律構成による否認論が，提唱者の一人の論じるように解釈論であるのか，事実認定の段階での問題であるのか確認することも含めて，検討をすることとしたい。

---

(62)　占部裕典「租税回避に対する新たなアプローチの分析」税法学546号（2001年）33頁は，両最高裁判決の事例において，「各取引が真正な法律行為として構成しうる余地を残しているということを示している」と指摘する。

一般に，法解釈について「結果の妥当性，つまり社会における正義と公平の観念ないし公共の福祉に合致するかどうかということを検証しながら，具体的なある特定の問題にその法令の規定をどういうふうにあてはめ適用するのが最も正しいかということを判断して適用するのが法令の解釈の仕事である」[63]と論じられることがあるように，「法令における実務の解釈は，『妥当と思われる結果』を法令の趣旨などからめぼしをつけておき，それから逆算して，法令の規定による裏付けができる説得的な論理を探す面があ」る[64]と指摘されることがある。このような理解が租税法における解釈にも妥当するかは措いて，一般に法解釈において事実認定が影響を与えることがありうることを考えると，その意味でも私法上の法律構成による否認論を本稿との関係で検討することの意義は否定できない。

私法上の法律構成による否認論の代表的な提唱者の一人は「租税回避の問題は，『租税法規の濫用』であり，……『法の濫用（abuse of law)』であるとの考えを出発点と」し，租税回避行為を「私法上有効な行為でもって①，主として税負担を減少させる目的で②，租税法上の効果を生じさせる当該法規の文言には反しないものの，その趣旨に反する態様によって③，その適用を免れ又はこれを適用して税負担を軽減又は排除すること」と定義する[65]。以下，この提唱者の主張する説を「法律構成否認説」と呼ぶこととし，主としてこの学説の内容にそって，租税回避と私法上の法律構成の否認論との関係を考察することとする。

法律構成否認説は，租税回避には「a主観的要件として，『主として租税上の負担を減少させる目的』が必要であり，b客観的要件として，『当該租税法規の趣旨・目的に反する態様』であることが必要であり，aの主観的要件は，納税者や関係者の主観的な認識や意欲そのものではなく，あ

(63) 林・前掲注（45）・11頁。
(64) 吉田・前掲注（8）・10-11頁。
(65) 今村隆『現代税制の現状と課題〔租税回避否認規定編〕』（新日本法規・2017年）50頁。

くまでも客観的事実で認定される『目的』であり，事業目的との比較で，いずれが主であるかにより判断され，ｂの客観的要件は，当該租税法規の文言にかなっていてもその趣旨に反する態様ということであり，法の濫用（abuse of law）を意味している。」[(66)]と論ずる。

先に引用した有力狭義説や有力広義説の定義にみられるように，課税要件の充足を免れる行為を租税回避とするか，あるいはそれを租税回避の中核とする，課税要件租税回避の定義が今日的なものでなくなってきていて世界標準からずれてきているという認識のもとに，法律構成否認説は，有力狭義説の定義の拡張を志向するものである[(67)]。また，有力広義説が，「税負担の軽減又は排除を図る行為のこと」と租税回避を定義することが，主観的意図を必要とするという趣旨であるとすると，法律構成否認説と方向性を同じくするが，租税回避を「租税法規の濫用」の問題ではなく，「私法の形成可能性の濫用」の問題ととらえる点で，有力広義説と法律構成否認説は異なるとする[(68)]。そして，法律構成否認説は，租税法において租税回避を問題とするのは，租税法規を文言通り解釈するとその立法趣旨に反するからであり，その意味で「法の濫用」に当たるとし，有力広義説のように租税回避を「私法上の選択可能性の濫用」の問題であるとすると，租税法において租税回避が問題とされる必要性があるのか根本的に疑問であるとする[(69)]。

しかし，法律構成否認説が，租税回避行為が「法の濫用」の問題であることを論じる際に述べる，法解釈の態度に与することはできない。文理解釈を行うことができるにもかかわらず，文理解釈の結果が解釈者の立場からして都合が悪いなどの理由で，文理解釈の結果を修正する根拠として立法趣旨を用いるということであるとすれば，それは租税法律主義に悖るも

(66)　今村・前掲注（65）・50頁。
(67)　今村・前掲注（65）・42-43頁は，有力広義説が，旧版の定義から租税減免規定の充足を図ることも租税回避の定義に含めるように改められたことを評価する。
(68)　今村・前掲注（65）・43頁。
(69)　今村・前掲注（65）・43-44頁。

のである。

また，有力広義説が租税回避を問題にすることに対する，法律構成否認説の疑問についても，有力広義説が，租税回避の効果について，当事者の用いた法形式が私法上有効であることを前提として，「租税法上はそれを無視し，通常用いられる法形式に対応する課税要件が充足されたものとして課税を行うべきか，または減免規定の適用を認めないこととすべきかという問題がある。」[70]と論じることから推して，有力広義説は，個別的課税要件の内容の評価・解明というすぐれて租税法上の問題として租税回避を論じるものと解されるし，租税回避を行った結果，課税されなかった，あるいは租税減免規定の適用を受けることができた納税者と，租税回避を行わなかった結果，課税された，あるいは租税減免規定の適用を受けることができなかった納税者との公平性の実現[71]を課税要件あるいは租税減免要件の内容の解明を通じて図るということに，有力広義説において租税回避が問題とされる意味があると解される。

さらに，法律構成否認説は，有力広義説が，上述のように「税負担の軽減又は排除を図る行為のこと」と定義することが，主観的意図を必要とするという趣旨であるとすると，自己の主張と方向性を同じくすると論じる。有力広義説が，租税回避と節税との境界を画するのが困難で，両者の区別は社会通念により決すべき問題であると論じることからして[72]，個別事例において租税回避と節税との区別をするための判断材料の一として意図を問題とするという趣旨であると解される[73]。およそ，人間の営む社会現象を考察の対象とするとき，何らかの意図をもって行われる人間の行為が

(70) 金子・前掲注 (9)『租税法』・135 頁。

(71) 岡村忠生「税負担回避の意図と二分肢テスト」税法学 543 号 (2000 年) 3 頁は，「もともと租税回避が問題とされる理由は，同じ経済的成果を獲得した納税者間で法形式選択の違いにより税負担に差が出るならば公平負担の原則に反することにある」と論じる。

(72) 金子・前掲注 (9)『租税法』・135 頁。なお，両概念の区別について，木村弘之亮「節税と租税回避の区別の基準」・小川英明ほか編『新・裁判実務大系 18　租税争訟〔改訂版〕』(青林書院・2009 年) 319 頁参照。

その対象とされていることは否定できないであろうから，問題は，租税回避を考察するに際して，納税者の「意図」をことさら重視することが必要であるか，あるいは，租税回避の意図を当事者の行った取引を否認するための直接的な根拠とすることができるという立場に立つか否かである。

この点に関して，最高裁（3小）平成18年1月24日判決（民集60巻1号252頁）（フィルムリース事件）は，「本件組合は，本件売買契約により本件映画に関する所有権その他の権利を取得したとしても，本件映画に関する権利のほとんどは，本件売買契約と同じ日付で締結された本件配給契約によりD社に移転しているのであって，実質的には，本件映画についての使用収益権限及び処分権限を失っているというべきである。このことに，本件組合は本件映画の購入資金の約4分の3を占める本件借入金の返済について実質的な危険を負担しない地位にあり，本件組合に出資した組合員は本件映画の配給事業自体がもたらす収益についてその出資額に相応する関心を抱いていたとはうかがわれないことをも併せて考慮すれば，本件映画は，本件組合の事業において収益を生む源泉であるとみることはできず，本件組合の事業の用に供しているものということはできないから，法人税法（平成13年法律第6号による改正前のもの）31条1項にいう減価償却資産に当たるとは認められない。」と判示するところ，このような判断手法は，「私法上の事実認定による否認」の外形を装いながら，実質は，租税回避の意図を事実認定の決め手とするもので，このような判断手法を許せば，「私法上の契約解釈から離れた極めて主観主義的な法の解釈適用が行われる可能性がある。」[74]との危惧が提示されている。

また，「何が私法上の真実の法律関係または事実関係であるかの認定は，取引当事者の効果意思に即して，きわめて慎重に行われるべきであって，『私法上の法律構成』の名のもとに，仮にも真実の法律関係または事実関

(73)　岡村・前掲注（71）・3頁は，租税回避の意図とは何を言うのか明らかではないが，「税負担軽減の意図が含まれることは確かであろう。」とする。

(74)　岡村・前掲注（71）・9頁。

係から離れて，法律関係または事実関係を構成しなおす（再構成する）ようなことは許されないと考える。」[75]として，有力広義説は，法律構成による否認論を事実認定の方法の問題ととらえ，そのような理解には消極的である。

法律構成否認説が論じる，私法上の法律構成による否認のうち，契約が不存在である類型と契約が虚偽表示により無効である類型は，事実認定の問題であるが，当事者の選択した法形式を否認して真正な法関係を認定する類型[76]については，真正な法関係は何かという法的評価を介在させる必要があるため，法解釈の問題である[77]から，その意味でも，私法上の法律構成による否認を法解釈の問題と位置付ける余地はある。

問題は，法律構成否認説が主張する内容が租税法律主義と整合的なものであるか否かということである。岩瀬事件とフィルムリース事件について，この学説が論じるところから，このことを検討してみよう。

二つの低額譲渡を組み合わせて譲渡所得税の負担を軽減したことに対する更正の取消しが求められた岩瀬事件において，東京高裁平成 11 年 6 月 21 日判決（高民集 52 巻 1 号 26 頁）は，「確かに，本件取引の経済的な実体からすれば，本件譲渡資産と本件取得資産との補足金付交換契約という契約類型を採用した方が，その実体により適合しており直截であるという感は否めない面があるが，だからといって，譲渡所得に対する税負担の軽減を図るという考慮から，より迂遠な面のある方式である本件譲渡資産及び本件取得資産の各別の売買契約とその各売買代金の相殺という法形式を採用することが許されないとすべき根拠はないものといわざるを得ない。」と私的自治を尊重するという立場を明確にしたうえで，1 審・東京地裁平成 10 年 5 月 13 日判決（判時 1656 号 72 頁）の「契約の内容は契約当事者の

---

(75) 金子・前掲注（9）『租税法』・141 頁。
(76) 今村隆「租税回避行為の否認と契約解釈（1）」税理 42 巻 14 号（1999 年）209 頁は，この 3 類型に分けて論じる。
(77) 占部・前掲注（62）・32 頁。

自由に決し得るところであるが，契約の真実の内容は，当該契約における当事者の合理的意思，経過，前提事情等を総合して解釈すべきものである。」ところ，「既に認定した本件取引の経過に照らせば，原告らにとって，本件譲渡資産を合計７億3313万円で譲渡する売買契約はそれ自体で原告らの経済目的を達成させるものではなく，代替土地の取得と建物の建築費用を賄える経済的利益を得て初めて，契約の目的を達成するものであったこと，他方，ヤマハ企画にとっても，本件取得資産の売買契約はそれ自体で意味があるものではなく，右売買契約によって原告らに代替土地を提供し，本件譲渡資産を取得することにこそ経済的目的があったのであり，本件譲渡資産の代価は譲渡代金額から原告らが希望した経済的利益を考慮して逆算されたものであることからすれば，本件取引は本件取得資産及び本件差金と本件譲渡資産とを相互の対価とする不可分の権利移転合意，すなわち，……交換（民法586条）であったというべきである。」との判断を覆し，「本件取引にあっては，亡Ｃらの側においてもまたヤマハ企画の側においても，真実の合意としては本件譲渡資産と本件取得資産との補足金付交換契約の法形式を採用することとするのでなければ何らかの不都合が生じるといった事情は認められず，むしろ税負担の軽減を図るという観点からして，本件譲渡資産及び本件取得資産の各別の売買契約とその各売買代金の相殺という法形式を採用することの方が望ましいと考えられたことが認められるのであるから，両者において，本件取引に際して，真実の合意としては右の補足金付交換契約の法形式を採用した上で，契約書の書面上はこの真の法形式を隠ぺいするという行動を取るべき動機に乏しく，したがって，本件取引において採用された右売買契約の法形式が仮装のものであるとすることは困難なものというべきである。」と判示するほか，「また，本件取引のような取引においては，むしろ補足金付交換契約の法形式が用いられるのが通常であるものとも考えられるところであり，現に，本件取引においても，当初の交渉の過程においては，交換契約の形式を取ることが予定されていたことが認められるところである（乙第八号証）。しかしながら，最終的には本件取引の法形式として売買契約の法形式が採用されるに至ったことは前記のとおりであり，そうすると，いわゆる租税法律主義の下においては，法律の根拠なしに，当事者の選択した法形式を通常用いられる法形式に引き直し，それに対応する課税要件が充足されたものとして取り扱う権限が課税庁に認められているものではないから，本件譲渡資産及び本件取得資産の各別の売買契約とその各売買代金の相殺という法形式を採用して行われた本件取引を，本件譲渡資産と本件取得資産との補足金付交換契約という法形式に引き直して，この法形式に対応した課税処分を行うことが許されないことは明かである。〔下線執筆者〕」と判示する。

これに対して，法律構成否認説は，1審・東京地裁平成10年5月13日判決の論理構成を支持し，原告も相手方であるヤマハ企画も取引価額である4億円に対価的意義を持たせていないため売買契約が成立していないので，民法上も交換契約と認定すべきである，と控訴審判決を批判する(78)。現実に締結された契約が売買契約であるか否かは，契約の当事者間で紛争が生じたときの問題であり，紛争がない状態で売買契約に従った履行がなされていれば，それは当事者の効果意思に基づくものであったということができるであろうから，売買契約の成立における意思表示の中核である効果意思の存在を否定することはできないように解される。民法上も二つの契約を売買契約とみるか交換契約とみるかは意思解釈の問題であり，「当事者が二つの給付間に相互的な依存性を認めていたか否かが，この場合交換か売買かを決する要素である」と説明される場合がある(79)ように，給付間の相互依存性をどう解するかということに左右される問題であるほか，そもそも，民法上は，売買契約を交換契約であると論ずることに特段の意味はないと解されている(80)。法律構成否認説は，1審判決における認定が

(78) 今村・前掲注（65）・77頁。
(79) 柚木馨・高木多喜男編『新版注釈民法（14）・債権（5）』〔柚木・高木執筆〕（有斐閣・1993年）459頁。
(80) 内田貴『民法Ⅱ　債権各論〔第3版〕』（東京大学出版会・2011年）112頁。

民法の一般的契約解釈に沿うものであるのに対して，控訴審判決は「民事上の証拠法則である処分証書の法理をドグマ的に考える考え方を前提」にするものであるとして1審判決を評価する(81)。しかし，上述のように，1審判決が「契約の真実の内容は，当該契約における当事者の合理的意思」等を「総合して解釈すべきものである。」と判示することをどう解すべきであろうか。私的自治の原則のもと，民法の世界においては，公序良俗に抵触する契約でなければ，当事者の意思の合理性は問われないはずである。問題となるのは，真の効果意思はどのようなものであったのかということであり，意思の合理性ではないと解される。1審判決が，あえて「合理的意思」を問題にすることは，何を「合理的」と解するかが，解釈の主体の価値判断に依存することになるため，主観的な法解釈となりかねない。そのように解すると，控訴審判決が下線部分で採用する論理構成が正しいと解される。

フィルムリース事件について，1審・大阪地裁平成10年10月16日判決（訟月45巻6号1153頁）が，「本件取引は，その実質において，原告がエンペリオンを通じ，CPIIによる本件映画の興行に対する融資を行ったものであって，エンペリオンないしその組合員である原告は，本件取引により本件映画に関する所有権その他の権利を真実取得したものではなく，本件各契約書上，単に原告ら組合員の租税負担を回避する目的のもとに，エンペリオンが本件映画の所有権を取得するという形式，文言が用いられたにすぎないものと解するのが相当である。」と判示し，控訴審・大阪高裁平成12年1月18日判決（訟月47巻12号3767頁）が，原審と同一の認定説示に加筆して，「課税は，私法上の行為によって現実に発生している経済効果に則してされるものであるから，第一義的には私法の適用を受ける経済取引の存在を前提として行われるが，課税の前提となる私法上の当事者の意思を，当事者の合意の単なる表面的・形式的な意味によってでは

(81)　今村・前掲注（65）・78頁。

なく，経済実体を考慮した実質的な合意内容に従って認定し，その真に意図している私法上の事実関係を前提として法律構成をして課税要件への当てはめを行うべきである。したがって，課税庁が租税回避の否認を行うためには，原則的には，法文中に租税回避の否認に関する明文の規定が存する必要があるが，仮に法文中に明文の規定が存しない場合であっても，租税回避を目的としてされた行為に対しては，当事者が真に意図した私法上の法律構成による合意内容に基づいて課税が行われるべきである。〔下線執筆者〕」と判示するところ，法律構成否認説は，１審と控訴審が，「私法上の法律構成による否認の法理に基づき，複合契約の解釈をし」ていることと，上告審・最高裁平成18年1月24日判決が，上で引用したように判示したことを比較して，上告審判決は平成13年度改正前の法人税法31条の減価償却費が損金となるための要件の一である「事業の用に供した」という点に着目して結論を導く点で，１審及び控訴審判決と上告審判決とは異なるが，「着目した要件は，違うものの，同一の事実を根拠に，それぞれの要件該当性を否定している」(82)として，そのことを評価しているようであるが，認定事実にあわせて法的評価を操作できる可能性を示唆しているともいうことができ，そのことがまさに問題であるように解される。

なお，上述の引用部分にある，フィルムリース事件の１審判決の下線部は，岩瀬事件の１審判決の「合理的意思」という判示と異なり，真の効果意思を探ることから私法上の法関係を判断するということを示す点で問題がないが，フィルムリース事件の控訴審判決の下線部は，そのように理解することができるための根拠を示していない点で問題であると解される。

いずれにしても，租税回避において，その意図・目的を問題とすることは妥当かということについては，有力狭義説は，「租税回避の概念要素として租税回避の意図を含めるかどうかについては，結果として生じる租税負担の軽減ないし排除が負担公平の見地から問題となるのであって，回避

(82)　今村・前掲注（65）・86頁。

意図があるかどうかは重要ではないから，租税回避の概念としては，租税回避の意図を含めないのが適切であろう。」とつとに指摘してきた[83]。フィルムリース事件の控訴審判決のように，明確な根拠を示すことなく，租税回避の目的があれば，その目的の存在を直接的な根拠として，租税回避を否認する裁判例が出てきていることを考えると，改めて，租税回避の概念に「意図・目的」を含めることには注意をすべきである[84]。

この点，最高裁（2小）平成23年2月18日判決（判時2111号3頁）（武富士事件）は，「主観的に贈与の目的があったとしても，客観的な生活の実体が消滅するものではない」と判示している。

Ⅳ　租税回避の一般的否認規定の要件と解釈

租税回避が行われた場合に，これを否認するために法律の根拠を必要とするか否かということに関して，課税要件法定主義の観点から，法律の根拠が必要であると解する立場が多数であるものの，さらにその際，法律の根拠は一般的否認規定でもいいのか，個別的否認規定でなければならないのかということについては見解が分かれるところであると解される。我が国では，個別分野ごとに一般的否認規定として同族会社の行為・計算の否認規定が，所得税法157条，法人税法132条，相続税法64条等におかれている。以下では，基本的に法人税法132条を例に論じていくこととしたい。

同族会社の行為計算否認規定の解釈に関して，法人税法132条の同族会

---

(83)　清永・前掲注（15）・44頁。なお，この点に関連して，岩﨑政明「租税回避の否認と法の解釈適用の限界――取引の一体的把握による同族会社の行為計算否認――」金子宏編『租税法の基本問題』（有斐閣・2007年）80頁参照。

(84)　金子・前掲注（9）『租税法』・151頁は，フィルムリース事件を仮装行為の例として扱っているが，藤谷武史「判評」租税法研究29号（2001年）166頁は「典型的な仮装行為事案ではない」とする。

(85)　今村・前掲注（65）・106頁。

社の行為又は計算を「容認した場合には法人税の負担を不当に減少させる結果となると認められるものがあるとき」との要件の解釈について，法人税法132条の前身である，昭和15年改正前の旧法人税法28条の適用が問題となった最高裁（1小）昭和33年5月29日判決（民集12巻8号1254頁）（明治物産事件）で「実務上，経済合理性基準が確立」されたと評価されている(85)。

すなわち，上述の要件の意義について，裁判例には，上記明治物産事件1審・東京地裁昭和26年4月23日判決（民集12巻8号1266頁）にみられるように，これを「非同族会社では通常なしえないような行為・計算」を意味すると解するものと，同事件控訴審・東京高裁昭和26年12月20日判決（民集12巻8号1271頁）にみられるように，「純経済人の行為として不合理・不自然な行為・計算」を意味するという二つの異なる傾向があることがつとに指摘され，有力広義説は「いずれの考え方をとっても，具体的な事件の解決に大きな相違は生じないであろうが，非同族の中には，同族会社にきわめて近いものから所有と経営の分離した巨大企業に至るまで，種々の段階のものがあり，何が同族会社であるがゆえに容易になしうる行為・計算に当たるかを判断することは困難であるから，抽象的な基準としては，第2の考え方〔後者の考え方――執筆者補足〕をとり，ある行為または計算が経済的合理性を欠いている場合に否認が認められると解すべきであろう。」(86)と論じる。

有力広義説が，後者の基準を採用すべきことの根拠とする，同族会社にも「種々の段階のものがあり，何が同族会社であるがゆえに容易になしうる行為・計算に当たるかを判断することは困難である」ということは，法人税法2条10号における同族会社の定義が「会社（……）の株主等（……）の3人以下並びにこれらと政令で定める特殊の関係のある個人及び法人がその会社の発行済株式又は出資（……）の総数又は総額の100分の50を超

(86)　金子・前掲注（9）『租税法』・532頁。

える数又は金額の株式又は出資を有する場合その他政令で定める場合におけるその会社をいう。」と形式基準を採用し，それゆえ，この形式基準からわずかにでも外れることにより非同族会社となりうることを否定できない制度となっていること，同族会社に対して形式基準により画一的に不当性を判断することとしていることは，同族会社における支配権の行使の恣意性を配慮したことであるとしても，それは非同族会社においても否定できないことに根拠を与えるものとなるように解される。そして，法人税法132条1項は，「法人税の負担を不当に減少させる結果」を問題とし，会社における租税回避の意思を問題としていないのであるから，会社の支配権の行使における決定の意思と同族会社の定義とは関連性がない上，会社の租税回避の意思を決定することができる多数において，株主・社員の一致をみる蓋然性が非同族会社においても存在することが否定できないことを考慮すると(87)，有力広義説の論じるところは，同族会社の行為計算否認制度に内包される問題を指摘するものであるように解される。

いずれにしても，法人税法132条1項の文理からすれば，上述の要件の反対解釈として，同族会社であるがゆえに行うことができ，それゆえ，非同族会社においては行うことができない行為・計算の場合と比較して法人税の負担を減少させたことは，非同族会社において行われる行為計算と比較して同族会社という法形式を用いて「不当に」行われたものであると理解されるか，非同族会社における行為計算の場合と比較して同族会社であるがゆえに法人税の負担を「不当な程度に」減少させるものであると理解されることになるように思われる。いずれの場合にも，「不当」とはどのような概念であるのかということがさらに解釈の問題として生じることになる。なお，「不当に減少」の意義が多義的概念であっても，課税要件明確主義に反しないということに関して，最高裁（2小）昭和53年4月21日

(87)　酒巻俊雄・新井隆一『商法と税法——その接点の解明』〔新井執筆〕（中央経済社・1966年）17-18頁。新井隆一『税法の原理と解釈』（早稲田大学出版部・1967年）76-80頁も参照。

判決（訟月24巻8号1694頁）は，「法人税法132条の規定の趣旨，目的に照らせば，右規定は，原審が判示するような客観的，合理的基準に従って同族会社の行為計算を否認すべき権限を税務署長に与えているものと解することができるのであるから，右規定が税務署長に包括的，一般的，白地的に課税処分権限を与えたものであることを前提とする所論違憲の主張は，その前提を欠く。」と判示する。

また，法人税法132条1項の文理から「純経済人」という概念をいかなる論理操作により導き出すことができるのか必ずしも明確ではない。

東京高裁昭和26年12月20日判決は，「若し税金逋脱の目的を抜きにして見た場合，純経済人の選ぶ行為形態として不合理なものであると認められる場合でなければならない。しかるに同族会社の場合であると否とにかかわらず純経済人としては概して損得の打算に深慮を払い，努めて課税の対象とならない行為形態を選ぶことは当然のことであって敢えて，これを不合理と目することはできないから，本件一連の行為を以て直ちに税金逋脱の目的ありと認められる場合であるとは断定し難い。」と判示しているので，ここでいう「純経済人」とは，「損得の打算に深慮を払い，努めて課税の対象とならない行為形態を選ぶこと」を当然とする存在として位置付けられているにもかかわらず，「純経済人」という表現が「純粋な経済人」あるいは「完全な経済人」といった理念型を想起させがちであるため，この表現が，有力広義説の影響力と結びつく場合，同族会社の行為計算否認規定は極めて強力な否認規定として機能する危険性がある。

営利法人は，一般に，「損得の打算に深慮を払い，努めて課税の対象とならない行為形態を選ぶこと」を当然とする存在であるという意味で，これを「純経済人」と呼ぶとすれば，結局，法人税法132条の同族会社の行為又は計算を「容認した場合には法人税の負担を不当に減少させる結果となると認められるものがあるとき」との要件の解釈に係る二つの傾向は，一つに収斂することになる。上述したように，有力広義説は「いずれの考え方をとっても，具体的な事件の解決に大きな相違は生じない」と論じることの背景にこのような理解があるとしても，そうであればなおさら，文理に忠実に「非同族会社では通常なしえないような行為・計算」を意味すると解するべきであるように思われる。「純経済人」に，ここで述べたことと異なる意味が込められているとすれば，文理解釈の限界を超えた解釈ということになり，有力広義説が租税法の解釈について論じることと齟齬をきたす結果になるように解される。

また，IBM 事件の東京地裁平成 26 年 5 月 9 日判決（訟月 61 巻 11 号 2041 頁）でも引用されている最高裁（2小）昭和 53 年 4 月 21 日判決（訟月 24 巻 8 号 1694 頁）は，法人税法 132 条の要件の意味について，原審・札幌高裁昭和 51 年 1 月 13 日判決（訟月 22 巻 3 号 756 頁）が，法人税法 132 条の「行為計算否認の規定が，納税者の選択した行為計算が実在し私法上有効なものであつても，いわゆる租税負担公平の原則の見地からこれを否定し，通常あるべき姿を想定し，その想定された別の法律関係に税法を適用しようとするものであることにかんがみれば，右の『法人税の負担を不当に減少させる結果になると認められる』か否かは，もっぱら経済的，実質的見地において当該行為計算が純粋経済人の行為として不合理，不自然なものと認められるか否かを基準として判定すべきものと解される。〔下線執筆者〕」と判示することを支持するが，ここでは，法人の行為・計算について「通常あるべき姿」を前提としたうえで，「純経済人」ではなく「純粋経済人」という表現が用いられているから，「完全な」経済人であれば，「通常行うはずである行為・計算」，「通常行わなければならない行為・計算」あるいは「通常行うに違いない行為・計算」が基準とされ，「純経済人」という表現が用いられる場合よりも厳しいものとなっている。このような解釈が条文のどの文言から導き出されるのか明確ではないのは「純経済人」に係る解釈の場合と同様である。

この点，IBM 事件の控訴審・東京高裁平成 27 年 3 月 25 日判決（訟月 61 巻 11 号 1995 頁）が，「法人税法 132 条 1 項が同族会社についてのみ行為又は計算の否認を認めているのは，同族会社関係にない法人間においては通常なし得ないような行為又は計算が，同族会社関係にあるがために容易に行われることにより，当該同族会社の法人税の負担が減少する結果となれば，当該同族会社は，同族会社でない法人に比して税負担を免れることとなり，それが税負担公平の観点から不当と認められるためと解される。〔下線執筆者〕」から，「そうすると，法人税法132条1項の『法人税の負担を不当に減少させる結果となると認められるものがあるとき』とは，同族会社の行為又は計算が経済的合理性を欠く場合をいい，当該行為又は計算が，独立当事者間の通常の取引とは異なり，それによって当該同族会社の益金が減少し，又は損金が増加する結果となる場合には，特段の事情がない限り，経済的合理性を欠くというべきである。〔下線執筆者〕」と判示することが，文理に沿っていると解される。

そして，IBM事件のこの控訴審判決が，「租税負担減少の結果」を問題としていることは，有力狭義説における租税回避の定義とも整合的である。

なお，組織再編成に係る行為又は計算の否認規定である法人税法132条の2に関しても，「法人税の負担を不当に減少させる結果となると認められるもの」という要件の充足性の判断を，法人税法57条3項その他の組織再編税制に係る各規定の趣旨・目的違反のみを根拠に認める下級審判決に対する懸念が示されていたところ(88)，ヤフー事件で，最高裁（1小）平成28年2月29日判決（民集70巻2号242頁）が，法人税法132条の2「の趣旨及び目的からすれば，同条にいう『法人税の負担を不当に減少させる結果となると認められるもの』とは，法人の行為又は計算が組織再編成に関する税制（以下「組織再編税制」という。）に係る各規定を租税回避の手段として濫用することにより法人税の負担を減少させるものであることをいうと解すべきであり，その濫用の有無の判断に当たっては，〈1〉当該法人の行為又は計算が，通常は想定されない組織再編成の手順や方法に基づいたり，実態とは乖離した形式を作出したりするなど，不自然なもので

(88)　小塚真啓「判解」ジュリスト1505号（2017年）・215頁。

あるかどうか，〈2〉税負担の減少以外にそのような行為又は計算を行うことの合理的な理由となる事業目的その他の事由が存在するかどうか等の事情を考慮した上で，当該行為又は計算が，組織再編成を利用して税負担を減少させることを意図したものであって，組織再編税制に係る各規定の本来の趣旨及び目的から逸脱する態様でその適用を受けるもの又は免れるものと認められるか否かという観点から判断するのが相当である。〔下線執筆者〕」と判示したことは，下線部分で各規定の趣旨・目的からの逸脱を問題とはするものの，下線部分の直前で，〈1〉と〈2〉の検討が求められたという意味で，納税者の予見可能性の問題は大幅に改善されたと評価する意見がある[89]。しかし，ここでも問題は，条文の文理解釈の限界を明らかにしたうえで，条文の趣旨・目的を考慮すると，この判示部分の解釈が導き出せるということを示すことである[90]。

V　租税回避否認規定と行為規範性

租税回避に立法的にどう対応するかということについて，一般的否認規定をもってするか個別的否認規定をもってするかということが議論になるということについては既に簡単に言及したが，問題は租税回避を否認するための明文の規定がない場合にも否認をすることができるかということである。

ここでも，既に引用した，外国税額控除に関する最高裁（2小）平成17年12月19日判決を例にとって考えてみることとしたい。

現行法人税法69条1項は「内国法人が各事業年度において外国法人税（……）を納付することとなる場合には，当該事業年度の所得の金額につき

---

(89)　小塚・前掲注（88）・215頁。

(90)　谷口・『清永謝恩』前掲注（5）・29頁は，「裁判例の中には，趣旨・目的を確認するための立法資料等が明らかでないにもかかわらず，いわば『措定』した趣旨・目的を基準にして租税法規の目的論的解釈を行うものが見られる。」ということを指摘し，検討する。

第66条第1項から第3項まで（……）の規定を適用して計算した金額のうち当該事業年度国外所得金額（……）に対応するものとして政令で定めるところにより計算した金額（以下この条において「控除限度額」という。）を限度として，その外国法人税の額（その所得に対する負担が高率な部分として政令で定める外国法人税の額，内国法人の通常行われる取引と認められないものとして政令で定める取引に基因して生じた所得に対して課される外国法人税の額，内国法人の法人税に関する政令の規定により法人税が課されないこととなる金額を課税標準として外国法人税に関する政令により課されるものとして政令で定める外国法人税の額その他政令で定める外国法人税の額を除く。以下この条において，「控除対象外国法人税の額」という。）を当該事業年度の所得に対する法人税の額から控除する。」と規定するが，事件当時の改正前旧法人税法69条1項には，現行規定の第4カッコ書きがおかれていなかった。この場合に，外国税額控除を否定する解釈を制度の趣旨から導くことは，解釈論上可能であろうか。

現在は立法的に解決が図られているが，このような問題についてどう理解をするかということは，同条項第4カッコ書きが確認規定であるのか，創設規定であるのかということに関わることになる。

ここで，実体租税法規が課税要件規定であるだけでなく行為規範としての性格を有していることを確認しておこう。例えば，譲渡所得について規定する所得税法33条3項は，譲渡所得を「資産の譲渡……でその資産の取得の日以後5年以内にされたものによる所得」（1号）と「資産の譲渡による所得で前号に掲げる所得以外のもの」（2号）を区別し，1号の短期譲渡所得は，同法22条2項1号により総合課税の対象になるが，2号の長期譲渡所得は，同法22条2項2号により一時所得とともに合計額の2分の1に相当する金額について分離課税の対象となる。そのため，所得税の負担を軽減しようと考えれば，所有者は取得後5年を経過してから譲渡するほうが有利である。こうした例から分かるように，実体的租税法規は行為規範としての性格を帯有している。

租税法律主義の自由主義的側面と実体租税法規の行為規範としての性格を考慮すると，法人税法が特に明文の規定をおいていない場合には，余裕枠の範囲で外国税額控除をすることが認められ(91)，法人税法69条１項第４カッコ書きは創設規定であると解することができる。

これに対して，外国控除制度を「資本輸出中立性確保という政策目的実現のために課税を減免するという，国家による一方的な恩恵的措置」と理解し，「課税減免規定の限定解釈による『否認』」という結論につなげる理解(92)も提示されている。

そもそも，最高裁平成17年判決のような問題が生じるのは，我が国が，控除限度額について一括限度額方式を採用していることに基因している。すなわち一括限度額方式においては，「非課税の国と日本より高税率の国でそれぞれ所得が発生した場合，前者の国について生じた控除限度額を用いて，後者の国で日本の税率を超えて課税される税額を控除することができる。」という控除余裕枠の彼此流用の問題が生ずる(93)。

彼此流用については，「外国税額控除制度が持つ国際的二重課税の排除という制度の趣旨にそぐわない」こと，「企業は軽課税国や非課税国に投資して控除余裕枠の創出を行う誘因を持つ」ことが問題点として指摘され，後者の問題点のゆえに，「国内から国外に事業活動を移転させ，所得が海外に移転する可能性もある。」(94)と指摘されている。

「資本輸出中立性確保が政策目的」であるとすれば，そのこととの関係では，上記問題点の後者はむしろ政策目的と整合的であるということはできないのであろうか。「中立」というからには，企業が低税率国に進出しようと，高税率国に進出しようと問題視されることではないのではなかろ

(91)　田中・前掲注（57）・前掲注（1）『清永謝恩』・47頁。
(92)　中里・前掲注（56）・230頁以下，223頁。
(93)　藤本哲也『国際租税法』（中央経済社・2005年）30頁。なお，外国税額控除の限度額管理について，増井良啓・宮崎裕子『国際租税法〔第４版〕』（東京大学出版会・2019年）167-171頁参照。
(94)　藤本・前掲注（93）・31頁。

うか。また,「控除余裕枠の創出を行う誘因を持つ」ということは,改正前の法人税法69条1項が行為規範として機能していたことを示していて,租税回避というより節税行為と評価することもできたのではなかろうか。

昭和63年12月改正の基本的な考え方は,「控除限度額の納税者,執行当局にとっての簡便さ(限度額算出,限度額管理)の観点から一括限度方式は維持しつつ,その問題点を是正するというものであった。」[95]と説明されていることを考えると,単に国からの一方的な恩恵的措置として,直ちに租税減免規定の限定解釈に結び付けることはできないように解される。

また,租税回避の否認規定のあり方については,予測可能性の観点から一般的否認規定よりも個別的否認規定のほうが望ましいし,実際の個別分野ごとにおかれる一般的否認規定の他に,個別租税法律に個別的否認規定がおかれている。所得税法には,33条1項カッコ書きに,法人税法には,22条2項や34条等に,相続税法には,65条や66条に,個別的否認規定がおかれているほか,租税特別措置法にも,40条の4以下や66条の6以下等に個別的否認規定がおかれている[96]。

一般的否認規定と個別的否認規定のいずれでも対応可能であると解される場合に,いずれかの規定の適用性を判断しなければいけないという,一般的否認規定と個別的否認規定ないし課税要件規定との優先劣後の問題がある[97]ことが指摘されている。個別的否認規定ないし課税要件規定の該当性を判断しなければ,納税者の行った取引等による租税負担の軽減ないし回避が,公平性の観点から否認の対象とすべきものであるか否かを判断することはできないと解されるので,まず個別的否認規定ないし課税要件規定が適用されると解すべきである[98]。租税法規が定立される段階で,公平性が考慮されているはずであるからである[99]。また,ここでも,個別的

(95) 藤本・前掲注(93)・31頁。
(96) 金子・前掲注(9)『租税法』・138頁。
(97) 田中・前掲注(57)・前掲注(1)『清永謝恩』・51頁以下。
(98) 清永敬次「検証　租税回避行為の否認」税研79号(1998年)68頁。

否認規定ないし課税要件規定の行為規範性の観点から考えることができるように解される。例えば，譲渡所得の定義に係る所得税法33条1項カッコ書きは，「建物又は構築物の所有を目的とする地上権又は賃借権の設定その他契約により他人に土地を長期間使用させる行為で政令で定めるものを含む。」と規定し，これを資産の譲渡に該当することとしている。そして，所得税法施行令79条1項は，「法第33条第1項（譲渡所得）に規定する政令で定める行為は，建物若しくは構築物の所有を目的とする地上権若しくは賃借権（……）又は地役権（……）のうち，その対価として支払を受ける金額が次の各号に掲げる場合の区分に応じ当該各号に定める金額の10分の5に相当する金額を超えるものとする。」とし，「当該設定が建物若しくは構築物の全部の所有を目的とする借地権又は地役権の設定である場合」には「その土地」等の「価額」（1号）と規定するから，土地の価額の10分の5以下の金額を対価とした場合には，譲渡所得には該当しない。譲渡所得に該当しない対価の設定の自由を納税者に与えたことになると解されるから，この規定を優先的に考慮せず，一般規定で否認が行われると，納税者の予測可能性が大きく阻害されることになる。さらに，一般的否認規定である同族会社の行為計算の否認規定は，課税庁の権限を規定したものであって，この規定から，租税の不当な減少を図ることが納税者に義務付けられているわけではない。これらのことを考えると，個別的否認規定ないし課税要件規定が優先的に適用されるべきことになる。

おわりに

租税回避をテーマとする日税研論集14号の「研究にあたって」に，武田昌輔成蹊大学名誉教授が「租税に関して，企業等の行った行為が租税回避行為に該当するかどうかは，きわめて大きな，かつ，重要な問題である。

(99)　田中・前掲注（57）・前掲注（1）『清永謝恩』・51頁は，否認規定の例外性に根拠を求める。

じ来，税法の特別の規定は，この租税回避行為を防止するためのものであるといっても過言ではない。」と書かれてから30年を超える月日がながれ，この間，納税者の行う租税回避行為も複雑化し，巧妙になり，また，それとともに租税回避をめぐる研究も大きな進展を遂げている。これらの研究成果を踏まえて，標題の問題について考察することを試みたが，なお意を尽くすことができなかった。これを契機として，この問題について引き続き考察を続けていくこととしたい。

第5章　我が国の租税条約の解釈適用に関する省察

横浜国立大学・教授　川端　康之

はじめに

近年，内国税（tax）に関し，日本を一方締約国又は署名国とする二国間条約や多国間条約，民間協定が急速に増えつつある(1)。租税条約はいうまでもなく国際条約の一種であるが，対外直間投資の原則自由化を背景として国際取引が我が国納税者にとって日常化し，他方で，締約国の租税行政庁間の情報交換，徴収手続上の共助等を主な目的とする条約が増えることと相俟って，租税条約自体の解釈適用上の課題が散見される。さらに，OECD/BEPSプロジェクトの一環として，参加国相互間の租税条約を一括して改正しAction Plansが遺漏なく実現できることを目指した「税源浸食及び利益移転を防止するための租税条約関連措置を実施するための多数国間条約」と称するOECD多国間条約（Multilateral Instrument, MLI）に我が国も署名国となり(2)，関係租税条約の該当箇所が順次，一括改正され

(1)　我が国の所得税条約の新規締結・改訂は1980年代後半から2000年代前半にかけて大きく停滞し，OECDをはじめとする租税条約に関する国際コミュニティに対する影響力が大きく低下していた。相続税贈与税の租税条約における国際的二重課税排除は必ずしも進んでおらず，いまもって日米間の相続税条約が一件存するに止まる。

る方向になっている[3]。

そこで，この小稿では，さまざまな租税条約のうち古典的な，いわゆる所得に関する二国間二重課税防止条約（以下，租税条約）を素材に，その法解釈の「方法（methods）」に焦点を当て，我が国におけるその現状を整理し，租税条約と国内租税法令の複雑な解釈適用の「枠組み」の整理を試みる[4]。租税条約は，国際連盟（League of Nations）以降の各種国際機関等によるひな形（Models）の策定により[5]，先進国のみならず途上国もこのような条約を締結し全世界的な租税条約のネットワークと呼ぶべき状況の下，

---

(2) 平成30（2018）年条約第8号（2017年6月7日署名，2018年9月26日受諾書寄託，2019年1月1日発効）。OECDが二国間条約の改正に多国間条約という手段を採用する理由については，OECD, Developing a Multilateral Instrument to modify Bilateral Tax Treaties: OECD/G20 Base Erosion and Profit Shifting Project-Action 15: 2014 Deliverable (2014).

(3) ただし，このMLIについては，条約の一括改正という当初の理念にもかかわらず参加国の多くがさまざまな留保，所見を付しており，一瞥しただけでは，具体的二国間条約のどの部分がこのMLIによって改正されているのかが必ずしも判然としない，という矛盾に陥っている。つまり，このMLIによって改正を受けた条約同士がどのように矛盾しているかが判然とせず，それを巧みに突いた新手の租税回避に対して租税条約が脆弱になっている，ということである。OECD/G20がMLIを採用する機縁となった多国間条約による二国間条約の一括改訂の提案として，J. F. Avery Jones and P. Baker, *The Multiple Amendment of Bilateral Double Taxation Conventions*, 60 BIFD 19 (2006). この論文でA. JonesとBakerが提案した多国間条約による一括改正というアイデアが元となりMLIが成立した。もちろん，A. JonesもBakerも，国家間の現実の政治力学の下で，国際的租税回避の防止よりも自国権益を優先しこのような多数の留保・所見が付されることなどおよそ想像していなかったであろう。結果としてのMLI自体も二国間条約との関係もBakerたちが提唱したよりも遥かに複雑で，留保の如何によって二国間条約に多くの齟齬を生じさせ，BEPSの機会をむしろ増やしてしまったことは皮相的である。また，米国が参加していないという大きな欠陥がある。

(4) 後述のように，例えば2017年OECDモデル租税条約3条2項や2003年日米所得税条約3条2項はいわゆる動的解釈を定める。しかし，この規定によって租税条約の法解釈が国内法令の法解釈とどの程度連動するかは必ずしも明らかではない。後掲Ⅱ-2参照。

(5) 我が国は，1920年代の国際連盟における租税条約のひな形策定を受けて，当時の欧州先進国に追随し，第二次世界大戦後になって初めて租税条約を締結するに至った（1954年対米条約）。

主に二国間で国際的二重課税の排除等を行っている。それ故，いくつかのモデル租税条約をプロトタイプとして交渉締結が行われるそれら条約の解釈適用はひとり我が国に特有の事情ではないが，我が国において法的に問題となるのは結局のところ我が国が締結した条約であるから，本稿はさしあたり我が国が締結した租税条約の解釈適用を軸として検討する(6)。なお，そのような租税条約は二国間で交渉締結されるが故に，その解釈適用は両締約国が共通の理解に立つことが望ましいが(7)，両締約国は必ずしもその解釈についてお互いを拘束しているわけではないことが，租税条約の法解釈を考える上で重要である(8)。

租税条約を具体的事実に適用するには，①租税条約の法的性質から見た，

(6)　先進国でいえば，オランダのInternational Bureau of Fiscal Documentation（国際連盟のキャロル・プロジェクトを機縁としてオランダ公益法人として設立された常設の国際課税の研究団体であるInternational Fiscal Associationの出版部門として出発し，その後IFAから独立し公益法人となった。多数の貴重資料の蔵書や出版物で著名である）が二重課税排除条約に関する各国の裁判例を収集編纂しており，いずれ二重課税排除条約の構造全体について各国の司法解釈の状況が明らかにされる予定である。キャロル・プロジェクトを受けた国際連盟はアドホックな調査研究ではなく常設的な研究団体の設立を目指し，それによってIFAが設立された。

(7)　一方締約国の独特の解釈に基づいた条約適用は締約相手国の解釈と異なり，両締約国間で生ずる国際的二重課税排除が困難になる。それでは租税条約を締結した趣旨に反するのであるから，このような租税条約の解釈適用は二国間の共通の理解，解釈の上に行われることが望ましい。しかし，現実の租税条約は国内法令よりも用いる条文の文言がより抽象的で幾重にも解釈が可能な場合が多い。それ故，関係国間で解釈が異なることはさほど珍しいことではない。その典型が，qualification（性質決定）問題である。

(8)　租税条約解釈を総合して検討しいまやその記念碑的存在であるK. VogelとR. G. Prokischの共著による1993年IFAフローレンス大会のGeneral Reportは，二国間租税条約が両締約国に対して等しく課税権を配分することを目的とすることから，租税条約の両締約国や裁判所はできるだけ統一的に租税条約を解釈することが望ましく，両締約国が受け入れることができる解釈に到達することに意味がある，と指摘する。K. Vogel and R. G. Prokisch, *General Report-Interpretation of Double Taxation Conventions*, CDFI LXXVIIIa 55, at 62 (1993). 前述のようなIFAの設立経緯から，IFAはこの1993年大会Subject Iで条約解釈を取り上げた以外にも何度か条約解釈を統一論題としており，また，毎年の論題も最終的には

適用上の制約原理（プリザベーション，セービング）の意義とその作用[9]，②国連条約法会議「条約法に関するウィーン条約」31条及び32条の解釈原則と，例えば2017年OECDモデル租税条約3条2項の解釈原則（文脈，国内法参照，静的解釈・動的解釈）との関係，及び③国際条約一般で成立する議論（直接適用可能性）との関係という大別して三つのチェック・ポイントを通過して初めて，租税条約の個別文言の具体的解釈が行われるという点に注意する必要がある。また，近時は，上述のMLIが二国間租税条約をどのように「書き直す」かも詳細に検討する必要がある[10]。

I　租税条約の意義と法的性質

1　総　　説

法規範の解釈適用は，当該法規範の意義と法的性質に大きく依存する。そのため，租税条約の解釈適用を論ずるにはその意義と法的性質の考察から始めるのが適切である。

租税に関する条約は，本稿で取り上げる（所得又は相続に関する）二重課税防止条約や情報交換条約，執行共助条約などがある。二重課税防止条約

条約解釈に繋がる論点である。IFAの研究の蓄積はすなわち租税条約解釈の発展の歴史そのものである。租税条約の多くには，いわゆる相互協議と呼ばれる政府間協議の規定が設けられており，その協議の一つが解釈適用協議である。両締約国はこれを通じて当該条約の解釈適用について協議することができる。しかし，この相互協議は一種の外交交渉であると考えられていることから，協議を行うこと自体を定めるに止まり，協議の結果必ず合意に達することは求めておらず，実際の政府間協議もかなりの数が合意に達していない。

(9)　租税条約上の租税回避否認規定がプリザベーション及びセービングとの関係で存立し得るのか，これら二つの考え方からすれば租税条約上の租税回避否認規定はどのような形で適用されることとなるのかについては，川端康之「租税条約上の租税回避否認の意義と範囲」水野武夫先生古稀記念論文集刊行委員会編『行政と国民の権利』647頁（2011）。

(10)　なお，MLI自体とMLIによる既存二国間条約の一括改正については，それらだけでも膨大な未開の論点が含まれているので，他日を期したい。

は，その通称の通り，主に二国地域間で生ずる国内法令上の課税の重複(国際的二重課税[11])の防止・排除を目的として当該国地域間において締結される一種の国際条約である。その意味で，租税条約もその法的性質や解釈適用の法的方法についてはまた国際条約の一般理論に従うと解される[12]。

国際連盟以降の国際機関の主流の考え方や我が国政策当局の伝統的な考え方によれば，二重課税防止・排除の具体的方法は，両締約国の国内法令上当該締約国における課税の根拠となる一定の法令が存しそれらが重畳的に適用されることを前提に，どちらの締約国の国内法令による課税を相手国との関係で通用させ，どちらの締約国の法令による課税を制限禁止するかを条約上定める，という方法をとる[13]。従って，租税条約の規定[14]は広い意味では租税に関する国際法規範であるとはいえ，締約国に対して国内法令とは別個に課税権を付与するものではなく[15]，むしろ，国内法令上許

(11)　国際的二重課税には法的二重課税と経済的二重課税があるが，いずれも国際的二重課税であるから，租税条約は両者を対象としていると解される。

(12)　私見によれば，租税条約の解釈適用などの法的側面が国際条約の一般理論とは大きく異なり国際条約の一般理論とは乖離してもよい，との考え方には根拠はないように思われる。租税条約といえども国法体系の一部を成すに過ぎないのであるから，法的安定性と予測可能性の観点からすれば，国際条約の一般理論に従えば充分である。

(13)　租税条約は，両締約国の国内租税法令が適用されることを前提にそれらの適用を制限することで二重課税を排除する。一方，国際私法（抵触法）は，両国の国内法令のうちどちらの国の法令が適用されるかを決定する法準則である。両国の国内租税法令がそれぞれ適用されることを前提にするか（租税条約），どちらの国の法令を適用するか（国際私法・選択）で，租税条約は国際私法とまったく異なる。Vogel, *infra* note 17, at 22.

(14)　租税条約の大枠としての構造は，現代では，国際連盟以降の各種モデル租税条約の影響の下，所得税条約も相続税条約もそれぞれほぼ共通している。つまり，①適用対象者，②適用対象税目，③定義，④二重課税排除準則（distributive rules），⑤行政関係規定，⑥条約効力関係規定，である。所得税条約では，④に5条恒久的施設乃至21条その他所得までの規定が含まれる。本稿では，⑤行政関係規定（主として，相互協議や執行共助等）の法解釈は扱わず，もっぱら③定義及び④二重課税排除準則（そのうち，2017年OECDモデル租税条約でいえば6条乃至21条及び22条）の法解釈の方法に議論の対象を置く。

容される課税を締約国相互間の文脈において通用させ又は制限禁止するための（一種，交通整理のための）準則を定める(16)。このような状況を，締約国間における「課税権の配分（distribution of taxing power)」と称することもある(17)。課税権はそもそも主権国家の主権の一部であって，主権国家が

(15) フランスは，国内租税法令において，租税条約は恒久的施設に対するフランスの課税権を拡大することができる，との立場に立っている。Code Général des Impôts 165条以下（個人）及び209条（法人)。しかし，これは国内法によってそれを許容しているのであって租税条約自体をそのような性質のものであると見ているわけではないことに注意する必要がある。

(16) 従って，我が国においては，かりに租税条約が締結されていたとしても，それに対応する国内租税法令が存しなければ，現実の課税を行うことはできないと解される。

(17) Vogelは，「課税権の配分」というのは誤りであって，「条約上の準則は締約国に対して課税管轄権を『配分』したりはしない。国家は元来課税管轄権を保持するのであって，租税条約を締結することによって，双務的に，自国の租税実体法を制限することに合意するのである。」と指摘する。REIMER AND RUST, ed., *infra* note 93, Introduction, at m.no. 50; K. Vogel, *Double Tax Treaties and Their Interpretation*, 4 INT'L TAX & BUS. LAW. 1, at 22 (1986). この部分の記述は，Vogelのドイツ語版租税条約コンメンタール（DBA, CH Beck）の当初から一貫して用いられている表現で，Vogel自身の考え方であると思われる。なお，今村隆「租税条約における配分ルールの構造―事業所得と譲渡収益や利子所得との関係」日本法学85巻3号262頁，259頁（2020）はVogelのコンメンタールをなぞりつつ各種所得の課税権配分について論ずるが，「租税条約の配分ルールは，国際私法の準拠法の考え方に倣って考え出されたものではあるが，課税はあくまでも国内法に基づいており，この点，国際私法における準拠法とは異なっている」との説明にこのm.no. 50を引用する。しかし，このm.no. 50には，「配分ルールは，国際私法の準拠法の考え方に倣って考え出されたものである」との説明は含まれていない。むしろ，1920年代の国際連盟経済専門家委員会でのモデル租税条約草案の策定過程を見ると，当時の欧州の財政学説によりつつ所得税を物的所得税と人的所得税に大別し，それぞれについて源泉地国がどのように課税を譲歩するかが検討されていたのであって，国際私法，準拠法とは当初から無関係であった。国際連盟経済専門家委員会の米国委員であったSeligman（財政学）は，「我々はもはや富を財産の文脈で考えたりはせず，生産物や収益，収入の文脈で考えるので，財産の場所や所在に代えて，いまやその源泉を用いることになっている。」と二重課税排除の基準として源泉に着目している。EDWIN R. A. SELIGMAN, DOUBLE TAXATION AND INTERNATIONAL FISCAL COOPERATION 27 (1928). Seligmanのこの講演録では，物税（impersonal taxes）と人税（personal taxes）で二重課税の調整措置が異なることを指摘し，1927年モデル条約案の考え方を敷衍している。

それをどのように行使するかについて第三国の干渉を受けなければならない法的理由はなく，その意味で，国際約束たる租税条約は主権国家の有する課税権能（租税高権）の発動の法的根拠ではなく，二重課税の排除という両締約国の共通の利益において課税権の発動を譲歩（Vogel流にいえば「制限（limit）」）する条件を定める（課税権の配分を行う）国際法規範に過ぎない[18]。つまり，一国が租税条約の当事国になることによって，①居住地国としての課税と二重課税排除を行い（居住地管轄），②源泉地国として課税と二重課税排除を行う（源泉地管轄）[19]。このように考えると，租税条約の課税権配分規定は国内租税法令を乗り越えて納税者に直接適用されるというよりは，二重課税の防止排除を目的として租税条約が国内法に重ねて適用されることにより国内租税法令上の課税要件を条約の規定の範囲においてスクリーニングし国内租税法令の適用を制限禁止するという点に主な役割があることがわかる[20]。しかし，問題は，これら租税条約の条約文言

---

(18)　Inoue and Miyatake, *infra* note 24, at 120は，所得税法162条2項（いわゆる源泉置換規定）との関係で，日本における租税条約の性質の理解は，必ずしも常に課税の減免を与えるものではない，との立場に立つ。しかし，私見は，後述のように，租税条約上の源泉規定は，両締約国の国内法令上の源泉規定のずれを吸収し，条約上統一した配分基準を置くことで二重課税を排除することに意味があるのであるから，国内法令上は国内源泉とされないものが租税条約上国内源泉であるからといって，その部分について条約が新たに課税を行っているわけではなく，単純に，二重課税排除のために一方国に源泉を定め他方国には源泉はないということを定めるに過ぎないと解する（プリザベーションの範囲外。Vogelの視点）。1954年日米租税条約の日本側条約承認手続において衆議院外務委員会では，大蔵省主税局長渡辺政府委員は，「両国の課税権の問題になりますと，……制限納税義務者に対する課税をどの程度にやるか，……課税権の問題におきましては，お互いに制約し合うということになるわけでございまして，……条約におきましてお互いに交渉し，……きめることにする必要が出て来る」ともっぱら非居住者に対する源泉地国での課税の減免（制限）の側面から日米条約の意義を説明している。第19回国会衆議院外務委員会議録第50号9頁（昭和29年5月15日）。

(19)　American Law Institute, *infra* note 45, at 1.

(20)　所得に関する二国間二重課税防止条約の条約文言では，その「適用」対象者は，一方又は双方の締約国の居住者である（2017年OECDモデル租税条約1条）。しかし，本文のような理解では，国内法と国際法の関係として国際法優位説を採用する我が国においても，条約1条にいう「適用」とは，国内法を無視し又は乗り

が国内法令にどのように優先するか(21)，具体的には，どのように国内法令を書き換えるかである(22)。Baker は，この点を，

「二重課税条約は二つの性質を有すると考えることができる。一方では，それらは複数の政府間で締結された国際合意であり，その下でこれらの政府は自国の課税管轄権の行使を制限することに合意する。他方で，それらは自動的にであれ立法により自国法令へ一体化することによってであれ，双方の締約国の租税法令の一部となる。この二つの性質の一つの局面はそのような条約の解釈のアプローチである。つまり，それら二重課税条約は国際条約として解釈されるべきか，それとも租税立法として解釈されるべきか。」(23)

と端的に指摘し，租税条約の法的性質から見たその国際的合意としての側面と自国租税法令に取り込まれた側面とがその法解釈に大きく影響することを指摘する。

越えて租税条約が直接「納税者に適用される」と解することは法的には不正確であるというべきである。むしろ，ここでの（直接）適用とは，特定納税者に対する国内法令上の具体的規定の適用を条約により直接変形（制限排除）させることを指していると解するべきである。この点，ひとり欧米を見ただけでも，一般論として国際条約を含む国際法の法体系と国内法体系の関係にはいくつかの類型がある。大陸法系と英米法系の異なる法域の国々がモデル租税条約の雛形の作成に関与し，条約内部のさまざまな点で妥協が行われ，国内租税法令以上に複雑な法的構造をとっていることによると解される。

(21) 租税条約の個別文言が国内法令にどのように優先し，あるいは国内租税法令の法律要件や法律効果を具体的にどのように変更するのかが問題となる。

(22) 巷間流通する租税条約の解説書等は租税条約の各条の内容に言及するに止まり，この租税条約の解釈や国内租税法令との具体的適用関係についてまったく触れていないものが多い。本稿が主に焦点を当てるように，租税条約の適用に際しては，租税条約の個別的文言解釈以前に，租税条約が国内租税法令とどのような適用関係にあるか，それについてどのような法原則が作用しているかを考慮しなければならない。

(23) Philip Baker, Double Taxation Conventions: A Manual on the OECD Model Tax Convention on Income and on Capital, B-1 (3rd Ed., with 2005 supplements).

2　プリザベーション

他の国際条約には見られず租税条約に見られる特有の法的性質の一つに「プリザベーション（preservation）」がある[24]。ここにプリザベーションとは，先行研究の言葉を借りれば，「条約締約国がその国内税法上有する租税の減免措置または納税者にとって有利な国内税法上の規定は，租税条約の締結によって損なわれないという原則」[25]である。ここでは，それを原

(24)　租税条約上のプリザベーションの総括的な検討については，K. Inoue and T. Miyatake, *Preservation Principle*, in Chapter 5 of CURRENT TAX TREATY ISSUES- 50th ANNIVERSARY OF THE INTERNATIONAL TAX GROUP（Volume 18 of EC and International Tax Law Series, IBFD）101（2020）．この共著論文はこの International Tax Group の当初からのメンバーである宮武敏夫弁護士と井上康一弁護士の共著によるものである。増井良啓「租税条約におけるプリザベーション条項の意義」税務事例研究 102 号 39 頁（2008）。宮武・井上論文，増井論文以外に，具体的事実関係を想定しつつ論ずるものとして，望月文夫「一問一答・すぐ効く国際税務の救急箱（8）租税条約の基本原則―プリザベーション・クローズとセービング・クローズ」国際税務 27 巻 8 号 12 頁（2007），石井亮「法務担当者のための国際租税法入門（3）ソフトウェアの開発委託契約と国際租税法―租税条約による課税範囲の拡大？」NBL910 号 138 頁（2009）。なお，阿部泰久他『詳解国際税務』205 頁乃至 206 頁（望月文夫執筆）は，プリザベーションの意義を「租税条約よりも国内法の規定を適用したほうが有利になる場合があるときには，租税条約の規定ではなく国内法の規定を優先適用することができることを意味します。」（205 頁）と説明し，「国内法と租税条約の規定のうち，納税者にとって都合の良いほうの規定を適用することができるということになる」（206 頁）と選択説的な説明の上で日本国憲法上の国際法優位と矛盾するのではないかと問題提起を行っているが，プリザベーションは租税条約と国内法のどちらを適用するか，という適用法条の選択の問題ではない。

(25)　井上康一・仲谷栄一郎『租税条約と国内税法の交錯』36 頁（2007）。小松芳明『国際租税法講義（増補版）』23 頁（1998）（『講義（増補版）』）は，1970 年日米租税条約 4 条 2 項の規定を引用し特別条項（プリザーベイション・クローズ）と呼び，この規定を離れた一般的な定義は行っていない。小松説は，プリザベーションの下では納税者は国内法令と租税条約のいずれか有利な方の「適用」を「選択」できるという。また，プリザベーションの根拠は「租税条約が適用されない場合に比し納税義務者にとって不利にならないようにするとの原則を単に確認するもの」である，とされる（小松，同）。同旨，小松芳明「租税条約の国内適用可能性」（同『国際課税のあり方―国際租税法の発展をめざす』33 頁（1987）所収）33 頁乃至 34 頁。なお，青山慶二『現代税制の現状と課題―国際課税編』213 頁（2017）は，租税条約は締約国間で一定の制限を行う義務を課すものであり，新

則と呼ぶことが適切であるか否かは措く。日本国憲法は国際協調主義を採用し，その結果，一般論として我が国における国内法と国際法の関係は両者が一体として国法体系を構成するとの理解の下，国際法優位説，すなわち国際法が国内法に優先する，との立場をとると解されている。それ故，一定の事実関係が国内租税法令において課税の対象となり又は対象とならないと法的に評価され，かつ，当該事実関係が租税条約上の要件も充たし条約の適用も可能である（条約文言が直接適用可能（self-executive）であるこ

たに国内法を超えた納税義務を課すことは予定されていないとの条約目的説的な論旨に続いて「このような租税条約の性格から，租税条約は居住者・内国法人に対する締約国の課税権行使を国内法レベル以下に引き下げるものではないとの原則（プリザベーション原則）も導き出される。」とプリザベーションについて条約目的説的な説明を行っているが，①居住者を対象とすること，②国内法レベル以下に引き下げるものではないこと，の二点においてセービングと同じような説明を行っている。同書ではセービングについての言及はない。

(26) 租税条約においても，その他の国際条約一般と同様にその文言を事実関係に対して直接適用することが可能か否かが問題となる。しかし，現在までの租税条約に関する議論では，直接適用可能性について，その他の国際条約一般と異なる議論が妥当するとの議論はなく，国際条約一般における議論に従うものと考えられている。条約の直接適用可能性（self-executiveness）については，岩沢雄司『条約の国内適用可能性—いわゆる“SELF-EXECUTING”な条約に関する一考察』(1985)。租税条約上の直接適用できない文言は，それを国内的に適用執行するためには，国内適用執行のための国内法令が必要であると解される。何故なら，締約国は相手国に対して条約を誠実に遵守する義務を一般国際法上負い，国内的に条約内容を実施しないのであればそれは国際法違反の状態を惹起すると考えられ，それを回避するために当該締約国は国内法令を制定することで国内的に条約内容を実施し，国際法上の義務違反を生じないようすることができるからである。直接適用できない条約文言とその補完のための国内立法の実例として，条約9条（特殊関連企業条項）と租税特別措置法66条の4（1986年立法当時）の関係を挙げることができる。例えば，金子宏名誉教授は，条約9条（特殊関連企業条項）はその文言の抽象性と限定的な内容から直接適用できない条約文言であるとされ（国内立法必要説），それを国内的に実施するための立法として租特66条の4（当時）が立法化されたものであるとされる。金子宏「移転価格税制の法理論的検討—わが国の制度を素材として」金子宏『所得課税の法と政策（所得課税の基礎理論下巻）』363頁，368頁（1996）（初出，樋口陽一・高橋和之編『現代立憲主義の展開（芦部信喜先生古稀祝賀）（下巻）』439頁（1993））。ただし，この租税条約の「適用」は国内法令の「適用」とはややその法的意味が異なるのではないかと思われる。後述参照。

とを前提[26])とした場合には，国内租税法令の該当箇所の租税条約の適用による変形が自動的かつ実体的（substantive）に生じたものとして，国内においても扱う必要がある[27]。

しかし，この考え方は，国内法令上は納税者に非課税などの有利な扱いを認めているものの，租税条約にはそのような扱いを具体的に認める規定がない場合に，租税条約がそのような規定を置かないのはそのような非課税などの扱いを認めないからであると解し，租税条約が国内租税法令に優先することによって国内法上の扱いが修正され，そのような非課税などの有利な扱いを認めない結果となる，と考えてよいのであろうか。私見は，租税条約が国際協定の一種としての国際文書であり締約国は自国に有利に解釈適用を行う傾向にあることを与件として，ここでの租税条約である二重課税排除条約上の各種準則が①各種所得の算定準則ではなく二重課税の排除のためのもの，すなわち課税権の「配分」を定めるものであること（租税条約の目的），及び②主権国家の課税権行使について他国との間で交渉合意する必要がないこと[28]，の二つを理由として，このような場合，国内法令上の非課税等の扱いは租税条約の適用を通じても維持され，優先適用されるべき租税条約にそのような非課税等の扱いを認める具体的規定がないからといって，納税者は当該国内租税法令上の非課税等の利益を租税条約によって制限剥奪されるわけではない，と解する（条約目的説，確認規定説[29]）。租税条約の関係条文自体の文言の解釈というより，租税条約

(27)　後述のイモビライザー事件東京高裁判決は，所得税法の適用を受ける非居住者が国内で恒久的施設を有して事業を行い事業所得を得ているが無申告（のみならず租税条約実施特例法上の条約適用届出書，特典付表及び居住者証明書はいずれも提出されていない）である場合に該当租税条約を適用することは，所得決定処分の取消原因たる瑕疵を構成しない，との立場に立つ。

(28)　Vogel, *supra* note 17, at 14. 我が国での議論では取り上げられることはないが，ひとり事業所得の算定といっても，国によって，例えば期末棚卸資産評価方法，減価償却資産の種類や償却期間，残存価額に違いがあることは当然である。租税条約はこのような所得算定の仔細な点を共通化しようとしているのではなく，各締約国がその自国国内租税法令で算定した事業所得について，どちらの締約国が具体的に課税するかの交通整理をしているに過ぎない。

の意義目的及び租税条約と国内租税法令の法的関係をどのように位置づけるかという点でこのように考える必要があると思われる[30]。国際連盟モデル租税条約案以来，租税条約にはもっぱら源泉地国における課税の譲歩を定める非居住者の配分規定と，国外所得免除方式か外国税額控除による居住者の二重課税排除を定める規定が含まれているが，プリザベーションの適用外の項目（本稿の立場においては，例えば，減価償却期間やソース・ルール）については居住地国においてこのような二重課税排除措置の適用が条約上担保されることによって租税条約上行われる源泉地国での国内法を越える課税は租税条約上居住地国における二重課税排除措置によって緩和され，結局二重課税は排除される（つまり，「課税権の配分」だけが残る）と考えられる。2017年OECDモデル租税条約でいえば，23条Aと23条Bは，国内法上の一方的二重課税排除措置を確認するためのものではなく，条約上居住地国が行う居住者に対する二重課税排除措置として重要な役割を負っているのである。

この点，矢内教授は，

「租税条約に規定する所得源泉地規定は，条約相手国に便益を与えた

(29) 増井，前掲注（24），45頁も「租税条約締結の趣旨からして，確認規定説は基本的に妥当であろう。」と「租税条約締結の趣旨」に言及する。

(30) 昭和40年代中盤の政策当局の資料である，外務省・大蔵省『擬問擬答』，後掲注(87)，109頁が，「問31 租税条約によって国内法とは異なる課税関係を規定するのは，租税法律主義に違反しないか」との擬問に対する擬答として「実体的にみても，条約の規定は，国内法の規定をこえて新たな税負担を課すものではないので，この点からも租税法律主義の精神に反することはないと考えられる。」と抽象的にではあるが，租税条約にプリザベーションの性質があることを伺わせる説明をしていることは注目に値する。この「国内法の規定をこえて新たな税負担を課すものではない」との表現は，すでに1954年日米租税条約の交渉過程における日本側交渉団の発言にも見られる。1952年10月にワシントンDCで行われた第2回日米租税協定会議議事録によると，10月8日の第5回会合で現在の特殊関連企業条項に当たる規定の交渉に際して日本側が「国内法が設けられなければ，条約によって租税を増加させることはできないという理由（本条約でもその趣旨の規定は存するが)」と指摘している点が注目される。再録，加野，後掲注(121)，379頁。

ものではなく，両国間で合意した共通の所得源泉ルールを決定することが目的であることから，プリザベーションクローズが納税者に有利な所得源泉ルールを選択することに適用されないとするのが，立法当局における解釈である。」[(31)]

と「立法当局の解釈」を紹介している[(32)]。この説明の前半部分は，後述のVogelの所論に近く，1954年日米租税条約の交渉締結過程での我が国政府の租税条約に対する理解の深さやその後の各種資料での政策当局の言説から見ると，説得的な見方であろう。

一方，我が国の租税条約を一瞥すると，例えば2003年日米租税条約[(33)]１条２項のように，当該租税条約を適用してもこのような非課税等の扱いを剝奪することはできない旨を条約上の明文の規定により定める条約もあれば[(34)]，そのような規定を定めない条約も存する。そこで，いま一つの考え方は，租税条約にプリザベーション条項が明文上存在して初めて国内法上の非課税，所得控除等の課税上の積極的斟酌を奪うことができない，と

---

(31)　矢内一好『日本・国際税務発展史』118頁（2018）。1954年日米条約締結当時の状況については，これ以外に，例えば，矢内一好「日米原租税条約締結時の日本の国際税務のレベル」税務事例52巻7号60頁（2020）。

(32)　ただし，「立法当局における解釈」の典拠が示されていないので，どのような資料を根拠としてこのような所論が示されているのかは不明である。

(33)　2003年11月6日署名，2004年条約第2号及び外務省告示第113号（2019年8月30日改正議定書批准書交換）。

(34)　Inoue and Miyatake, *supra* note 24, at 104によれば，我が国の租税条約は1954年日米租税条約を手始めに1970年頃までに締結された租税条約においては，締結当初は1954年日米租税条約19条2項に類似するプリザベーション条項を置いていたが，それらの条約がその後改正される機会に，そのような規定は廃止されていることが明らかになっている。これは，当時の我が国の租税条約政策ではプリザベーション条項を条約に置く方針であったのがその後そのような方針を転換し，条約にプリザベーション条項は置かない方針に変更されたのではないか，と想像させる。後掲注（87）の『擬問擬答』が作成されたのは昭和44年（1969年）とされているので，これら条約実例と資料の時系列的関係はほぼ一致しており，その頃までの大蔵省はプリザベーションを租税条約上定め租税条約は国内法を超えて新たな租税負担を課すことはできないとの考えに立っていたように思われる。

解する立場である（条約規定説，創設規定説）。この立場に立てば，条約にプリザベーション条項が定められていなければプリザベーションは作用せず，条約の適用により国内法上の非課税などは剝奪される，と解する。確かに，この現行2003年日米租税条約の規定は，対米条約の歴史を遡ると，1954年4月16日署名の原条約[35]19条2項の

---

(35) 1954年日米租税条約（1954年4月16日署名，1955年3月1日公布・効力発生。1955年条約第1号）。同条約については，増井良啓「租税条約の発展—1954年日米所得税条約をめぐる覚書」金子宏編『租税法の発展』139頁（2010）。Y. Masui, *The Influence of the 1954 Japan-United States Income Tax Treaty on the Development of Japan's International Tax Policy*, 66 B. F. I. T. 243 (2012). なお，この原条約の締結交渉に際してプリザベーション条項は1951年12月4日付日本側条約案には含まれていなかったが，1952年10月29日付英語版8条2項（おそらく18条2項のミスタイプと思われる）と同日付日本語案18条2項には含まれており，その間の1951年12月に行われた日米当局間の第1回交渉から第2回交渉にかけて米国側から提案されたのではないかと推測される（第2回交渉の各会合は1952年10月）。前掲注（30）での特殊関連企業条項をめぐる発言議事録（1952年10月8日）に括弧書で「本条でもその趣旨の規定は存する」という発言が記録されているのがそれに当たるのではないかと考えられる。大蔵省主税局「所得税に関する米日協定（案）（26.8.21主税局）」及び大蔵省主税局「日米租税協定（所得税，法人税）（案）（26.12.08）」（国立公文書館）（平25財務00968100）。内閣法制局第二部（外務省担当）『日米租税協定（27.10.29）』（国立公文書館）（平19法制00222100）。第1回交渉会議及び第2回交渉会議のいずれの会議議事録にもプリザベーションに関する応答は記録されていない。再録，加野，後掲注（121），328頁以下。なお，上述の第1回交渉が終了した直後の昭和27（1952）年2月25日開催の第13回国会衆議院大蔵委員会では，深澤委員の質問として「24日（1952年2月24日—引用者注）の日本経済によりますれば，日米租税協定の問題については，今年1月ワシントンで，この日米租税協定が内定をしておるということが報道されておる」（3頁）との指摘に対して，平田政府委員が「たとえばその制限納税義務者に対する課税範囲の擴張，それから日本において生じた所得に対しては，原則として日本で課税する，こういうのは主として條約には直接には関係なく，国内法の問題でございます」として，制限納税義務者（非居住者外国法人）に対する課税範囲の拡張が租税条約には直接関係はなく国内法の問題である，と答弁している。制限納税義務者に対する課税に租税条約が直接は関係がなく国内法の問題である，ということからすると，租税条約は二重課税排除の準則だけを定めるものと理解していたと評価することができよう。第13回国会衆議院大蔵委員会議録第20号4頁（昭和27年2月25日）。

「この条約の規定は，一方の締約国が租税を決定するに際し，自国の法令によって現在認められているか又は将来認められる免除，減額，控除その他の恩典（allowance）をいかなる形においても制限するものと解してはならない。」

との規定に始まり，現行2003年条約1条2項まで一貫して引き継がれている規定である[(36)]。我が国の租税条約では，このような規定を含む条約として1970年日韓租税条約[(37)]3条3項などがある。ただ，少なくとも先進国の租税条約を一瞥しても，租税条約上プリザベーション条項を明文の規定として定めるのは主に米国の租税条約[(38)]である。2016年米国連邦財務省モデル租税条約1条2項は，

「この条約は，次のものによって現在又は将来与えられるいかなる恩典（benefit）も制限してはならない。a）いずれかの締約国の法令，又はb）両締約国が締約国であるその他の条約」

と定め，日米条約のような免除，控除など具体的かたちを特定することなく「恩典」を制限してはならない，と規定している[(39)]。この2016年モデルと同じ文言を用いていた2006年モデルについて米国連邦財務省が公表している2006年モデル租税条約技術解説書は，次のようにこの規定の趣

(36) 1971年日米租税条約4条2項。なお，1954年日米租税条約の締結にかかる国会審議の動向については，増井良啓「日米租税条約と国会1954-2004」税大ジャーナル31号127頁（2020）。

(37) 1970年日韓租税条約（1970年3月3日署名，1970年10月29日公布・効力発生。1970年条約第20号）。

(38) 米国は，1949年対アイルランド条約，1957年対パキスタン条約及び1973年対旧ソビエト連邦条約を除いて，すべての条約にプリザベーションを定める。

(39) 2006年条約1条2項の規定は，文言もそのままに2016年モデル租税条約1条2項に継承されている。Article 1 (General Scope) Paragraph 2, U.S. Department of the Treasury, United States Model Income Tax Convention (February 17, 2016).

旨を説明している。曰く，

> 「第２項は，本条約と国内法令の間，及び本条約と両締約国の間で締結された他の条約との関係で一般に認められた関係を言明する。すなわち，本条約のいかなる規定も，両締約国の租税法令又は両締約国の間で締結されたその他の条約によって与えられた非課税，免除，所得控除，税額控除その他の恩典（benefit）を制限することはできない。……第２項はまた，本条約は国内法令の下で算定された負担を超えて一方締約国の居住者の負う負担を増加させることはできない，ということも意味する。従って，本条約によって付与される課税権は，当該課税権がまた国内法上も存する場合に初めて行使することができる。」(40)

この説明で興味深いのは次の諸点である。第一に，プリザベーションを定める第２項は「一般に認められた（generally accepted）関係」であると位置づけている点である。ここでの一般に認められたというのは，米国連邦財務省の資料の上でのことであることから当然，米国の視点から見たものとして言及していると思われるが，プリザベーションが米国にとってはとりたてて奇異なものではないと捉えているように思われる(41)。第二に，2006年及び2016年連邦財務省モデル租税条約１条２項は個別の恩典の具体的形には法文上言及せず一般的にbenefit（恩典）と表現しているに止まるが，その内容は，この技術解説書の一文からは，日米条約にいう非課税

(40) Article 1 (General Scope) Paragraph 2, U.S. Department of the Treasury, United States Model Technical Explanation accompanying the United States Model Income Tax Convention of November 15, 2006. なお，連邦財務省は2016年モデルの技術解説書を2016年春には公表するとアナウンスしていたが，筆者の調査によると2020年春段階でもいまだ公表していないようである。https://www.treasury.gov/press-center/press-releases/Pages/jl0356.aspx

(41) 小松『講義（増補版）』，前掲注（25），27頁注（4）もこの点に言及する。

や免除，所得控除や税額控除といった具体的形を包摂するものとして考えられていることがわかる。第三に，我が国や欧州諸国とは異なり，穿った見方をすれば，米国は租税条約を，課税権を付与するものと見ているのではないかと思われる表現が含まれる。

では，米国がこのような規定を租税条約に定める理由はどのように解されているのであろうか。Vogel，Shannon 三世，Doernberg 及び van Raad という独米蘭の租税条約の碩学による米国租税条約に関する注釈書では，その理由は，主に米国連邦憲法にある，と指摘されている。

すなわち，米国連邦憲法においては，連邦の歳入の徴収を伴う法律案について下院の先議権を定めているが（米国連邦憲法第１章７条１項），他方，国際条約については，大統領は，上院の助言と承認を得て条約を締結する権限を有する（同第２章２条２項）。さらに，米国連邦憲法上，米国連邦憲法，米国の法律並びに米国の権限に基づいて締結された国際条約はいずれも国の最高法規として同等の効力を有する（同第６章２条）。これらの結果，連邦の租税法令（歳入の徴収を伴う）が下院で立法されるのに対して，租税条約は上院の助言の下，大統領が締結し上院の承認を受けるだけで効力を生ずる。そのため，憲法が求める下院による国内立法（租税法令）よりも重い租税負担を生ずる租税条約が締結されたとすれば，そのような条約は歳入関係法と等位であるため，歳入関係法案の下院先議権に抵触する恐れがある。それを一般的に回避するために，大統領が締結する租税条約においては，下院が制定する租税法令よりも重い租税負担を生ずることがないことを明らかにする規定（つまり，プリザベーション条項）を租税条約に置くこととするのが連邦政府の租税条約政策である[(42)]。興味深いことに，米国では，その具体的適用範囲の解釈はやや liberal に行われるべきである[(43)]，と考えられている。

このような米国での理解は上述の一般に理解される租税条約の目的とは

---

(42)　また，米国連邦政府は州の事項について管轄権を有しないので，米国大統領が締結する租税条約では適用対象税目に州税地方税は含まれない。

(43) K. Vogel *et al.*, 1 United States Income Tax Treaties, 26-Part II. Commentary (May 1989). つまり，この1条2項の法解釈として，1条2項に列挙される項目及び一般状況としての恩典をリベラルに解釈すべし，という。一方，小松『講義(増補版)』，前掲注 (25)，23頁は，プリザベーションが条約上定められることと米国における条約審議の特殊性とは直接関係を持たない，と結論される。なお，米国のこのような連邦歳入法令と条約の間での上下両院での権限のずれが租税条約の締結に障碍となるとの危惧を抱いていたのは，当時イェール大学政治経済学教授でアメリカ経済学会理事長，連邦財務省顧問であった Thomas S. Adams であった。Adams は，その対応策として，上下両院で同じ内容の国内立法を行い，その立法により所定の線に沿って条約交渉を行う権限を大統領に付与する，という対応を考案した。これに向けて Adams が策定したのが HR 10165 法案（1930年国際的二重課税救済法案）で，一定の条件の下，米国は相互主義に基づき特定相手国との間で一定の種類の所得を相互免税にするという内容のものであった。しかし下院本会議では不採択とされた。M. B. Carroll, *Evolution of U. S. Treaties to avoid Double Taxation of Income (Part II)*, 3 INT'L LAW. 129 (1968). 連邦憲法上の上下両院の権限のずれを，非居住者外国法人の一定の所得を米国国内法令で免税とすることで調整しようとしたものと思われる（一種の相互免税法律）。71st Cong, 2nd Sess., H. R. 10165, International Double Taxation: Hearings before the Committee on Ways and Means House of Representatives- A Bill to reduce International Double Taxation 3 (Feb.28 and March 1, 1930). Carroll は，1930年法案は当時の1928年歳入法212条（b）項及び231条（b）項をモデルにしたものである，と指摘する。M. B. Carroll, *Proposed Bill to reduce International Double Taxation*, 8 TAX MG. 132 (1930). これらの規定はいわゆる船舶海運所得の相互免税を定める規定で，我が国でいえば旧「外国船舶の所得税等免除に関する法律」(大正13年法律第6号)（現「外国居住者等所得相互免除法」(昭和37年法律第144号)）に当たる。この1930年法案の目的は，Mellon 財務長官の提案理由によれば，(1) 連邦所得税から外国税を税額控除する1928年歳入法の規定により米国が現在負担する救済措置の負担の一部を他の国に移転すること，(2) 利子，配当及びその他一定の種類のあまり重要でない項目の所得について個人及び法人が課される外国でのより重い課税について相互主義に基づく免税を行い米国においてのみ課税すること，及び (3) 米国市民及び法人に対して，多くの欧州各政府が相互覚書において各々の納税者に対して付与してきた優遇措置（advantage）に類似するさまざまな措置を確保すること，であった。71th Cong., 2nd Sess. H. R. 10165, *id.*, at 3. この公聴会議事録を通読すると，米国は1920年代に Adams を米国委員として国際連盟に派遣し，欧州流の措置としての条約による二重課税排除を深く研究していたことがわかる。また Adams は，この小委員会において国際連盟モデルに言及しつつも，条約によらず連邦法で二重課税排除を相互主義による外国所得免除という手段によって達成しようとしていた点は興味深い。また，公聴会議事録31頁から33頁にかけて Adams と Bacharach 議必ずしも連動していないが，租税条約が国内租税法令よりも重い課税を生ずる，つまり租税条約によって増えた部分の租税は国内法には根拠がなく租税条約にのみ法的根拠を有する，などという事態に陥らないように租税条約を観察しているという点で，前述の条約目的説（確認規定説）と整合的な理解であるように思われる。単純に連邦憲法上の上下両院の権限配分が理由であるというよりも，それによって生ずる国内租税法令上は根拠のない租税条約上だけの課税を回避しようとする着眼点が重要である。また米国のこの表現は，租税条約の規定の内容が国内租税法令に比べて抽象的でもっぱら課税権配分についての文理的表現になっていることにはあまり頓着せず，条約規定も課税の準則を定めると理解しているのではないかと観察される。従って，実質的に対米条約など一部の租税条約だけでプリザベーション条項が定められている我が国においては，条約規定説（創設規定説）は，この条項が定められる条約と定められていない条約との間で租税条約の適用関係が異なり，法的安定性に欠け，支持できない(44)。

員や Garner 議員との間で，Adams 案である相互免税法律案を巡って激しいやりとりが記録されている。これらの経緯からわかることは，米国は国際連盟におけるモデル租税条約策定をリードしていたが，当時は，米国自体の政策としては条約ではなく国内法令によって国際的二重課税を排除するという道を歩んでおり，この 1930 年法案の廃案に伴って租税条約の締結に大きく方針を変更した，ということである。Carroll が連邦商務省で回付した文書によれば，当時米国は英国の政策との比較において居住地国が二重課税の排除を行うことなど無理で，「米国委員会は，それ故，課税上の住所地の原則を課税の唯一の基礎として採用することには反対する。」とメモを残していることが興味深い。M. B. Carroll, Proposed and applied Method of Preventing Double Taxation, at 27-28, attached to Division of Commercial Laws and C. J. Junkin, Chief, the Special Circular No. 122- Division of Commercial Laws, Comparative Law Series-February, 1926 Vol. II No.2 (C. L.No.122, Feb. 27, 1926) (Adams Paper Box 13, Yale University Library). つまり当時米国は源泉地国免税を貫徹することは困難である，と考えていたのである。後年，Ault 教授と Tillinghast 教授は，「経験によれば，国内法令は多くの場合外国納税者を不利に扱う傾向にあり，条約交渉において得られるであろうと見込まれる双務的譲歩だけがこの歪みを克服することができる。」と条約によって二重課税排除を行う実際的理由を説明している。American Law Institute, *infra* note 45, at 13.

本稿の主題との関わりでいえば，条約目的説からすると，プリザベーションは，条約上の個別条文に根拠を置くというよりは，それをどのような用語で表現するか別として，租税条約の性質そのものに内在すると理解することによって導かれる法的性質である。このような理解は，条約文言自体の法解釈によってではなく租税条約の意義目的を勘案した法的性質の理解であるので，条約「文言」の文理解釈でも目的的解釈でもない。しかもこのプリザベーションの理解の如何は，条約の個別具体的規定の法解釈に影響を与える。その意味で，租税条約の解釈は条約文言を重視するだけでは足りない。

なお，米国においても，上述のような連邦憲法上の上下両院の権限のずれをプリザベーションの根拠と観察する以外に，条約目的説に近い説明をする論者もいることは注目に値する。例えば，Ault 教授と Tillinghast 教授の共著による全米法律家協会（American Law Institute）の国際課税に関する報告書である Federal Income Tax Project- International Aspects of United States Income Taxation II: Proposals on United States Income Tax Treaties（1992）は，1978 年米国モデル租税条約 1 条 2 項に定めるプリザベーション条項に言及するに際して，次の説明から解説を始めている。曰く，

「多くの状況において，納税者は国内租税法令という通常適用される準則と条約の準則の双方の適用対象である。これは不可避的なことである。何故なら，条約は一切の事実関係を規律する包括的な課税原

(44) 各国の租税条約が OECD や国連のモデル租税条約を軸としてその内容が同質的に収斂していると見るのは幻想である。G7 諸国の租税条約を取り上げただけでもその内容は骨格は酷似しているものの細かく見るとさまざまである。また，OECD モデル租税条約の各条に加盟国が数多くの留保や所見を付していることはつとに有名で，世界中の租税条約を同じ法的性質で理解しようとすることには無理がある。各国の憲法体制や経済的能力などによって条約の性質を異なって理解しても不思議なことではない。従って，本稿の条約目的説は，日本の租税条約について日本側でどのように理解されるべきか，という限局的な議論に過ぎない。

則を定めようとはしていないからである。しかし，これら二つの並列的な準則が存在するということによって，ある具体的事実関係においてそれらがどのように相互に影響し合うか（interact）という問題を惹起する。」[45]

ここでは，1978年連邦財務省モデル租税条約という米国の視点から見た二重課税排除メカニズムであるにもかかわらず，米国連邦憲法上の権限配分のずれを根拠とする説明ではなく，「条約は一切の事実関係を規律する包括的な課税原則を定めようとはしていない」という，むしろ租税条約の役割は課税権の配分に止まると理解する国際連盟におけるモデル租税条約の検討過程に近い説明が行われているのであって，この一節の前後には連邦憲法は一切言及されていない。Ault教授もTillinghast教授も米国を代表する国際租税法の論者であるだけに[46]，米国モデル租税条約でのプリザベーション条項に関するその言説には説得力があろう。

いずれにせよプリザベーションを肯定すると，その具体的範囲についても，個別規定の法解釈というよりは租税条約自体の法的性質の理解に依存しているように思われる。プリザベーションの適用対象に関する解釈学説

---

(45)　American Law Institute, Federal Income Tax Project- International Aspects of United States Income Taxation II: Proposals on United States Income Tax Treaties 80 (1992).

(46)　引用した一節は，正式版の報告書が公表される前年の1991年に公表された暫定草案においてもまったく同じ表現であったため，Ault教授とTillinghast教授の考え方は偶然の産物ではないと見てよさそうである。American Law Institute, Federal Tax Project- Tentative Draft No.16 (April 15, 1991), at 80. この暫定草案においても両教授は1978年米国モデル租税条約1条2項に言及するが，この1条2項があるからプリザベーションが作用するという説明は行っておらず，むしろ，文言から離れて，租税条約はかりに租税条約がなかったとしたならば納税者が認められていたであろう恩典を剝奪しないような方法で適用される，と説明する。*Id.* このような表現からするとAult教授たちでさえこのプリザベーション条項にプリザベーションの法的根拠を置いていたわけではない，と解することができよう。

は，狭義説，広義説及び選択説の三説があり得るが[47]，本稿は，日本国憲法における国際法と国内法の関係を前提として，予測可能性及び法的安定性を根拠に，二国間条約の一方締約国である我が国の解釈として狭義説に立つ。いま一つは，租税条約の中でプリザベーションが作用する範囲である。この点は，例えば国内法令側で所得税法 162 条 1 項との関わりで問題とする言説も見られるが[48]，プリザベーションは国内法とは関係はない。

---

(47) 井上・仲谷，前掲注（25），36 頁以下参照。

(48) プリザベーションと所得税法 162 条 1 項との関係は，プリザベーションの中でもよく論じられる論点の一つである。谷口勢津夫『租税条約論―租税条約の解釈及び適用と国内法』34 頁，36 頁（1999）は，162 条 1 項の立法の沿革には言及せず「租税条約上のソース・ルールの内容を国内税法に取り込んで，（所得税法）161 条等のソース・ルールとは別建てのソース・ルールを国内税法上創設する規定である。」と論ずる。一方，増井，前掲注（24），50 頁乃至 52 頁は，立案担当者の解説等の資料に言及した上で，プリザベーションについて狭義説によりつつ所得源泉の置き換えはプリザベーションの対象外であるとの立場に立つ。増井説は，結果として，このような租税条約上のソース・ルールによって課税が行われることに対しては，下記の Vogel の所論に近い。なお，この規定は，当初，1954 年日米租税条約の締結から 10 年近く後の 1962 年の税制改正で国内源泉所得の規定とともに立法化されたが，その国会審議における説明は，水田三喜男国務大臣の「非居住者等の課税につきまして，わが国の締結した租税条約との調整等をはかりながら」（第 40 回国会衆議院会議録第 9 号 2 頁（昭和 37 年 2 月 6 日））（同旨，天野公義政府委員（大蔵政務次官）発言，第 40 回国会衆議院大蔵委員会議録第 7 号 12 頁（昭和 37 年 2 月 7 日））とごく簡単な説明に止まる。ただし，後述のように，プリザベーションは源泉置換規定との関係においてのみ問題とされる論点ではないことに注意する必要がある。木村浩之「源泉置換規定についての一考察」税法学 579 号 87 頁（2018）は上述の谷口説に依りつつ，所得税法 162 条 1 項及び法人税法 139 条 1 項に定める源泉置換規定の意義について，プリザベーションとの関係を視野に入れ，確認規定説と国内立法説の対立を比較検討する。同旨，山﨑昇「租税条約のソースルールの国内適用―所得源泉地の置換え規定の機能」税大ジャーナル 5 号 95 頁，98 頁（2007）。プリザベーションの広狭に関する解釈と国内租税法令の意義に関する解釈が連結した論点であるが，プリザベーション自体は条約上の論点である。私見では，租税条約上の源泉定義規定は源泉地自体を定める規定ではなく，締約国間で源泉の定義を共通にすることで国内法令上の源泉地の重複を避け，両締約国に対してその限りで課税権行使を認める課税権配分規定の一種（事業所得の場合の恒久的施設と帰属主義も同旨）であって，非課税や所得控除，税額控除のような積極的斟酌の規定ではないので，プリザベーションの範囲外であると考える。Vogel は，租税条約に含まれる源泉定義規定について「租税条約はまた，国際的『ソース・ルール』を導入しそれによってどちらの締約国に一定の所得の『源泉（originate)』があり又は資本的資産が『所在する(are located)』ということを決定しようとしているわけではない」と述べる。Reimer and Rust, *infra* 93, Introduction, at m. no. 51. Vogel のこの条約上のソース・ルールについての見方は Vogel の租税条約のコンメンタールで最初から採られている見方である。Klaus Vogel, Doppelbesteuerungsabkommen, Einleitung m. no. 45 (1983); Vogel, *supra* note 17, at 22. 例えば，2017年OECDモデル租税条約11条5項は利子の「源泉地」について債務者主義を採用していると一般には説明されるが，Vogel 流の説明では，これは利子の源泉地を定めたものではなく，1項及び2項の課税権配分のための分水嶺（課税権の配分基準）を定めたに過ぎないということである。文理的には源泉地を定めているように見えるがその趣旨は配分基準を定めているということである。それ故，いわゆる「源泉置換規定」は源泉を置き換えておらず課税権配分（割当て）を行っているに過ぎない。そこで，条約上のこの配分基準たる「ソース・ルール」に従って国内で課税を行うためには，それによることを明らかにする国内租税法令が必要である，と考えるのである。しかし，このような理解は，上述の所得税法162条前段の文言や従来の日本の論者の理解とは異なることが興味深い。なお，1954年日米租税条約13条は各種所得の源泉定義を定める規定であったが，この規定の趣旨について，同条約の国会での承認手続の過程において白石説明員（大蔵省主税局税制第一課長）は，「源泉があるということはどういうことであるかという問題が起こるわけであります。……13条でこのような源泉の定義を下しておるわけでございます。」と13条を源泉の定義を定める規定であると条約の字句どおり説明している。第19回国会参議院外務委員会議録第34号2頁（昭和29年5月18日）。矢内教授は，「所得源泉の置換規定の前段は，プリザベーションクローズと所得源泉ルールの間の関係を明確にするために規定されたものであるから，所得源泉ルールという点において対応する規定であれば租税条約に置き換わることになる。……源泉徴収の対象となる2号所得以降の所得について，租税条約と国内法の所得源泉ルールが異なる場合，租税条約が国内法に定める税負担以上の課税を行わないとする租税条約に規定または内在する条理と対立することのないように，租税条約に定める所得源泉ルールが適用されることを明確にしたものである」とされる。矢内，『日本・国際税務発展史』，前掲注（31），118頁。ここでは，プリザベーションが確認説であれ条約規定説であれ，結果は同じと読める説明になっていることが興味深い。木村弘之亮『国際税法』47頁（2000）は，プリザベーションの根拠として条約目的説に言及し「国内法上のソース・ルール……が租税条約上のそれよりも納税義務を減免する場合には，条約中のプリザベーション条項によって国内法上のソース・ルール……が適用される。その結果，所得税法162条……は，同法161条……によれば国内源泉所得と判定される各種所得が，租税条約中のソース・ルールにより国外源泉所得と判定される場合に限って，租税条約中の源泉判定規準を優先適用する旨を指示している。」（脚注省略―引用者注）とし，条約上の源泉定義規定が所得源泉を定めた規定であって納税義務を減免する場合があるという。

それ以外にも，租税条約の規定の中で1条適用対象者や2条対象税目もこの規定の対象となるのか，23条二重課税排除，24条無差別条項や25条以下の行政関係規定は適用対象となるのか，という点も問題となる。本稿は，プリザベーションが主として非居住者の源泉地国での扱いについての原則であり，前述のように居住者には国外所得免除方式又は外国税額控除が条約上定められることとなっているので，源泉定義規定や租税条約25条以下の行政関係規定等は対象ではなく，狭義説において納税者の扱いが定まる，と解する。我が国におけるプリザベーションの理解は，それを肯定する論者であれ否定する論者であれ，論者によって大きく異なり，そのような理解の相違が議論の混乱の原因となっていると思われる。

プリザベーションの「文脈」で租税条約と国内租税法令の関係が問題になるのは，①所得税法162条1項等のいわゆる源泉置換規定（調整規定あり），②同法2条1項8号の2ロ及び同法施行令1条の2第2項等（建設PEの存続期間）（調整規定なし），③平成26年同法改正162条2項に定めるAOA未改訂条約での内部利子の非認識他（調整規定あり），④租税条約実施特例法2条5号（限度税率）と同法3条の2第1項（条約上の限度税率による課税）（調整規定あり）などがある。これらは，いずれも国内規定での課税よりも条約上のルールに従ったほうが一方締約国としての我が国で租税負担がより重くなり得る可能性が含まれる。②の建設PEの閾値たる1年超継続の要件は，PEがあればPEがない場合よりも常に税負担は重くなるとはいえないことからプリザベーションの範囲外であろうし，③はPE帰属事業所得の計算にAOA前の独立企業原則を用いるに止まる条約の下では帰属する部分について旧所得税法施行令279条（総合主義による事業所得）タイプの事業所得計算を行うと条約上の新旧独立企業原則と国内租税法令上の新旧事業所得計算の対応関係を定めたに過ぎず，④は直接適用できないと考えられ，条約上の上限（限度税率）以下で現実に適用すべき税率を創設的に定めた規定であると解される(49)。限度税率よりも国内税率が低い場合には，その差の部分はそもそも国内法が課税を行っていないわけであるから，限度税率を適用しても，限度を下回るという意味（条約は一定の水準を「超えない」ことを求めているだけである）で国内税率が条約との関係においても適用されると考えられる。それに対して，国内法上の全所得主義の上に締結された条約上の帰属主義は，そもそも課税の根拠である国内法で事業所得は源泉が国内にあればすべて恒久的施設の手元で課税することを前提に，そのうち帰属する部分だけを条約上課税の対象にしたに過ぎない規定であると考えられる（国内法上課税の対象となっていなかった国外源泉の事業所得でPEに帰属するものはそもそも国内法で課税の対象外としているので，帰属主義で帰属するから条約上課税が許されるからといって，そもそも国内法上課税していないのであるから，帰属主義の条約適用によっても課税の対象とすることはできないと解され，その意味で，国外源泉ではあるがPEに帰属する所得を国内法上国内源泉所得とするとした規定ではないと解される）。プリザベーションの意義範囲は，これらの論点を統一的に説明できる理論構成であることが必要で，162条1項だけを議論の俎上に乗せるのは租税条約と国内租税法令の関係を考える上で不正確である。

これらの点からすると，少なくとも我が国においては，①租税条約は，

---

(49)　1954年日米租税条約の交渉過程において条約上の限度税率について，日本側が限度税率が最高限度を定めたものであるか否か，またこれを何%とするかについて別に国内法を定めていないかとの質問に対して，米国側は別途国内法は定めていないと応えている。交渉議事録ではそれに続いて括弧書きで「（日本としては『15%をこえてはならない』という条約の規定の場合に，国内法において例へばこれを15%とする旨の規定が要るや否やの問題があると考えられるが，国内問題であるから別に討議はしなかった。）」との記録が残されている。「日米租税協定会議（第二回）議事録」，再録，加野，後掲注（121），383頁。その後制定された租税条約実施特例法は条約上の上限の税率を限度税率と呼び，限度税率自体を税率として適用するとの規定を設けることとなるが，これは立法者が，①限度税率を超える税率を適用することは条約違反となる，②しかし，限度税率は限度（上限）を決めたに過ぎず，具体的事案に対して適用される税率は限度税率からは導き出すことはできず国内法で補充する必要がある，と考えたからであろう。その意味で，限度税率は上限を定めるという意味では直接適用が可能ではあるが，いくばくの税率を適用すればよいかという点では直接適用できない条約文言であると解される。

国際連盟でのモデル租税条約の策定以降これらの国際機関で主唱されていた課税権の配分という見地で捉えられ，その法的性質として課税の根拠ではないという考え方と，②第二次世界大戦後米国との間での租税条約の締結により米国連邦憲法下での上下両院の権限配分のずれを震源地とするプリザベーション条項，の二つが相俟ってプリザベーションの考え方が語られるようになったと推測される。特定相手国との関係において，国際的二重課税を緩和排除するために，我が国国内租税法令上の課税を条約によって制限排除する国際法規範であるとの理解の上に，国内法が課税を行わない部分については租税条約だけを根拠として課税を行うことはできず，その意味でプリザベーションという性質が作用していると考えるべきであろう。

3　セービング

第二の論点は，「セービング（saving）」である。ここにセービングとは，例えば1971年日米租税条約4条3項に見られる「この条約は，(4) の場合を除くほか，一方の締約国の居住者（合衆国については，その市民を含む。）に対する当該一方の締約国の課税に影響を及ぼすものではない。」[(50)] と表現され，2003年日米租税条約1条4項（a）号の「この条約は，5の場合を除くほか，第4条の規定に基づき一方の締約国の居住者とされる者に対する当該一方の締約国の課税及び合衆国の市民に対する合衆国の課税に影響を及ぼすものではない。」と表現される考え方で，要は，租税条約は居住地国において居住者に対しては適用されないとする考え方である[(51)]。

2017年OECDモデル租税条約1条3項は，

(50)　1971年日米租税条約4条3項。同条4項は3項の例外として，条約の一定の条項についてはセービングの対象外とし居住地国が自国居住者に対しても条約を適用するとする。井上・仲谷，前掲注（25），80頁は「自国の居住者・内国法人に対する自国での課税関係には，租税条約の規定の影響を受けることはないという原則」であるという。

「この条約は，第7条，第9条2，第20条，第23条［A］［B］，第24条，第25条及び第28条の規定に基づいて認められる特典に関する場合を除くほか，一方の締約国の居住者に対する当該一方の締約国の課税に影響を及ぼすものではない。」

との規定を追加した[52]。この2017年新3項についてのコメンタリー第17パラグラフ及び第18パラグラフは，

「17.（中略―引用者注）ある限定的な局面においては，いくつかの規定は一方締約国の自国居住者に対して租税を課する権能を制限するものと解釈し得るということが意図されていない場合においてさえそのように考えることができる（例えば，後述の，従属外国法人規定（我が国でいえばタックス・ヘイブン対策税制―引用者注）の事案に言及するパラグラフ81参照），と議論されてきた。」

「18. 第3項は，この条約は一方締約国が自国居住者に対して租税を課する権能を制限することを意図している場合を除き，そのような制限を行うことはない，という一般原則を確認し，かつ，この原則が

(51)　セービングの条約例の沿革や欧州学説などについては，鈴木悠哉「居住者に対する租税条約の適用局面―Savingの原則は確立しているか」横浜国際社会科学研究15巻1/2号97頁（2010）（『適用局面』），鈴木悠哉『租税条約と国内租税法令の抵触：英国におけるCFC法と租税条約との関係をめぐって』（横浜国立大学博士論文平成25年3月22日）参照。日米間でいえば，1954年日米租税条約は締結当時，セービング条項を含んでいなかったが，第3次改正議定書（昭和40年条約第5号）により14条に2項が追加された。小松芳明『逐条研究日米租税条約』42頁（1989）（同書第2版42頁（1995）及び第3版42頁（1997）も同じ）。

(52)　なお，この2017年版OECDモデル租税条約が公表される直前の2017年1月30日にオーストリアとの間で旧1963年条約を全面改訂する新条約が署名されたが，この新条約1条3項には，2017年OECDモデル租税条約1条3項とほぼ同じ文言で同旨の規定が定められている。2017年条約第7号及び外務省告示第298号。2018年10月27日発効。この新対オーストリア条約は英文だけを正文とする。

適用されない幾つかの規定を列挙している。」[53]

と説明する。要は，OECD は OECD モデル租税条約においてはセービング（条約は自国居住者に対する自国の課税を制限しない）という考え方を米国のような非居住市民権保持者（non-resident citizens）のためだけではなく一般原則として「確認」するとしたのである。二国間租税条約によっては，我が国の租税条約とは異なり，条約上の規定において，一方締約国の国内法令上の従属外国法人税制の適用を許容する規定を置いている場合がある。それらの条約例についてこの1条3項がどのように理解されるかについてこのコメンタリーは言及していない。また，この確認という理解は，租税条約が原告納税者（日本内国法人〜日星租税条約上の居住者）に適用されることを当然の前提として，配分規範としての租税条約の法的性質に一切言及することなく結論を引き出した後述のグラクソ事件最判（一小）平成 21 年 10 月 29 日及び飛鳥鋼管事件最判（二小）平成 21 年 12 月 4 日の論旨とは際立って異なっており，興味深い[54]。この 2017 年 OECD モデル租税条

(53) OECD Commentary to the Article 1, Paras.17 and 18 (2017). コメンタリーが国内租税法令上の CFC ルールの自国居住者（内国法人）に対する適用を排除しない，との文脈でセービングを条文化したことは，OECD 流のセービングの射程範囲を考察する上で興味深い。なお，欧州で締結される条約によっては，国内法令上の CFC ルールの適用を認める規定を条約上置く条約も存する一方，国内法令上の CFC ルールの適用を租税条約上認めることに対して留保する国も存する。

(54) グラクソ事件における納税者の「タックス・ヘイブン対策税制の適用による合算課税は租税条約に違反する」との主張は，2000 年代初頭まで欧州の数カ国で争われていた類似事案における争点を輸入したものである。例えば，フランス国務院判決である Re Societe Schneider Electric, Conseil d'Etat No. 232276, RJF 10/2002 参照。つまりこれらの欧州の裁判例では，国内法令上の CFC ルールの適用はセービングによって肯定されるという論旨にはなっておらず，むしろ他の理由で条約違反を構成しないという論理構成を採っている。何故なら，それらの国においては，そもそもセービングの考え方が存在しないか存在しても CFC との関係ではセービングは作用しない，と考えていたのではないかと思われるからである。それに対して OECD は端的にセービングの射程範囲をこのような事案にまで拡大している。

約１条３項に準拠した我が国の条約の最初の例は，2017年８月30日署名の対エストニア条約(55)１条３項であると思われるが，その後の条約締結・改訂においてはOECDに準拠するセービング条項を置く条約とそうではない条約が混在している。

そもそも租税条約は，相手方締約国との国際合意によって当該相手国との間での課税権の配分を定めるに止まり，（我が国における理解としては）自国での課税の根拠となり得ないことからすれば，一方締約国が自国居住者（内国法人を含む）に対して自国租税法令だけで課税を完結しようとすることは当然である。しかも，主権国家にとって課税権行使に第三国からの干渉を甘受する必要はない。また，国際連盟以来モデル租税条約を発達させた西欧先進国は，二重課税排除を国際経済発展の必須の前提と考えたが，当時の加盟国はもっぱら資本輸出国としての立場に立つ先進国で，国際的二重課税排除の役割はもっぱら居住地国にあり，国内租税法令で外国所得免税方式や外国税額控除方式を導入し自国居住者の国際的二重課税排除を行うとともに，条約上は課税権を居住地国に配分し，源泉地国に対しては互恵的に減免を求める（例えば，2017年OECDモデル租税条約12条１項。同条約10条２項や同11条２項の「限度税率」）ことで居住地国での最終的な二重課税排除をより容易にする枠組みを用いてきた。

この種の租税条約を二重課税排除のために利用する国にとっては，自国居住者の二重課税排除は第一義的には自国租税法令に根拠があり，そのために租税条約の上では自国の課税権行使はできるだけ条約上制限を受けないよう互恵的に配分ルールを組み立てる（米国。後述参照）。それ故，そのような居住地国の居住者からすれば，当該国での課税は当該国の国内租税法令によって定まるのであって，むしろ租税条約の配分ルールが意味を持つのは居住地国ではなく源泉地国においてである，ということになる。つまり租税条約は源泉地国の課税の譲歩を定めるルールであって居住地国は

(55)　2017年８月30日署名，2018年９月29日発効（平成30年８月31日公布。条約第４号及び外務省告示第270号）。

自国租税法令により自国居住者に自由に課税できる，と租税条約の課税権配分準則を観察する。租税条約は一方締約国居住者の，非居住者としての地位を有する他方締約国における課税の水準を決定する上で適用される，と考えられる。つまり，セービングは，租税条約の配分ルールは源泉地国における課税の水準を抑制排除することに実益があると考える先進国において受け入れられ得る考え方である(56)。一般に，租税条約1条(57)は条約の適用対象者を定め，一方又は双方の締約国の居住者が適用対象者とされるのが通例で，文理のままに受け止めれば，そのような居住者が当該租税条約の適用対象者であることが条約1条の適用によって定まるという意味で租税条約は居住者に対して適用され，相手国である源泉地国において当該相手国国内法令の課税の水準をどの程度制限しているかが定まるというのが条約の具体的局面である，といえる。居住地国の居住者が源泉地国においてどのような課税を受けるか，という局面で国際的二重課税の調整を行おうとしている，との理解に立つ(58)。従って，このセービングもまた，居住地国課税権を制限しない条約原理の別称というべきであって（その意

(56) 鈴木『適用局面』，前掲注（51），106頁は，Vogelの所論を紹介しつつ，セービングがもっぱら特殊米国的発想であると整理している。Vogel, *supra* note 17, at 28. もっとも，米国の論者でさえセービングが絶対的なものではないとする論者もいる。例えば，Isenberghは，「セービングは絶対的であるなどということは決してない。条約によっては，その市民や居住者に対して何らかの譲歩が行われる場合がある。」として，上述の2017年OECDモデル租税条約1条3項などが掲げる適用除外を指摘している。Joseph Isenbergh, 4 International Taxation: U.S. Taxation of Foreign Persons and Foreign Income, para.102.6（3rd. ed., 2002）. Isenberghも，主に米国市民権保持者課税の文脈でセービングを説明している。See also, Joseph Isenbergh, 2 International Taxation: U.S. Taxation of Foreign Taxpayers and Foreign Income, para.37.6（1990）.

(57) 条約1条は居住者の定義自体は定めていないが，同4条1項で締約国の国内法令上の居住者を条約上の居住者とすることが定められている。その結果，いずれの締約国の居住者でもない者が条約上現れる（二重非居住者）が，今日では，意図的にこの二重非居住者になること（両締約国の居住者の定義を充足しないこと）によって関係国において国内源泉所得に対してのみ課税される状況を作出すること自体が問題を引き起こしており，それがOECDのBEPSプロジェクトの端緒ともなった。

味では，市民権課税を行っていない我が国にとっては実益はない），このような考え方を条約文言として表現する2003年日米租税条約1条4項（a）号等の定めは，条約相手国の理解はともかく，少なくとも，我が国側から見れば両国間関係においては一応（後述参照），確認規定であると解される。

ただ，セービングの明文規定を含む条約は，上述のプリザベーション条項と同様に主に米国が締結する条約であって，米国が租税条約にセービングの規定を置く理由は次のように説かれる。第一に，米国の国内法令上居住者に対する課税は全世界所得課税を原則とするが，この全世界所得課税に服するのは個人では居住者以外に米国市民（citizens）も含まれる。米国市民の場合には，その居住地の如何を問わず（非居住市民でも）全世界所得課税が行われる。条約はその適用対象を一般に一方又は双方の締約国の居住者に限定しているために，セービングは，この米国市民に関する米国国内法上の規準が条約レベルでも適用されるべきことを確保しようとする(59)。租税条約が適用されその適用対象が条約相手国の居住者であるとされても，米国は相手国居住者である米国市民に対しては条約が適用されていないかのように米国国内法令で全世界所得課税を行う(60)。そのためには，このような非居住米国市民には条約を適用せず米国法だけで課税関係を完結させる必要がある(61)。この意味におけるセービングは居住者ではなく非居住米国市民権保持者に向けられている(62)。第二に，米国では，租税条約が国

(58)　ただし，後述のように，居住地国での条約適用を排除し源泉地国での課税に条約を適用して課税権を制限しようという発想は先進国の条約に見られる発想であって，広く世界の二重課税防止条約を見ると，先進国とは逆に源泉地国ではその国内法令に従った課税を許容し，居住地国における課税を制限する準則を条約上定める条約も存する。

(59)　Vogel, *et al., supra* note 43, at 44-Part II. Commentary.

(60)　PHILIP F. POSTLEWAITE AND SAMUEL A. DONALDSON, 2 INTERNATIONAL TAXATION-CORPORATE AND INDIVIDUAL 14 (4th Ed., 2003)

(61)　Vogel, *et al., supra* note 43, at 61-Part I. Overview. Vogel *et al.* は，Rosenbroom の所論を引用しつつ「セービング条項は，おそらく，米国条約実務のもっとも重要な局面である」と指摘する。*See*, Rosenbloom, *Current Developments in regard to Tax Treaties*, 40 NYU INST. ON FED. TAX. 31-1, 31-56 (1982).

の全世界所得課税を行おうとする能力を制限すべきではないと考え，それ故，二重課税排除は伝統的に源泉地国において行われるべきであると考える[(63)]。市民権課税に言及しない上述のOECDモデル租税条約1条3項はこの観点を重視していると考えられる。いずれにせよ，これらを理由として，米国条約は伝統的に明文によりセービングを謳っている[(64)]。なお，セービングの議論の前提として，米国連邦憲法の下では，連邦議会制定法と国際条約は連邦憲法の下で等位であって後法優位原則（later-in-time rule）が妥当すると考えられていることが重要である。ただし，条約締結後に国内法が改正された場合を想定し，内国歳入法には法令改正前から存在する条約の適用には国内法令は影響しないとする規定を設けていた時期があり[(65)]，1988年に歳入法7852条（d）が改正され国内法令と条約が等位に

---

(62) American Law Institute, *supra* note 45, at 231は，「セービング条項の最も重要な効果は，米国が有するその非居住市民（non-resident citizens）に対する課税権を留保することである。」と説明し，セービングの対象が非居住の市民権保持者（市民）であることを指摘する。

(63) *Id. See*, International Tax Treaties, Hearing before the Senate Foreign Relations Committee, 96th Cong., 1st Sess. 112 (1970).

(64) なお，セービング条項を含まなかった1945年米英租税条約のもとで，米国の裁判所は次のようにセービングの意義に言及する。曰く「『セービング』条項の目的は，当裁判所が理解するところによれば，米国はその歳入法令の下で課税の対象とされる一切の項目の所得を含める権能を留保するということを明らかにすることである。それ故，かりにセービング条項を含む条約を扱っていたとしたならば，おそらく異なった結論に到達することとなったであろう。つまり，セービング条項は免除を制限するという明示的な目的を持っていくつかの条約に定められているのである」American Trust Company v. Collector of Internal Revenue and United States of America, 247 F.2d 149 (9th Cir., 1957).

(65) 当初は，1936年歳入法22条（b）（7）で，総所得に対する非課税収入として，米国租税条約上求められる限りにおいて一切の所得が非課税とされる，との旨の規定を置き，条約締結後に国内法令が改正されても条約で米国側での課税が制限禁止される所得が後法である国内法令上非課税とされないからと言って国内法令上課税されることとならないよう，包括的に非課税としていた。Revenue Act of 1936, Pub. L. No. 74-740, Sec.22 (b) (7). この規定は1986年歳入法894条（a）に継承されている。また，1954年歳入法では7852条（d）が「本編の規定でその適用によって本編の立法の日の時点で効力を有する米国の条約上の義務に抵触するものは，いかなる場合においても，適用されない。」との規定を設け，条約締結後

位置づけられることとなった。

他方，憲法上条約優位説を採用する我が国においては，租税条約の下で我が国居住者に対して当該条約の課税権配分規定が適用されても，課税自体の法的根拠は我が国国内租税法令である(66)。また，非居住者はすべて国内源泉所得課税に服する。居住地国課税を認める条約規定（例えば，2017年OECDモデル租税条約10条1項）は，せいぜい，当該租税条約の規定は国内法令での課税を制限禁止していないという消極的意味において居住地国に対して適用され(67)，国内租税法令上の扱いが条約上も通用しているのであって，租税条約が課税そのものの結果を具体的に変更するよう適用されるわけではない。

の国内法令の改廃は条約の適用に影響を与えないことを明らかにした。H. Rep. No.1337, 83d Cong., 2d Sess. A444（1954）. この規定は，1988年に改正され，連邦歳入法令と条約は優先関係がない（等位である）との旨の規定が7852条（d）（1）に追加された。7852条（d）（2）は旧法を概ね引き継ぎ，1954年条約のためのセービング条項とのタイトルで「本編の規定でその適用によって1954年8月16日時点で効力を有する米国の条約上の義務に抵触するものは，いかなる場合においても適用されない。」と定めを置き，後法優位原則を修正している。しかし，米国は1980年代の歳入法改正に際して既存の条約に抵触する立法を相次いで行い，1986年歳入法1810条（a）（4）他の条約と国内歳入法令の相互関係についての個別規定を多数設けるようになっており，両者の関係は単純な後法優位とは言えなくなっている点に注意する必要がある。それが90年代のtreaty overrideの議論に繋がるのである。

(66)　この場合，二重課税防止条約のいかなる規定も居住者には適用されないというわけではない。2017年OECDモデル租税条約でいえば9条（特殊関連企業条項）や23条（二重課税の排除方法）はもっぱら居住地国での対応を定めた規定であるので，居住地国において適用されることが予定されているというべきである。また，一連の行政関係規定も居住地国において適用されると解される。

(67)　なお，本文で例に挙げた10条1項は「租税を課することができる」との日本語訳が当てられており，実際の租税条約でもそのような日本語正文となっている。この元となったOECDモデル租税条約の英語原文では，"may be taxed" との表現になっており，いわゆる "may clause" である。ここでのmayの用法は許可，可能であって，「してもよい」というニュアンスである。一方，shallは話者の意図で，立法者がそうすると決めたというニュアンスである。小松『講義（増補版）』，前掲注（25），23頁は，このmay clauseを「適用関係が不明確で，しかも任意である条項」と表現し，「現実にそこに定める課税権を行使し租税を徴収すところが，上述のように2017年OECDモデル租税条約がセービングを「一般原則」の「確認」として条文化した今日においては極めて興味深いことに，先進国条約だけではなくさまざまな国の租税条約にまで視野を広げると，例えば2004年アンデス共同体所得及び財産に対する租税に関する多国間条約３条（課税管轄）[68]のように，居住地国での課税を禁止し源泉地国の排他的課税権のみを認める租税条約も，世界には存する。同条約３条は，次のように定める。

「この条約（決定第578号）の別段の定めを除くほか，ある者が受領した所得（性質のいかんを問わない。）は，当該者の国籍や居住地国にかかわらず，当該所得の源泉が存在する加盟国においてのみ租税を課することができる（shall be taxable only in the Member Country）。」[69]

この場合には，たとえこの条約の締約国である居住地国の国内租税法令上当該居住地国が課税権を有する種類の所得であっても，条約上当該居住地国による課税権行使を禁じ源泉地国のみが課税権行使を許されるとするのは，租税条約上の課税を禁止するという準則を居住地国において適用し

るためには，国内租税法にそのための実体規定を導入する（立法措置を講ずる）ことにより，当該課税権を顕在化し，その範囲を明確化する必要があるとされる」と説く。may clauseと直接適用可能性を組み合わせた説明であるように思われる。もちろん，may clauseにより課税権の配分を受けたとしても，条約上課税が許容されているという意味に止まり，締約国の国内法令がなければ課税の法的根拠は存しないということになり，具体的課税を行うことはできないと解される。ただし，OECDモデル租税条約英語原文を通読するとmayとshallの用法は必ずしも一貫していない。

(68) Article 3, 2004 Andean Community Income and Capital Tax Convention, Signed May 5, 2004, in force January 1, 2005. http://internationaltaxtreaty.com/download/bolivia/dtc/Andean % 20Community-DTC-May-2004.pdf (retrieved on May 25, 2020). この英語仮訳は署名国の一つであるボリビアの条文である。南米諸国間条約にはこのような源泉地国の排他的課税権を認める規定が含まれることがある。

て初めて実現される課税権の配分で，OECD モデル租税条約 12 条 1 項（使用料の居住地国課税。源泉地国課税の禁止）のように，一方国（源泉地国）における課税権の行使だけを容認し他方国（アンデス共同体条約は多国間条約であるため他の署名国たる居住地国）の課税を排除していると読むべきだからである。そのため，このアンデス共同体条約 3 条 1 項の場合にはセービングが作用しているとはいえず，二重課税排除の課税権配分（居住地国の課税権行使の禁止）を達成するために，居住地国において国内租税法令に加えてこの条約規定が適用され居住地国内法令上の課税が条約により禁止される。途上国は資本輸入国（配当等の源泉地）の立場に立つことが多く，自国国内租税法令上の課税権を条約上も維持し，二重課税排除は居住地国においてのみ行われるべきであると考えるのである。

世界で締結される租税条約は，現在効力を有する所得税条約だけを数えても優に 1,100 件を超え，すでに廃止失効した条約を含めると 3,000 件余に及ぶ。国際連盟ロンドン・モデル租税条約の系譜に属する OECD モデル租税条約は，草案の起案段階から居住地国課税を前提とする課税権配分を先進国間モデル租税条約としつつ，他方で，国際連盟メキシコ・モデル租税条約の流れを汲む国連モデル租税条約は当初から居住地国課税を前提

(69)　語尾の「ことができる」との日本語訳は，OECD モデル租税条約などの同等の規定の日本語仮訳と平仄を合わせた。しかし，上述のように shall は話者の意図を表す助動詞であるから，この規定の狙いは，立法者の意図として源泉地国においてだけ租税を課することにする（居住地国は租税を課することを禁止される）という意味であって，してもしなくてもよいという意味ではない。本稿で指摘するように，我が国の租税条約で日本語正文を有する条約は shall 条項を「することができる」としているが，この文脈の法解釈において，「することができる」という日本語表現の文理に従った法解釈が妥当するのか（何故なら，「may」も「することができる」と日本語正文ではされているから），それともこの表現のもととなった「shall」という英語助動詞の用法に従って（話者の意図），そうすることと決めたという法解釈が妥当すると考えるべきであるのかは微妙な問題である。おそらく，後者が妥当すると考えるべきであろう。それは規定の趣旨目的による法解釈というよりは，英語正文（特に，OECD モデル租税条約のそれ）の文理的意味（英語助動詞の用法）に従った法解釈であろう。

としつつも源泉地国にも課税権を割り当てる先進国対途上国間モデル租税条約として発達してきたが，これらとまったく異なるスタイルのアンデス共同体条約のように，居住地国課税を禁止し源泉地国課税のみを認める課税権配分を条約上定める例も存する。

このような広い世界の現実を考えると，セービングは，そもそも，米国の市民権課税に端を発した考え方に過ぎず，先進国の，つまり居住地国の課税権を留保するタイプの条約であればその部分に限って妥当するが，いわゆる租税条約について必ずしも全世界共通の普遍的プリンシプルであると見ることは難しい。源泉地国の排他的課税権のみを認めるアンデス共同体条約等のようなタイプの条約においては明らかに妥当せず，上述のプリザベーションとはやや事情が異なる。つまり，セービングは，せいぜいOECD／国連モデル租税条約に多く含まれる居住地国課税を担保しつつ源泉地国課税を調整することで課税権配分を行おうとする種類の課税権配分準則についてのみ妥当する原則であると考えるべきである[70]。課税権配分規定についてさえ租税条約だからといって源泉地国の排他的課税（居住地国課税の禁止）を定めることができないわけではない。

4　国際条約としての租税条約

(1) 直接適用可能性

租税条約も国際条約の一つであるから，国際条約が一般的に帯有する法

(70)　2003年日米租税条約1条5項は同条4項で定めるセービングの適用対象外として9条2項及び3項などの規定を列挙する。また，2017年OECDモデル租税条約を例に挙げれば，2条（対象税目），3条（定義），4条（居住者），5条（恒久的施設），9条（特殊関連企業条項）や24条（無差別条項），各種の行政関係規定（25条以下）などは居住地国においても適用される必要があるので，セービングの範囲外ということになろう。また，所得配分規定の一つである条約6条（不動産所得）は不動産所在地国の課税権行使を認めているが，当該所得を得た者の居住地国については規定上言及がなく，条約に定めのない事項であり，締約国は6条には拘束されず居住地国国内法で自由に課税非課税を定めることができる。このように考えると，セービングが妥当する範囲は条約上それほど広くないことがわかる。

的性質は，租税条約においても妥当する(71)。我が国においては条約と国内法の関係がその主なものであるが，１での議論に続いて，具体的な法条の適用関係を律する上では，条約文言が単に国内的効力を有するか否かに止まらず国内における事実関係に直接適用できるか否かが問題となる。国際条約は国地域間の国際約束であって本来的に政治的色彩の濃い文書である。従って，そこに含まれる文言や準則は基本的事項に関する比較的抽象的な表現に止まることも多い。租税条約も課税権の配分準則を定めるに止まり課税標準算定準則や賦課徴収手続は含まれていない。

この点については，我が国においては，米国法の影響を受けた国際法研究の成果(72)や，それを前提とする租税条約の複雑な適用関係を論じた所論(73)が存在し，有益な議論を提供している。本稿もこれらと立場を同じくし，特定の条約文言を直接適用し得るのは，かかる条約文言が「明確」かつ「完全」なものである場合に限る，との立場をとる(74)。条約文言が「明確」かつ「完全」である場合には，当該条約文言による配分準則は国内租税法令に基づく租税法律関係に直接適用され，その条約文言による条約上の準則が国内租税法令上の準則と異なる限りにおいて当該国内租税法律関係は修正を受け，条約上の準則に従った租税法律関係に変形される，と解される。他方，条約が「明確」でないか「完全」でない場合には，当該条約文言を国内租税法律関係に直接適用することはできず，我が国は，条約上の準則を国内的に実施するための国内立法が必要である，と解される。必要であるというのは，一つには，条約のほうが国内法令よりも効力が優先するからであり，いま一つは，我が国は相手方締約国との関係において，

(71)　租税条約と国内租税法との関係については，金子宏「租税条約と国内租税法との関係」同『租税法理論の形成と解明（下巻）』127頁（2010）。

(72)　岩沢，前掲注（26）。

(73)　井上・仲谷，前掲注（25）。

(74)　一方，国際条約の直接適用可能性という争点の母法である米国では，端的に，租税条約は直接適用可能である，と解されている。American Law Institute, *supra* note 45, at 22.

条約上合意した扱いを我が国において実現する条約上の義務を負っており，それを放置することは条約違反を構成すると考えられるからである。条約上の準則に応じた国内租税法令が整備され国内租税法令に課税の根拠を有することとなり，租税法律主義の観点からも好ましい。なお，この直接「適用」というのは，租税条約については，国内法令の「適用」とはやや意味が異なると考えられる。租税条約は国際的二重課税の排除を目的とする二国間の課税権配分のための準則を定める国際条約であるが，納税者の具体的地位を決定するのは国内租税法令であって，その国内租税法令を（二重課税排除を目的として）修正変形するのが租税条約だからである[(75)]。

(2) 1969年ウィーン条約法条約31条及び32条

租税条約もまた国際条約の一種であるので，国際条約一般に妥当する解釈適用方法はまた租税条約の解釈適用方法として妥当する，と考えるべきである。租税条約には国際条約の一般理論を排除する理由はない。その際，解釈の基準となるべきは，解釈適用を行う法廷地国の立法者の意図ではなく両締約国の相互的意図（mutual intent）である[(76)]。

国際条約の解釈適用方法の一般理論（いわゆる条約法）は長年の歴史を積み重ねて形成されてきたが[(77)]，今日，租税条約の解釈適用に考慮されるべき一般理論とは，第二次世界大戦後，国際連合において行われてきた条約の体裁，形式等のみならずその解釈方法にまで踏み込んだ検討の成果と

---

(75) OECDモデル租税条約などの租税条約は，前述のように，一般に条約1条において適用対象者を一方又は双方の締約国の居住者，と定める点について注意。この規定は，「居住者」に適用するのか，居住者に「適用する」のか，居住者と適用という二つの点で不明確さを含む。我が国では租税条約は国際法の一部として国法体系の一部を構成するが，例えば英国では租税条約は議会での国内立法を通じて変形され国内で「適用」される。このように，国際法規範の受容の方式が国によって異なることから，1条のような規定振りとなっているように思われる。このように，租税条約の範となるモデル租税条約は英米法域，大陸法域の諸国の討議の結果成立する文言を用いているので，条約文言を厳密に法解釈するとやや説明が難しくなりそうな点が多々存する。

(76) American Law Institute, *supra* note 45, at 27.

(77) 小寺彰他編著『講義国際法（第2版第4刷）』96頁（2016）。

しての「1969年条約法に関するウィーン条約」(条約法条約。1980年条約第16号及び外務省告示第282号) に定める諸規定であろう(78)。条約法条約31条1項は「条約は，文脈によりかつその趣旨及び目的に照らして与えられる用語の通常の意味に従い，誠実に解釈するものとする。」と定める。同条2項はこの「文脈」についての補足的規定で，同条3項は「文脈」とともに考慮すべき事項を定め，同条4項は，当事国が特別の意味を与えることを意図している場合にはその特別の意味を用語に与える，との例外を定める。

さらに，条約法条約32条は，① 31条による解釈によっては意味が曖昧又は不明確である場合と② 31条による解釈により明らかに常識に反し又は不合理な結果がもたらされる場合には，「解釈の補足的な手段」，特に条約の準備作業及び条約の締結の際の事情に依拠することができるとし，31条の解釈準則に加えて補足的手段による解釈を認めている。

本稿の立場は，我が国国法体系の一貫性という観点からは，ひとり租税条約であるからといって所詮は国際条約の一種に過ぎないことからすれば，租税条約の解釈適用には国際法上の成文不文の諸原則，就中，このウィーン条約法条約31条及び32条の準則が適用されると解するべきである，というものである (後述のように，我が国の裁判所はこの点を当然の前提にしているように思われる)。具体的には，租税条約の解釈において締約国の関係合意や当事国における爾後の合意などが含まれるが，それ以外にOECDや国連のモデル租税条約正文やその付属文書である「コメンタリー」をどのように具体的条約の解釈の材料として位置づけるか，という問題がある。先行研究においては，ウィーン条約法条約31条4項にいう「特別の意味」に当たるとする立場と同32条の解釈の補足的手段に当たるに止まる，と

(78)　国連条約法会議の1969年条約法に関するウィーン条約及び同条約31条，32条の条約解釈の方法については，小川芳彦「条約法に関するウィーン条約」同『条約法の理論』3頁 (1989) 所収 (初出，小谷鶴次・川上敬逸編『国際法の基本問題―小谷鶴次先生還暦記念論文集』(1976) 所収)。

の理解があり得ることが紹介されている[79]。外国例では，いわゆるコメンタリーは32条の補足的手段に当たると解されている[80]ようであるし，我が国の裁判例も，後述のグラクソ・シンガポール事件最判（一小）平成21年10月29日が「コメンタリーは，……32条にいう『解釈の補足的な手段』として，日星租税条約の解釈に際しても参照されるべき資料ということができる」として明示的に32条（解釈の補足的手段）説に立っている。

次に，この31条及び32条と租税条約の関係，とりわけ，例えばOECDモデル租税条約3条2項にいう租税条約の解釈方法とはどのような関係に立つと考えればいいであろうか。OECDモデル租税条約3条2項は，後述のように静的解釈又は動的解釈を定め国内法令の参照を認めているが，その際，入口段階で「文脈により別に解釈すべき場合」を除くと，静的解釈・動的解釈による国内法参照が行われる場合を限定している。この「文脈」とは，上述のウィーン条約法条約31条1項の「文脈」と同義であると考えてよいであろうか。有力な所論は，これら両者の「文脈」は同一ではなく[81]，租税条約3条2項にいう「文脈」はウィーン条約法条約にいう「文脈」よりも広義で，条約文言や付属文書だけではなく，当該規定の趣旨目的，両締約国の国内関連法令，OECDモデル租税条約やモデル租税条

---

(79) 山林茂生「帰属主義の適用に伴い今後生ずることが想定される法人税法上の諸問題」税大論叢91号383頁，414頁-421頁（2018）。増井良啓「日本の租税条約」金子宏編『租税法の基本問題』569頁，577頁（2007）は，コメンタリーは特別の意味に当たる，とする。

(80) Sun Life Assurance Co. of Canada v. Pearson (HMIT), [1986] BTC 282, at 296; (1986) 59 TC 250, at 330-331. 英国歳入庁もそのマニュアルにおいて「二重課税条約の規定の文言がOECDモデル租税条約の文言やそれと実質的に類似の文言に従っている場合には，OECDモデル租税条約コメンタリーにおける説明(guidance）は，当該二重課税条約の解釈の一つの補助（aid）として利用することができる。」と言及している。HMRC International Manual, INTM152070. *See also*, JONATHAN SCHWARZ, SCHWARZ ON TAX TREATIES 110 (5th Ed., 2018).

(81) 谷口，前掲注（48）は，ウィーン条約法条約との関わりでこの「文脈」を論じた（11頁）後，「条約解釈の一般的規則（条約法条約31条）からみて，自律的解釈優位説及び国内法参照優位説のどちらがOECDモデル租税条約3条2項の解釈として妥当であるかは，必ずしも判然としない」と論ずる（25頁）。

約3条に関するコメンタリー・第11パラ乃至第13パラをも含む，と解している(82)。

租税条約に定める解釈準則が適用されるより前にウィーン条約法条約の一般原則が適用されるとするのは一般法に対する特別法の優先という法原理からすると奇異なことであって，租税条約の解釈にはまず租税条約3条2項の準則自体が適用されると考えるべきである。その意味で，上述の，租税条約3条2項を見ずにする，コメンタリーがウィーン条約法条約31条4項と32条のいずれに該当するかという論点はこの租税条約3条2項とこれらの規定との関係を看過しており適切ではなく，私見は，コメンタリーは租税条約3条2項の「文脈」に当たり，ウィーン条約法条約32条の解釈の補足的手段に当たると解する(83)。

II　モデル租税条約

1　モデル租税条約

OECDモデル租税条約の最新版は2017年版である。このモデル条約は，OECDが加盟国相互間で租税条約を締結する際に参照すべきとする英語及び仏語で作成されるひな形であって条約ではなく，法的には国際機関の正式の文書に過ぎない。国際機関がこのようなモデル租税条約を策定公表する歴史は古く，国際連盟が1927年に初めて公表したモデル租税条約案

(82)　Reimer and Rust, *infra* note 93, at Art.3, m. no. 123. *See also*, J. F. Avery Jones, *et al., The Interpretation of Tax Treaties with particular Reference to Article 3 (2) of the OECD Model II*, 1984 B. T. R. 90, 92 (1984). A. Jones他は，カナダのDriedger教授の所論に言及しつつ，文脈は内部の文脈と外部の文脈に大別され，OECDモデル租税条約コメンタリーは外部の文脈に位置づけられる，という。

(83)　コメンタリーは，形式的にはOECD租税委員会の報告書に過ぎず，具体的二国間関係において法的拘束力を持たない。また，二国間租税条約の締結に関連して作成された文書でもなく，ウィーン条約法条約31条2項にいう「文脈」にも当たらない。*See*, E. Reimer, *Tax Treaty Interpretation in Germany*, M. Lang., Ed., Tax Treaty Interpretation 119, 135 (2001).

にまで遡る[84]。国際連盟は，その後，事業所得以外の種類の所得についても対象に含めた条約モデルを数回公表し，第二次世界大戦後は，OECD と国際連合がそれぞれモデル租税条約の策定作業を継承し，先進国間モデルと先進国対途上国モデルを公表し現在に至っている。

---

(84) Draft of a Bilateral Convention for the Prevention of Double Taxation, Double Taxation and Tax Evasion: Report; C.216.M.85, League of Nations: Committee of Technical Experts on Double Taxation and Tax Evasion, London, April 12th, 1927. このモデル条約案は今日のモデル条約とその体裁がまったく異なり１条で直接物税と直接人税を区分し，２条乃至９条で物税について，10 条及び 11 条で人税の課税権配分を定めていた。この，物税から人税へという順序は現在のモデル租税条約にも継承されている。また，すでに当時，コメンタリーもモデル案の一部として含まれていた。矢内，前掲注（31），42 頁も 1927 年草案を最初の草案として指摘する。しかし，我が国の論者の多くは 1928 年草案を最初のモデル租税条約と説明する。水野忠恒「国際租税法の基礎的考察」菅野喜八郎・藤田宙靖編『憲法と行政法（小嶋和司博士東北大学退職記念)』731 頁，758 頁以下（1987）は，この 1927 年案を帰属主義をとるものと評している。ただし，1927 年草案５条第３段落は「所得のうちその領域内で稼得された部分」に対して租税を課するとしており，５条に関するコメンタリーは，「これはいわゆる，源泉に応じた（according to its source）所得の配分の制度の適用である」として所得の源泉に着目していることがわかる。また，現代の OECD モデル租税条約のような帰属（attribute or attributable）という表現は含まれていない。国際連盟の 1923 年４月５日経済専門家委員会報告書（E.F.S.73.F.19）以降 1946 年 11 月のロンドン・メキシコ・モデル租税条約正文とそのコメンタリー報告書（C.88.M.88.1946. II.A）までの公式報告書で attibute 等の用語が事業所得，恒久的施設の文脈で用いられているのは 1933 年モデル案を提案する 1933 年６月 26 日付財政委員会第４会合作業に係る対理事会報告書（C.339.M.204）の第３条（事業所得）の規定である（同報告書４頁)。しかし，そのコメンタリーではこの attribute という用語についての解説はなく，1933 年モデルが帰属主義を採用していたと考えるのは早計であろう。1933 年事業所得税モデル租税条約草案の抄訳として，川端康之「各国の移転価格税制と所得配分基準」村井正編『国際租税法の研究－国際的租税回避の理論と政策』231 頁，250 頁（1990)。1927 年モデル租税条約案はさらに，国際商業会議所の 1910 年代末からの二重課税排除のための検討とそれに基づく国際商業会議所の一連の決議にまで遡ることができる。これらについては，SUNITA JOGARAJAN, DOUBLE TAXATION AND THE LEAGUE OF NATIONS (2018)。なお，国際連盟以降のモデル租税条約の強い影響下にある現在の租税条約の体裁とは異なるが，国際的二重課税を条約により調整しようとしたのは，1869 年４月 16 日にプロイセンとザクセン王国との間で締結された直接税条約に始まる。また，納税者情報の二国間交換はそれより前の 1843 年仏白条約（E.F.S.26, F7/10）に始まる。

そもそも国際連盟が租税条約のひな形を策定するに至ったのは，国際連盟が，第一次世界大戦の反省のもと欧州諸国を中心に設立され，国際経済を発達させ各国が深い経済的相互依存関係に立つようになれば，国際紛争解決手段として容易に武力を行使することが難しくなると考え，そのような国際経済の発達の阻害要因をできるだけ排除するために，その一つとして，各国の主権に基づく自由な課税の結果生じていた国際的二重課税を軽減排除することで，国際経済の発達に対する所得課税の上での阻害要因をできるだけ排除しようと企図したからである。

1900年代初頭にはすでに欧州地域のいくつかの国地域の間では国際条約を用いて二国間二重課税の排除を行う法技術が用いられるようになっており，それらを参照しつつも，当時の最新の経済学説も採り入れた体裁でモデル租税条約の各条項が策定された（所得分類は物税から人税へと順序が整理された）(85)。それと同時に，当初から，策定される草案や正式版について，国際連盟の公報（official journal）に条文とともに立案関係者（とりわけ，財政委員会～後の租税委員会）によるその趣旨の解説が公表されており，それが今日のコメンタリーに繋がっている。国際連盟には第一次世界大戦戦勝国であった我が国も常任理事国として参画し，新渡戸稲造ほかの政府関係者を中心に多数の人材を派遣しモデル条約に租税仲裁の導入を主唱する

(85)　国際連盟におけるモデル租税条約の策定とAdams教授の影響については，例えば，北川博英「アメリカ合衆国における国際課税制度の創設：SeligmanとAdamsによる論争」横浜法学22巻2号175頁（2013），同「国際課税制度の創設：国際商業会議所及びAdams教授による貢献（1・2完）」横浜法学24巻2/3号111頁（2016），同25巻1号181頁（2016），同「モデル租税条約の進化：国際連盟及びAdams教授による貢献（1・2完）」横浜法学25巻2号81頁（2016），同25巻3号123頁（2017）。この一連の北川研究は，国際連盟におけるモデル策定においてSeligmanが主導的役割を果たしたとの従来の我が国の理解に疑問を呈し，Seligman前にすでにAdamsが国際商業会議所二重課税問題委員会において，また，1926年国際連盟二重課税委員会第3回会合以降は国際連盟においても，さまざまな点で影響を与えていたことを明らかにした研究である。単にOfficial Journalや議事録だけに頼ることなくAdams文書（Yale大学図書館蔵）を元にした研究であるだけに詳細かつ信頼度が高い。

などの貢献も見られたが，それが日の目を見るのは第二次世界大戦後のことであった。戦後は米国を相手国として租税条約を締結し始めるが，その際，大蔵省主税局では，国際連盟1928年モデル租税条約の趣旨に従うことが協定案作成の第一の方針とされた(86)。その後，昭和40年代中盤の主

(86) 大蔵省主税局「所得税及び法人税の国際二重課税防止協定について（26.7.30主税局)」1頁（国立公文書館所蔵）(平25財務00968100)。なお，田中勝次郎博士はその著『所得税法精義』(厳松堂書店，初版1930年5月30日）3頁以下で「納税義務と国際間の二重課税」と題して当時の英米独仏他の国際的二重課税排除の立法と並んで1920年ブラッセル国際財政会議以降，国際連盟における1927年モデル租税条約案に至る経緯と条約案の訳文を詳細に論じつつ国際的二重課税排除の重要性を説き，当時の所得税法の教科書としては異例にもこのような論点に詳細に言及しているが，これはおそらく，田中博士が石渡荘太郎氏（主税局長，大蔵次官，のち大蔵大臣）とともに国際連盟がロックフェラー財団の援助を得て実施したCarroll Project（1929-33）で我が国の所得課税における外国企業課税の解説を執筆し，国際連盟や国際商業会議所における国際的二重課税排除の議論を目の当たりにしていたからであろう（S. Ishiwata and K. Tanaka, Japan, Vol. III, at 73（1933）in League of Nations, Taxation of Foreign and National Enterprises Vols. I-V（1932-1933)）。この英文報告書では日本の制度は1920（大正9）年所得税法（大正9年法律第11号）を基準に日本の制度が説明されPermanent Establishmentについても言及しているが，上述の田中博士教科書は，大正9年法における制限付納税義務者の課税要件の一つとしての「本法施行地ニ資産又は營業ヲ有スルトキ」のうち「營業ヲ有スル」の法解釈として「單に營業上の取引を爲すと云ふ意味に解するは廣きに過ぐるの嫌がある。少なくとも支店，出張所其他の營業場を有することを必要とするものと解するを穩當とする」と解釈論として營業場の必要を論じ（41頁），營業場の意義はドイツ所得税法草案を参照しつつ「我所得税法の解釋としても大體右の兩草案の理由書や二重課税防止協約中の營業場の意義と同一に解すべきであると思ふ。唯，營業場の安定性卽ち常設的のものたることを必要とするや否やの問題に付いては，我税法に何等の規定がないから，解釋は困難ではあるが，法文には『營業を有するとき』とあって，之を資産と相對立せしめ『營業を爲したるとき』とは規定して居ない點から考へて見ても，之の要件は必要とするものと解するのが穩當」(45頁）である，とドイツ所得税法草案とモデル租税条約案での營業場の意義と同一と解釈する。また，現在「恒久的施設」と訳されるPermanent Establishmentという用語を「永久の建設物」(45頁）と邦訳する。我が国において，「恒久的施設」の要件が当初は解釈論で語られていたことは注目に値する。川端康之「米国内国歳入法典482条における所得配分（2)-関係理論から見た『所得創造理論』」民商法雑誌101巻3号397頁，404頁脚注（76）(1989)。その後の行政裁判所の裁判例では，この「營業ヲ有スル」について必ずしも明確に営業場を解釈要件としていたとは読めない

税局資料では，OECDモデル租税条約（正確には，1963年案）に準拠して条約交渉締結を行う方針を伝えている[87]。

このような背景があることで，国際連盟やOECD／国際連合のモデル租

事案も存在した。行政裁判所（第二部）判決昭和11年5月27日行録47輯3巻240頁は，デンマークの電信会社が長崎で電信用海底ケーブルの揚陸施設を有しステーションと称して支配人他80名余の従業員が勤務していた事案であるが，行政裁判所は当該ステーションは営業場であって，そのような事実関係は「營業ヲ有スル」を充たすものとして賦課課税を肯定した。裁判所では，原告課税庁ともに「營業ヲ有スル」との法律要件の要素として営業場の存否を見ているのか，営業とは別に田中説のように解釈要件として営業場の存否を観察しているのかは判然としない。この所得税に関する裁判例についての評釈で杉村章三郎博士は，「外國營利法人が我が國所得税の納税義務ありや否やは，その會社が税法施行地に營業を爲し，これにより所得を擧げ居るや否やの問題の決定によつて定まる（營業収益税については營業場を有するや否やの問題）。判決は原告會社のステーションが電気設備のみならず支配人外八十餘名の職員を有するの事實に基き之を營業と認定してゐるのである。」と指摘し，営業が成立するための要素として営業場を見ているように思われる。杉村章三郎「行政法思潮19外國營利法人の納税義務」自治研究12巻9号79頁（1936）（一部再録，同『新判例と行政法の諸問題』175頁（1943））。なお，この引用箇所の括弧書きで大正15年営業収益税法に言及しているのは，同法が営業収益税の課税要件に営業場を定めていたためである。この所得税の事案は併せて同原告の営業収益税の課税についても争っており（行政裁判所（第二部）判決（中間判決）昭和11年5月27日行録47輯3巻254頁），営業収益税判決での営業場の認定が所得税判決での議論に影響しているように思われる（両判決の判旨は所得税に軸足を置いている）が，後者の営業収益税判決で行政裁判所は「原告カ長崎ステーションヲ營業場トシ外國電信ニ關スル營業ヲ爲セルモノト認ムヘキコトハ別件ニ於テ判示スル所ノ如シ從テ原告ハ營業収益税法第一條ノ營利法人ニ該當シ同法ニ依リ營業収益税ヲ納付スル義務アルモノトス」と判示しており，所得税判決で論じた営業場が営業収益税法1条の条文上の営業場に当たると考えていたようである。所得税法の解釈と営業税法の法律要件該当性の論理が循環しているように思われる。なお，大正15年営業収益税法は明治29年営業税法を継承した税目で，営業税法は明治29年の立法当初から業種分類に応じて「營業場」等の物的施設を明文上の課税要件としていた（例えば，2条物品販売業では，店舗その他の営業場）。杉村博士は1936年刊行の『新法学全集第6巻行政法』（日本評論社）所収の同『租税法（1）』15頁注2で「所得税・營業収益税について見ても，…税法施行地に財産を有し又は物的設備を有する場合その持主をも納税義務者とする。」として上述の自治研究評釈の典拠を示している。この表現では「物的設備を有する」は法施行地での営業の有無とはリンクしていないようにも見える。

税条約正文及びコメンタリーは，二国間租税条約の交渉締結だけではなく，発効後の解釈適用，とりわけ一国の司法裁判所における解釈適用に，事実上であれ法的にであれ，大きな影響を与える[88]。実際の二国間条約の条文はこれらのモデル正文を参照して交渉締結されており，膨大な数の租税条約が現在も効力を有しているが，その大半が，それらの締結改訂当時のこれらOECD/国連モデル租税条約とほぼ同じ文言を用いている。それ故，とりわけ欧州地域においては，実際の二国間条約の解釈基準としてモデル租税条約の条文やそのコメンタリーを参照することができるか否かが議論され，英独仏蘭白を始め西欧諸国は概ね積極的である[89]。

一方，我が国では顧みられることはないが，少なくない数の国の財政当局や地域共同体が自らの利害を反映した二重課税防止条約ひな形を公表し

(87) 外務省・大蔵省『昭和44年3月租税条約擬問擬答－総括編』17頁（1969）（国立公文書館）（平20法制00657100）（『擬問擬答』）では，「今後においても，わが国は，OECD理事会からこのモデル条約に従うべき旨の勧告のあることも考慮し，できる限り，モデル条約の条項をわが国が締結する租税条約に取り入れていく方針である。」と説明する。ここで言及する「モデル条約」とは，1963年モデル租税条約草案のことである。

(88) 我が国が現在有効に有する二国間租税条約を詳細に見ると，条約交渉時点のOECDモデル租税条約か国連モデル租税条約にその文言まで概ね類似，同一であることがわかる。ただし，モデルは頻繁に改訂されるので，二国間条約の締結改訂の時期によっては，それとは異なる時期に締結改訂された他の国地域との間の条約とは，同じ文言であっても日本語が異なる場合がある。例えば，competent authorityという用語は古い条約では「権限ある当局」，新しい条約では「権限のある当局」という用語が日本語正文で用いられている。これはおそらく，日本側の条約交渉担当部局である財務省（大蔵省）内部でのOECD/国連モデル租税条約の日本語仮訳が改訂されており，それに合わせて条約交渉改訂が行われているからではないかと推測され，形式的同一性は失っているものの，当該用語に条約上別異の意義を持たせるためであると解する必要はなさそうである。

(89) ただし，これらのモデル租税条約やそのコメンタリーが解釈の資料として用いられるのはそれらのモデルを策定した国際機関の加盟国においてであって，例えばOECDの加盟国でない国にとってはOECDモデル租税条約もコメンタリーも解釈の参考にされる必要は必ずしもないという議論が有力である。Rocha, infra note 99, at 135. 従って，欧米諸国や我が国でOECDコメンタリーが解釈の補足的手段として参照され得るとしても，全世界で普遍的にそうだというわけではないことに留意する必要がある。

ている。前述のカリブ共同体租税条約やASEANモデル租税条約，欧州共同体モデル租税条約は地域共同体のモデル租税条約の例であるし，米国，ドイツ，ベルギーやクロアチア，マレーシアなどの国の財政当局が自国の租税政策を反映したモデル租税条約を公表している。これらは，地域共同体の加盟国数が少なかったり特定諸国の共同体であったり，自国の租税政策の表明に過ぎなかったりで，必ずしも我が国の租税条約や租税条約政策と直接関係を有するわけではないが(90)，租税条約がどのような内容であり得るか，については多くの示唆を与えている。

2　OECDモデル租税条約3条2項

2017年OECDモデル租税条約3条は同条約で用いられる用語のいくつかを定義する規定であるが，その2項で，OECDモデル租税条約において定義されていない用語の解釈は国内租税法令等を参照すべきことを定めている。この規定は，現在では「その適用の時点で有する意義」を有すべきものとして解釈するよう定められている（動的解釈（ambulatory））。それは1995年のモデル租税条約改訂の際に採用され(91)，それまでの静的解釈（static）（つまり，条約が締結された時点で国内法上有する意義を有するとする

(90)　後述の，パラレル条約という問題は存する。

(91)　1995年OECDモデル租税条約3条2項の日本語仮訳では英語原文のニュアンスが必ずしも明らかではないが，英語原文ではこの1995年改訂において，入口の「一方の締約国によるこの条約の適用に際しては」という表現に "at any time" が挿入され，「『いかなる時点であれ』適用に際しては」，というニュアンスに改訂されている。つまり入口段階で適用の時点に着目するよう文言が改訂されている。一方，1995年改訂前のこの規定は，「一方の締約国によるこの条約の適用上，この条約において定義されていない用語は，文脈により別に解釈すべき場合を除くほか，この条約の適用を受ける租税に関する当該一方の国の法令における当該用語の意義を有するものとする。」として，解釈の基準時点を明示せず，そのため条約締結の時点を参照していると解されていた。1995年改訂前を静的解釈，1995年改訂以後を動的解釈と呼んでいる。なお，この1995年改訂に当たっては第二文を追加し，参照すべき国内法令に，従来にはなかった区分と序列を入れ，租税法令における用語が有する意義がその他の法令において当該用語が有する意義に優先するものとされ，現在までその扱いが続いている。

もの）から離れ(92)，条約締結時ではなく条約適用時の国内租税法令等の用語法の意義を基準に解釈すべきこととなった。1995年モデル租税条約3条2項は次のように定めていた。

「（いかなる時点における適用であれ "at any time"）一方の締約国によるこの条約の適用に際しては，この条約において定義されていない用語は，文脈により別に解釈すべき場合を除くほか，この条約の適用を受ける租税に関する当該一方の国の法令において当該用語がその適用の時点で有する意義（that it has at that time）を有するものとする。この場合において，当該一方の締約国の税法に基づく当該用語の意義は，当該一方の締約国の他の法令に基づく当該用語の意義に優先するものとする。」（括弧書・下線―引用者注）

この規定でわかるのは，まず，文脈により別に解釈すべき場合に当たるかどうかが判断され，それに該当しないと考えられる場合に国内法を参照する，という手順になっていると考えられることである。しかし，Vogelのコンメンタールでは，ドイツの裁判所は，従来は文脈での解釈を先行させそれができないと判断されて初めて国内法を参照するという手順を踏んでいたのに対して，近年の裁判例では文脈を参照することなく直接，国内法を参照する傾向にあることが伝えられている(93)（我が国の裁判例について

(92) 3条2項の由来は1945年米英租税条約に始まり，当初はコモンロー諸国間の条約で用例が見られ，大陸法系の国の条約に見られるようになったのは1946年米仏租税条約で，大陸法国間の条約では1950年蘭諾租税条約であり，後半部分の "unless the context otherwise requires" は英国国内法に由来する，と伝えられている。J. F. Avery Jones, *et al.*, *The Interpretation of Tax Treaties with particular Reference to Article 3(2) of the OECD Model-I*, 1984 B. T. R. 14, 18 (1984). この3条2項自体も解釈問題が多く含まれているが，本稿ではそれらについては言及しない。参照，A. Jones, *et al.*, *id.*

(93) Rust, in E. Reimer and A. Rust, Ed., I Klaus Vogel on Double Taxation Conventions, Art.3 at m. no. 121 (4th Ed., 2015). See also, Vogel/Lehner, DBA-Doppelbesteuerungsabkommen: Kommentar, Art.3, n.116c, s.550 ff. (6. Aufl., 2015).

は後述)。

動的解釈であれ静的解釈であれ，このOECDモデル租税条約3条2項の国内法参照による解釈方法は，我が国の租税条約でも規定されており，我が国の条約解釈にも影響を与えているが，基本的論点は次のように整理することができよう。

①3条2項の内部の問題（静的解釈と動的解釈の同時存在）　我が国の租税条約は，締結改訂後約10数年から30年程度の間隔で改訂されている。それ故，OECDが1995年に動的解釈規定に改訂するより前の条約（静的解釈）と改訂以後の条約（動的解釈）が混在している。それらはすべて日本が当事国となる条約であるのでいずれかの一方の方法によって一貫して解釈すべきであるのか，それとも，文理に従い，静的解釈を定める条約は静的解釈を行い，動的解釈をとる条約は動的解釈を行うべきであるのか。

②国際条約としての解釈方法と3条2項の衝突　上述のようにウィーン条約法条約31条及び32条は解釈の一般原則等を定めている。それとOECDモデル租税条約3条2項はどのような法的関係に立ち，その法的関係の理解いかんによって，具体的租税条約の解釈適用に影響があるか。条約法条約は一般法，租税条約は特別法と見てよいか。

③各条約3条2項とOECDモデル租税条約コメンタリーの法的関係

④ウィーン条約法条約31条・32条とOECDモデル租税条約コメンタリーの法的関係　OECDモデル租税条約3条2項を前提として，コメンタリーと条約法条約31条・32条の関係はどのように捉えられるべきか。

結論からいえば，このOECDなどのモデル租税条約及びそれらに添付されるコメンタリーは，実際の二国間租税条約の交渉締結だけではなく，その後の解釈適用に対しても大きな影響を与えている[94]。大げさにいえば世界中の租税条約の大半がそれらの締結改訂当時のこれらOECD／国連のモデル租税条約とかなり似通った文言の条約規定を有する条約となっ

(94)　現在有効な我が国の二国間租税条約を詳細に見ると，概ねOECDモデル租税条約か国連モデル租税条約にその文言まで酷似又は同一であることがわかる。

ている。

我が国は，前述のように1954年に国際連盟モデル租税条約案を土台として日米租税条約を締結した[95]のを手始めに，2019年までにおよそ60余の国地域との間で所得に関する二重課税防止条約を締結改訂し，現在も数カ国との間で新規締結の交渉が行われつつある。1964年のOECD加盟後は，先進国との間では1963年OECDモデル租税条約草案以降の各年次モデル租税条約を条約交渉の基準として条約の交渉締結を行っている。そのため，我が国が締結する租税条約の条約正文としての日本語は，これらモデル租税条約の大蔵省・財務省日本語仮訳を元に起案されているようであり，対応する規定の日本語条文は条約相互間で酷似する。従って，OECDや国連のモデル租税条約の各規定の意義や趣旨の理解には，日本語仮訳ではなく各国際機関が公表する正式の報告書を参照することが必要であろう[96]。

3　パラレル条約

我が国の租税条約締結数は先進国の中では平均的な水準で，我が国以外の先進国も概ね50件乃至100件程度の二重課税防止条約を締結している[97]。我が国の租税条約はすべて上述のOECD／国連のモデル租税条約に準拠しており，それらの文言は締結改訂当時のこれらモデル租税条約の

---

(95)　1955年4月1日発効（1955年条約第1号）。

(96)　かつて国際機関では仏語が公用語として重視された時代もあったが，遅くとも筆者がOECD租税委員会でインタビューを行った2000年代初頭以降は原案の起案自体が英文で行われており，仏語版は公式言語ではあるが実質的には英語版の仏語訳という位置づけになっている。英語版と仏語版の間に単語数の違いや原意の微妙な差異，法律用語としての用例の有無などが見られるが，それらについては英語版を基準に解釈されるのであろう。我が国の各種資料で日本語として流通しているモデル租税条約はあくまで仮訳に過ぎないので，日本語仮訳を基準とすることはできない。

(97)　欧州諸国の中には，大航海時代の植民地に対する宗主国としての権益を維持するために，植民地が独立した後，旧植民地国との間で租税条約を締結する例が見られる。

文言に酷似し又は同一である。そのため，これら60件余の二国間条約は，酷似又は同一の文言がそれぞれ二国間の関係で適用されている。その文言の酷似・同一性の故に，ある条約の解釈適用が他の条約の解釈適用に影響を与えていると考えられる場合も存する。また，条約交渉では第三国条約の規定例が参照されることも珍しくない。かつては難しかったようであるが，各国の租税条約がデータ・ベース化されCD-ROMなどに収録される時代になると条約交渉の現場で臨機応変に第三国条約例を参照し交渉を進めることが見られる。我が国から見れば，相手方締約国が異なっていても，同じ文言を用いた条約規定がそれらいくつかの相手国それぞれと締結された二国間租税条約の関係箇所に規定されていれば，一つの租税条約での解釈が，それと同じ文言を用いる他の租税条約での解釈においても妥当する，と考えたとしても文理的にはそれほど奇異ではない[(98)]。逆に，同じ文言が用いられているからといって第三国が我が国と同じような趣旨で当該文言を用いたと考えるエビデンスもない[(99)]。このような問題意識の下，そのような状況にある一群の諸条約をパラレル条約（parallel treaties）と呼ぶ。これらパラレル条約もまた，対象となる条約そのものではないが，酷似・同一の文言を用いる条約という意味で当該対象となる条約の解釈に大きな影響を与え，対象となる条約の解釈適用において重要性を有するが，それは事実上の影響であるのか，上述のウィーン条約法条約31条又は32条により，解釈の材料として用いることができるのか，我が国においては議論がない（私見は，32条の解釈の補足的手段に当たると考える）。

---

(98)　すでに昭和40年代中盤には，OECDモデル租税条約に準拠して締結される条約が増加したことを背景に，このパラレル条約の解釈という問題意識が政策立案当局に見られる。外務省・大蔵省『擬問擬答』，前掲注（87），24頁乃至26頁。この資料の説明は，条約文言の微妙な差異とそれが条約解釈にどのような影響を与えるかという重大な問題に言及している点で注目される。

(99)　Sergio André Rocha, Interpretation of Double Taxation Conventions: General Theory And Brazilian Perspective 127 (2009) は，パラレル条約は条約解釈の一つの要素として用いることができるが，解釈の要素としてパラレル条約を用いることは，各国の条約実務を考慮に入れ慎重に行うべきである，と指摘する。

4　日本語によらない条約正文

国際慣行上，通常，国際条約は締約国の言語で起案締結され，当該締約国言語によるテキストが条約後文において締約国間の合意により正文（国際条約を確定する正式の条約文）とされる。しかし，条約によっては我が国が締約国であっても日本語の正式のテキストが作成されず，例えば英語や仏語のような第三国言語によるテキストが正文とされる場合がある。租税条約にも，1970年（原条約）及び1998年（改訂現行）の日韓租税条約[(100)]や前述のMLIのように，英語や仏語など第三国言語のテキストだけが正文とされる条約が存する[(101)]。日韓租税条約にもMLIにも公定訳文（official translation or text）に関する定めがないが，MLIについていえば，内閣が条約承認を求めて署名済条約案を国会に提出した衆議院外務委員会議録[(102)]，条約承認を議決した衆議院会議録[(103)]では日本語だけが記録され，公布時の官報[(104)]，財務省，外務省条約ウェブサイトや商用条約法規集には英文と日本語文とが並列して掲載されている。おそらくこれらの日本語文は公定訳文ではなく日本国政府による仮訳に過ぎないと思われる。そうであればこのMLIや日韓条約等に限っていえばこの日本語条文は法解釈の規準とはならず正文とされる英語のテキストが法解釈の対象・規準であ

（100）平成11年条約第14号。なお，現行対韓条約は，2020年5月13日付留保及び通告によりMLIによる改正を受けている（MLIの英語条文による改正と思われる）。特に，MLI7条1項（条約濫用防止条項，PPT）が追加されている。

（101）1998年日韓租税条約の英語正文では，後文には"DONE in duplicate at Tokyo this eighth day of October 1998, in the English language."とされているだけで，韓国語と日本語で作成されたとは記されておらず，二通作成された条約正文の正式の言語が英語であることがわかる。また，議定書等を見ても公定訳文に関する言及もない。

（102）第196回国会衆議院外務委員会議録第8号23頁（平成30年4月13日），同外務委員会議録第9号2頁（平成30年4月18日）。この外務委員会での審議では，MLIで既存条約を一括改訂する際の法的構造については議論の対象となっていない。

（103）第196回国会衆議院会議録第20号24頁（平成30年4月19日）。

（104）官報号外第212号（平成30年9月28日3分冊の1）43頁以下。

ると考えられる(105)。このように，租税条約が国内租税法令と異なる点の一つが，その法規範が日本語で記述されているとは限らない，という点である(106)。これは，条約の文言に従った解釈というレベルにおいても大きな問題を生ずる。しかも，OECDモデル租税条約3条2項の国内法令参照の準則の下で日本の法令（日本語）と条約外国語正文やMLIでの用語例の平仄が合わない事態が生じている。また，我が国ではモデル租税条約でさえ仏語正文ではなく英語正文に言及する場合が多いが，shall条項のように日本語正文が元のモデル租税条約の英語正文のニュアンスを正確に伝えていない日本語訳になっていることも大きな問題である（may条項が「できる」でshall条項も「できる」では，日本語正文を一瞥しただけでは読み分けはできないであろう）。

もっとも，日韓条約の規定の多くはOECDモデル租税条約等のモデル租税条約や日本と他国との条約と同じような文言を用いているので，上記のようなモデル租税条約英文テキストの参照，パラレル条約の日本語正文の参照という形で他の条約の文言との権衡を勘案した解釈が行われること

(105) MLIについてOECDがウェブサイトで公表している説明によると，"Only the signed English and French MLI are the authentic MLI texts applicable." であって，"Members of the ad hoc Group have prepared translations of the MLI in Chinese, Dutch, German, Greek, Italian, Japanese, Portuguese, Serbian, Spanish and Swedish." ではあるが，"The translations of the MLI in other languages are provided only for information purposes." である。つまり，日本財務省のウェブサイト等で公開されている日本語MLIは法的効力を有する正式の条約文ではなく，情報提供目的のためだけにOECD/ad hoc Groupが作成した参考訳文に過ぎず，正式のMLIは英語及び仏語で記述された条文だけである。したがって，我が国では，二国間租税条約の日本語正文を，MLIの等しく正文とされる英語又は仏語文で改正する（どちらで改正しているかは不明であるが公布時官報には英文が掲載されているので英語版条約を公布したということになろう），という事態が生じている。国によってはMLIを仏語正文で公布する国もあり，MLIによる既存条約の改正の範囲や改正後の解釈を巡って今後困難な問題を生ずることとなろう。http://www.oecd.org/tax/treaties/multilateral-convention-to-implement-tax-treaty-related-measures-to-prevent-beps.htm

(106) 我が国から見て日本語以外の言語だけを正文とする国際条約の解釈方法については，例えば，小川，前掲注（78），24頁。ウィーン条約法条約33条参照。

となろう。

Ⅲ　司法的解釈

1　初期の裁判例

我が国が租税条約を初めて締結したのは上述の1954年の日米租税条約（原条約）であった。それ故，租税条約の解釈適用もまた戦後の事象である。公表裁判例(107)だけを見る限り，裁判例において租税条約の解釈適用が具体的に争われたのは，東京地判昭和40年4月14日（ホーキンス事件第一審判決）(108)が最初であったと思われる。

ホーキンス事件では，この1954年日米租税条約(109) 8条（譲渡収益）について，被告が昭和37年12月8日付けで行った原告の昭和34年度分所得税決定について，同条約8条の「他方の締約国内に恒久的施設を有していたものと仮定して，当該他方の締約国の租税を純所得を基礎として課せられることを選択することができる。」との規定の適用が争われた。第一審判決は，この規定の日本語正文だけではなく英語正文の該当部分の文章構造に言及し一定の解釈を想定し，「解決（ママ―引用者注。解釈のことか）が正当であることは，日米租税条約を審議したアメリカ合衆国上院の報告書（ママ―引用者注）（83d congress 2d Session・Executive Rept No6）においても，右条項に関し……明らかである。」と言及する。ここでは，日本語正文だけではなく英語正文の文章構造から解釈の結論を得ようとし，その裏付けとして相手方締約国である米国連邦議会上院での条約承認に際する議会議事録にも言及してその解釈の妥当性を裏付けようとする，という裁判

(107) 2020年3月現在，筆者の調査によると，我が国では国際租税法に関わる裁決・裁判例は，審級ごとに数えるとのべ600件余に達している。本稿は，紙幅の都合もあり，それらを網羅的に取り上げるのではなく，租税条約の解釈という視点からごくいくつかの主なものだけを取り上げるに止まる。

(108) 行集16巻4号600頁。

(109) 前掲注（35）参照。

所の態度が見てとれる(110)。また，日本語正文の具体的な解釈方法として米国側議事録の読み方も含めて主にその文理的表現によっているものと思われる。ただ，日本語正文が存するにもかかわらず英語正文を参照することの意味，相手方締約国の議会議事録が本件解釈にとって法的にいかに位置づけられるかは明らかではない。本件は，控訴審，上告審ともにこの地裁判決同旨の判決を下し決着をみた(111)。

東京地判昭和55年11月6日（確定）（セガ事業譲渡類似株式譲渡事件）(112)は，昭和41年度分所得税に関する昭和46年1月8日付処分における1962年日英租税条約9条2項（d）号に定める事業譲渡類似株式譲渡の規定の適用の可否が争われた事案であるが，原告納税者は，同条2項（d）号（i）の「課税年度又は賦課年度中のいずれかの時において」という日本語正文が，英語正文では "at any time during the taxable year or year of assessment" とされている点から「いずれかの時において」との訳ではなく「いかなる時点においても」と訳すべきであり，それはその後の改訂条約（1970年条約第23号）では英語正文は at any time のままであるが日本語正文は「いかなる時点においても」とされていることからもいえる，と条約文言の解釈を展開した。ここでも，いわば日本語正文を基礎として条約の趣旨目的といった点から法解釈を行うのではなく，外国語正文における外国語での表現との比較において日本語正文の解釈を展開する，というのが納税者の主張であるように思われる。東京地裁は直接この点には言

(110) 昭和29年に署名され昭和30年に発効した日米租税条約の昭和34年度分所得税について37年に原処分庁が行った決定処分に関する昭和40年の地裁判決の中ですでに，日本語正文だけではなく英語正文と相手方締約国での条約承認資料にまで裁判所が言及していることは，条約締結からわずか10年ほどで，日本語正文だけではなく外国語正文をも用いた条約解釈に裁判所が立ち入っていたという点で，極めて興味深い。

(111) 東京高判昭和41年3月22日税資44号236頁，最判（二小）昭和42年6月9日訟月13巻9号1131頁。なお，公表裁判例だけを見る限り，最高裁判所が課税訴訟で租税条約の解釈適用に関わった事案は本件が最初であると思われる。

(112) 税資115号474頁。

及せず，9条2項（d）号本文により納税者の請求を退けた（確定)。裁判所は同項（d）号本文に着目して処分を維持しているようであるので，納税者側の上述の主張をどのように退けたかは必ずしも分明ではない（判決録の被告の答弁においてもこの点は触れられていない)。

2　中期裁判例

当時の裁判例で最も詳細に条約解釈を論じているのは東京地判昭和57年6月11日（行集33巻6号1283頁）(確定)（船舶運輸所得免税事件）であろう。この事案も，上述のホーキンス事件と同じく1954年日米租税条約の解釈適用が問題となった。当時の条約規定はOECDモデル租税条約と規定の建付けが異なり，3条で産業上商業上の利得の課税（恒久的施設＋全所得主義），4条で特殊関連企業条項を定め，それに続いて5条で一方締約国が他方締約国又は第三国に登録する「船舶又は航空機の運用によって取得する所得」について当該他方締約国の租税を免除される，と定めていた。この事案では，日本の埠頭公団が港湾開発（コンテナ港化）に必要な資金を当該港湾の利用者である外国海運会社に対して利付債券を発行することで調達し，引受海運会社が受領した利子が，同条約5条の免税所得に含まれるか否か，が争われた。

被告国側主張は，日米租税条約についての事案であるにも拘らず，今日のOECDモデル租税条約の解釈に近い解釈を展開した。曰く，「(1954年条約）5条にいう『船舶の運用によって取得する所得』については，船舶の運航によって直接取得する所得のほか，その事業に附随する事業に係る所得をも含めて免税の対象とするものと解されるが，その附随業務の範囲については右条約の規定上明らかではなく，また文脈により別に解釈すべき場合に当たらないので，(同条約）2条2により，わが国の租税に関する法令における解釈によるものとすべき」(括弧書―引用者注）と総論的な論理を展開する。それに続いて，参照すべき我が国の立法として当時の法人税法138条（国内源泉所得）及び国際運輸所得相互免税法律[113]を参照し，それらに定める附随業務の範囲を斟酌すると，国際運輸業の附随業務のうち，船舶の運航と直接密接な関係がある業務に係る所得に限り免税の対象にするものであると解するべきであるという。つまり，文脈により別に解釈すべき場合に当たるか否かは措くとして，条約発効後に成立した国内（租税）法令参照により，国内法上用いられる意義と同義で免税の対象となる所得を解釈しようとする。なお，予備的にであろうが，同条約5条1項が上述の3条及び4条に対する課税の特例であると規定相互間の関係を理解し，同条約2条1項1号・2号が3条等で用いられる「産業上又は商業上の利得」には配当，利子等を含まないとの明文の規定があることを主張している。

さらに被告国側は1963年OECDモデル租税条約草案の8条コメンタリーを引照する。その根拠として，「モデル条約は，当事国間において租税条約を締結ないし改訂する際に指針となるべきもので，現に日米両国は殆どモデル条約どおりに旧条約を昭和47年に改訂したものであり，右コメンタリーの該当部分に日米両国が何らの留保や所見を付していないことからも，右コメンタリーの解釈は尊重されるべきである。」と指摘するに止まり，コメンタリーの法的性質や上述のウィーン条約法条約との関係，条約締結とコメンタリー作成の時系列的関係については言及していない。

判旨も被告国側のロジックとほぼ同じであるように思われる。まず，適用法条である日米租税条約5条の趣旨を敷衍した後，それとは建付けがかなり異なる1963年OECDモデル租税条約8条及び同条コメンタリーに言及する。しかし，何故ここでモデル租税条約が参照され，コメンタリーが参照されるのかについての積極的説示はなく，それらの法的関係は不明なままである。さらに，「文脈により別に解釈すべき場合」に当たるか否かも明示的に言及せずいきおい国内（租税）法令（相互免税法律を含む）での用語例に言及する。このように見ると，裁判所のロジックは，結論部分は

(113)「外国人等の国際運輸業に係る所得に対する相互主義による所得税等の非課税に関する法律」1条（昭和37年法律144号）及び同法施行令1条（同年政令227号）。

比較的説得的であるとは見えるものの，何故日米租税条約の適用の適否の問題にOECDモデル租税条約が参照されるのか，何故1963年コメンタリーが参照されるのか，何故文脈を考慮しないのか，何故国内法令の中で所得税法・法人税法の特別法であると考えられる相互免税法律が法人税法の検討の後に言及されるのか，など理由付けについては分明でないところがある。被告・裁判所のロジックは，少なくとも条約規定の文理に拘泥せず制度趣旨を見るという意味で目的的な解釈といえよう(114)。

東京地判昭和60年5月13日(115)(確定)（コンプレッサー事件）とその後の最判（一小）平成16年6月24日(116)(シルバー精工事件）は平成26年改正前所得税法161条7号イ及び1971年日米租税条約6条1項及び2項の適用が問題となったという点では共通する事案群である。この所得税法の規定と条約規定の関係は，所得税法の規定は国内源泉所得として課税の根拠となる規定であり，旧日米租税条約12条1項及び2項は，一方の締約国の居住者が他方締約国内で得る使用料については一方の締約国において租税を課するとしつつも，当該他方締約国においても限度税率の範囲内で課税権の行使を許容する規定である。これら国内法の規定と条約の規定が双方ともソース・ルールを使用地主義によるものとし，使用地が国内か否かが争われた。そのため，これらの事案においては，処分段階では条約も適用されていても課税自体が国内租税法令によるもので，条約規定はそれを一定の限度で減免するに過ぎないという位置づけで理解されていたため

(114) なお，興味深いことに，この1954年日米租税条約の締結に際する両国政府間の条約交渉においては，船舶会社の支店が運転資金を支店所在地で銀行預金としそれに利子が生じた場合に，船舶航空機所得免税の対象となるか否かが取り上げられ，米国側は預金がincidentalなものであれば課税しないが投資活動としての預金であれば課税するのは当然であると説明したのに対して，日本側は予定利率も高く利子収入も相当な程度に達することが予想されるので課税する考えであると応えている。「日米租税協定会議（第二回）議事録」，再録，加野，後掲注（121），381頁。

(115) 判タ577号79頁。

(116) 集民214号417頁。第一審東京地判平成4年10月27日行集43巻10号1336頁，控訴審東京高判平成10年12月15日訟月45巻8号1553頁。

か，裁判所での解釈論に条約規定が姿を見せていない事例群である。また，旧所得税法161条7号の使用地主義と旧日米租税条約12条2項の使用地主義が同じであると考えられていたためか，使用地主義の異同やその置き換えも問題とされていない。後述のイモビライザー事件東京高裁判決のように，国内法令上の手続的瑕疵があっても租税条約の適用は排除されることはないと考えられるので，裁判所は日米租税条約の適用に言及すべきであったかも知れない。

3　平成以降の裁判例

今日の租税条約の法的性質の理解や解釈適用のロジックの土台を築いたのは最判（三小）平成10年1月27日（上告棄却）（税資230号162頁）（対応的調整住民訴訟事件）であろう。本件は，法人税に関する事案ではなく法人税額の一部還付に連動して関係自治体が行った法人市民税等減額更正処分の違法を主張する住民訴訟であったが，実体的には，1971年日米租税条約[117]11条（特殊関連企業条項）に対応的調整の定めがないにも拘らず日本親会社に対して法人税及び法人市民税等の減額更正還付を行ったことが違法であるか否かが争点であった。横浜地判平成7年3月6日[118]においては，原告住民の，本件日米租税条約に対応的調整規定がないこと，同条約25条にはOECDモデル租税条約25条2項の「いかなる期間制限にもかかわらず，実施されなければならない」という強い調子の規定がなく，OECDモデル租税条約9条2項の対応的調整規定に対して我が国政府は留保を付していること，昭和61年の移転価格税制の立法化まで国内法的整備が行われていなかったことから日米条約の下においては米国歳入庁が増額更正処分をしても我が国では対応的調整をすることが法的に予定されていない，という北野弘久名誉教授の所論[119]に立脚した主張に対して，被告各市長等は，金子宏名誉教授の所論[120]に依拠しつつ，租税条約の最重要目的は

(117) 昭和47年条約第6号。
(118) 訟月42巻12号3076頁。

二重課税の排除であるから経済的二重課税の排除も含まれ，移転価格税制をめぐる紛争においては解釈適用協議がその解決のために役立つことが少なくなく，関係者は陳情の意味で事実上の申立をすることは可能である，というものであった。横浜地裁判決は，租税条約上二重課税の「排除方法が条約上明文をもって規定されていないとしても，明らかにこれを放置していると解されるような場合でない限り，その排除についての方法も採用されていると考えるべきである。」としつつ「日米における対応的調整の法的根拠は日米租税条約25条に求めることができ，租税条約実施特例法7条が存在しなくとも，対応的調整を行うことは可能」であると判示した。被告各市長側の所論では，同条約11条が直接適用可能な規定ではないこと[121]（国内立法必要説）を前提に，租税特別措置法の移転価格税制を11条

(119) 北野弘久「租税条約の当局間協議と租税の還付－移転価格税制をめぐる法律問題」税理35巻15号223頁（1992)。

(120) 金子宏「相互協議（権限のある当局間の協議および合意）と国内的調整措置－移転価格税制に即しつつ」同『所得課税の法と政策－所得課税の基礎理論（下巻)』390頁（1996)（初出，国際税務11巻12号14頁（1991))。

(121) 興味深いことに，この事案で問題となった1971年日米租税条約11条（特殊関連企業条項）の元の規定である1954年条約4条（現在の特殊関連企業条項に相当）についての交渉議事録では，「(日）第4条の趣旨は賛成である。然し，日本においてはSec.45のような広汎な権限を与えた規定は存しないから，若し第4条の規定が存しても，これに見合うような国内法が設けられなければ，条約によつて租税を増加することはできないという理由（本条約でもその趣旨の規定は存するが）により，これを実行することはできないと考えるがどうか。(米）という事はない。第4条は租税を増加するものではなく，正当に負担すべき税額をevadeすることを防止し，合理的に所得を配分する趣旨のものであるから，これを実行することは一向に差支ない。(日）了承。然らば日本がこの規定によつて所得を決定した場合に，納税者が不平を唱えてきても，米国は日本の措置をsupportしてくれるか。(米）supportする。(日）この点に関して判例はないか。(米）聞いていない。」と日本側が米国国内法のような根拠規定が日本法令上存在しないので条約4条自体を国内で適用することは難しいことを指摘したのに対して，米国側は4条が配分規定であって租税を増加するものではなく国内法がなくても4条を直接適用せよ，と水を向けている様子が伺える。「日米租税協定会議（第二回）議事録」内閣法制局第二部（外務省担当）「日米租税協定」（国立公文書館所収）（平19法制00222100）（再録，加野裕幸「日米租税協定逐条審議議事録1951・52」法学ジャーナル96号289頁，380頁（2019))。この加野資料は，外務省外交史料館

の国内執行のための規定であると位置づけるが，租税条約実施特例法の対応的調整規定は確認規定説に立つと思われる。判旨はこれらを前提に判示していると考えられるから，租税条約の規定に直接適用可能な規定とできない規定があることを読み分け，それによって国内立法（移転価格税制）の法的位置づけを定めようとしているように思われる。また，条約文言として（1977年OECDモデル租税条約9条2項等の）対応的調整規定がなくとも，相互協議の合意を法的根拠として還付を行い得るとした。

控訴審東京高判平成8年3月28日[122]は，対応的調整を行うことが条約上義務付けられるか否かについては「一方当事国が移転価格税制を適用して課税すれば，それに伴って他方当事国の関連者に多くの場合，経済的二重課税の問題を必然的に生ずるのに，他方当事国に対応的措置を義務付けた規定はない。したがって，一方当事国が移転価格税制による課税をした場合に，他方当事国がその関連者に対して対応的措置を採らなかったからといって，直ちに条約違反となるものでないことは明らかである。」として地裁判決よりもさらに緩やかな条約解釈に立ちつつも，本件減額更正処分及び還付が違法であるか否かについては「日米租税条約が，国際間の二重課税の回避を主たる目的として締結されたことを考えると，価格移転税制（ママ―引用者注）の規定を設けながら，その適用によって他方当事国の関連者に生ずる国際的，経済的二重価格（ママ―引用者注）の問題について，これを放置していたと解するのは常識的でなく，対応的措置については25条の協議に委ね，合意が可能な限りにおいて，経済的二重課税の回避を図ろうとしているものと解するのが相当である。」として対応的調整は条約上の義務ではないとしつつも，原判決と同じく相互協議の合意を法的根拠に被控訴人各市長等の減額更正処分を違法なものではないとした[123]。

や国立公文書館に所蔵される主に1954年日米租税条約の交渉過程での日本側議事録他資料を収集，再録したもので，従来必ずしも明らかでなかった交渉過程での日米間の対話が収録されており，租税条約研究にとっては第一級の資料を発掘した研究である。

(122) 訟月42巻12号3057頁。

本件各市長等の所論はOECDモデル租税条約に言及するものの，それが所論の他の部分にどのような影響を与えるのか，モデル租税条約正文だけなのか該当条文である9条のコメンタリーも含むのかは明示的には議論されていない。控訴審判決は上述の後者の引用部分について「このことは，日米租税条約と同様に，対応的措置の義務付けについての規定を有しなかったOECDの昭和52年改正前のモデル条約の解釈として，OECD租税委員会が，昭和59年の報告書で『(省略―引用者注)』との見解を示していることからも裏付けられる」と，"Transfer Pricing and Multinational Enterprises: Three Taxation Issues"（1984）と思われるOECD租税委員会報告書を引照して論旨の補強を図っているように思われるが[(124)]，何故この，モデル租税条約でもコメンタリーでもない租税委員会報告書がどのような法的位置づけにおいて論旨の補強材料となるのか，ウィーン条約法条約との関係，裁判所のする法解釈とどのような関係に立っているかは明示的に説明しておらず，不明である。本件では，被告各市長側の所論は，日米租税条約11条が特殊関連企業条項を置く趣旨を勘案し（その意味で目的的である），25条（相互協議）を対応的調整の法的根拠とすると緩やかに条約解釈を行っている点に特徴があろう。

平成に入ると，今日でいう国際的な「濫用的タックス・シェルター」が事実関係で争われる事案群が現れる。その一つは外国税額控除濫用事件であり，いま一つは各種の減価償却資産と共同事業法制を用いた一連のリー

(123) 最判（三小）（上告棄却）は単に原審判断を正当是認するに止まる。

(124) OECD, Transfer Pricing and Multinational Enterprises: Three Taxation Issues-Report of the OECD Committee on Fiscal Affairs (1984). 本文で引用した東京高裁判決が引照する部分はこの報告書の28頁パラ75前後と思われる。東京高裁はこの部分を「モデル条約9条2項に相当する条項がない場合であっても，第1項に相当する条項の存在は，経済的二重課税を条約の対象に含めようとする締約国の意図を示している。従って，移転価格の調整によって生ずる経済的二重課税は，少なくとも租税条約の精神に反するものであることから，モデル条約第25条第1項及び第2項の相互協議手続の対象となり得る。」と引用しているが，このOECD報告書の英語原文を読むと，引用部分への賛否両論併記であることがわかる。

ス関係事案である[125]。一連の外国税額控除濫用事件は大阪地判平成13年5月18日（訟月48巻5号1257頁）（旧住友銀行事件第一審判決）に始まり，最判（一小）平成18年2月23日（集民219号491頁）（旧三和銀行事件上告審判決）で終結するが，租税条約の適用そのものではなく，主に濫用的タックス・シェルターの否認のための国内法令上の法技術について論争となった，と総括できよう。しかし事実関係を細かく見ると，日新租税条約が利子条項を含んでいないことを狙って在新企業への資金貸付利子に現地租税法令上の高い源泉税を日本の銀行が支払った，といういわば条約濫用・条約漁り（treaty shopping）といえる事実関係を含む事案もあり，一概に，シェルター否認の国内法令上の法的根拠だけが問題となったと評することは条約解釈という点で不充分である。

他方，若干のリース料（賃料）を得つつも多額の借入資金でレバレッジを効かせて高額かつ短期償却期間の資産を投資対象として多額の減価償却費から成る不動産所得の人為的損失（artificial losses）を作り出すことで，所得税では損益通算，法人税では単純に収益と損失の通算，という実効税率を下げる仕組みが流布した[126]。これらは，大阪地判平成10年10月16

(125) Check-the-Box規則を背景として米国各州におけるLLC（Limited Liability Company）の立法化が進んだことを受けて，当時は「多様な事業体」と語られるさまざまな共同事業体が我が国所得課税の上で問題となったが，それは今日の視点から見ると，①我が国租税法上「法人」とするか否かという純粋に理論的な問題と，②我が国には存在しない事業体を用いて濫用的タックス・シェルターの一翼を担おうとする仕組み（Limited Partnershipが用いられるのはLimited Partnersの有限責任で損失の法的リスクを切断するためである）の問題とがある。

(126) このような仕組みは，米国ではすでに60年代から70年代にかけて流布し，上下両院合同租税委員会はいくつかの報告書を議会に提出している。Joint Committee on Taxation, Overview of Tax Shelters (JCS-22-75) (1975); Joint Committee on Taxation, Tax Shelters: Movie Films (JCS-26-75) (1975); Joit Committee on Taxation, Tax Shelters: Equipment Leasing (JCS-27-75) (1975). 濫用的タックスシェルター（租税裁定取引）がどのような点で租税上のメリットを得ようとしているのかについては，川端康之「ビトカーの濫用的タックス・シェルター論－Crane理論・事業目的」税大論叢40周年記念論文集165頁（2008）。https://www.nta.go.jp/about/organization/ntc/kenkyu/ronsou/40kinen/05/pdf/ronsou.pdf

日（パラツィーナ／エンペリオン映画投資事業組合事件第一審判決）[127]に始まり，最判（二小）平成27年7月17日（コメルツ証券名古屋事件上告審判決）[128]でほぼ終息するが，当初は共同事業体がどのような法的性質であるか（日本民法上の任意組合契約であるか，特殊な利益配当契約であるかなど）が争点とされ，パラツィーナ／エンペリオン映画投資事業組合事件では，むしろ最高裁判所は事業と称する映画の配給が収益を生む源泉であるとみることはできず，事業の用に供しているものとはいえないから減価償却資産には該当しない（減価償却費の計上はできない）と活動の事業該当性からみて組合構成員たる投資家の手元での損失計上を認めなかった。コメルツ証券名古屋事件上告審判決では，我が国の居住者たる投資家が共同事業体として用いた米国デラウェア州LPSが我が国租税法令上の「法人」に該当するか否かが争点とされ，①当該組織体が当該外国の法令において日本法上の法人に相当する法的地位を付与されていること又は付与されていないことが疑義のない程度に明白であるか否か，これができない場合には②当該組織体が権利義務の帰属主体であると認められるか否か，を判断基準として法人該当性を判断すべき，とした。

このパラツィーナ事件もコメルツ証券名古屋事件も裁判所の議論は我が国居住者である納税者がした取引がどのような法的性質であるか自体に焦点が当たっており，このようなレバレッジ型のシェルターには租税条約は一見無関係であるように見える[129]。しかし，同種の事案の一つである最決（二小）平成28年6月10日（パーククレジット／ローンスター事件上告不受理）[130]の，納税者の請求を認めた東京地裁判決[131]に対する控訴審東京

(127) 訟月45巻6号1153頁。
(128) 民集69巻5号1253頁。
(129) コメルツ証券事件では，単に国内法令上の米国デラウェア州LPSの性質を論ずるだけではなく，日米租税条約上の当該LPSの性質決定についても検討する必要があったであろう。何故なら，国内法上の性質決定と条約上の性質決定は必ずしも同じではないからである。
(130) 税資266号順号12867。
(131) 東京地判平成25年11月1日税資263号順号12327。

高判平成26年10月29日[132]では，当該事案の事実関係に適用される1974年日愛租税条約[133]23条（その他所得）の適用（すなわち，我が国で免税）の適否が争われた。興味深いのは控訴審における納税者側の主張とそれに与した裁判所の理由付けである。国側は原審では原告の各分配金に対する源泉徴収義務があることを，本件スワップ契約が原資産の譲渡を含むか否かという形で争ったが，控訴審では，日愛租税条約23条が適用されないと主張を追加し，それを支えるためにOECDモデル租税条約コメンタリーを「補足的な手段として……参照すべき」と主張した。国側はウィーン条約法条約の規定に言及していないが，「補足的な手段」との表現からすると同条約32条の「補足的手段」として同コメンタリーを位置づけたものと考えられる（後述のグラクソ事件最高裁判決参照）。それに対して被控訴人納税者は，コメンタリーは解釈に当たって参照することはできるが租税条約と同等の独立の法源となることはできず，日愛租税条約には濫用を理由として適用を否定する規定は定められておらず，コメンタリーは解釈を示すものではないとの旨の主張を行った。さらに興味深いことには，「憲法84条は租税法律主義を定めており，……趣旨は租税条約による課税についても及び，租税条約による課税については，明文の規定を要するというべきである。」という。被控訴人納税者は租税条約が課税の根拠であるというのである。

控訴審は原審と同様，本件スワップ取引が変動キャッシュフローと固定キャッシュフローのスワップ契約であり，日愛条約には濫用を理由として適用を否定する規定がなく日愛租税条約23条が適用されると判示しつつ，「条約により課税が行われる場合にも，条約又はその委任に基づいて，納税義務が成立するための要件等が定められていなければならない」と租税条約が課税の根拠となるとの立場に立ち，「コメンタリーは，法的に拘束力を有する租税条約の具体的な条文の解釈に当たって参照する余地があ

(132) 税資264号順号12555。
(133) 昭和49年条約第12号。

る」としつつも，「コメンタリーの記載を根拠として租税条約の適用を否定できるとは認められない」とした。租税条約を課税の根拠として位置づけ，租税法律主義の視点から，条約に条約濫用防止規定がない限り条約は適用される，との結論を導き出したように思われる。この論旨を逆に辿ると，国側が主張していない「独立の法源」という論点建てでコメンタリーを切り離し，濫用防止規定がない限り否認はできないとの結論から遡って，明文の規定を必要とするのは租税法律主義である，租税法律主義は課税の根拠である，という道筋に立ち，条約は課税の根拠である，との立場に立っているように思われる。そこには，租税条約が二重課税排除のために課税権の配分を行う規範であるということに対する配慮がまったく見られない。

筆者は，本件控訴審判決の，租税条約が課税の根拠であるとの立場自体が大きな異論を招くと考えるが，他方で，コメンタリーを解釈の参照材料として認めている点もまた興味深い。しかし，事実関係を詳細に観察すると，控訴人国側が主張するコメンタリーの記述のうち，少なくとも9.3パラ，9.4パラ及び21.4パラは日愛租税条約が締結された1974年当時（1963年モデル租税条約草案の時代）には存在せず，国側は本件支払が行われた時点以降のコメンタリーを参照しているように思われる(134)。コメンタリーと条約締結，本件係争年度(135)の平仄が合っておらず，その点控訴人・被控訴人とも論理が荒い(136)。

我が国の裁判例で租税条約にセービングの性質を認めた事案として，東京地判平成16年9月17日税資254号順号9751（控訴審（原審認容）東京高判平成17年1月26日税資255号順号9911）がある。この事案では日加租税

(134) なお，1974年日愛租税条約3条2項は静的解釈の規定を温存している点に注意。

(135) 本件係争年度に対しては，旧所得税法161条12号（平成19年法律第6号による改正前）の各年度の規定が適用される。

(136) 類似事案である東京高判平成19年6月28日税資257号順号10741（日本ガイダント事件）における国側主張は，ウィーン条約法条約31条を引照して条約濫用に対しては条約を適用する必要はないとの立場を展開する。

条約（昭和62年10月30日公布及び告示（条約第12号及び外務省告示第483号））10条にいう配当の意義が争われたが，原告Xは「セービング・クローズは，国内課税権の確認条項でもあるから，国家間の条約の観点からは異質であり，国際的相互主義に反する性質のものである。」としてセービングを定める同条約25条2項及び3項は適用できないと主張した。他方，被告Yはこれらの規定により日本の居住者に対して日加租税条約は適用されず，国内法（所得税法）によって課税関係が定まるとの趣旨の主張を行った。東京地判はYの立場に立ちつつ「租税条約は，基本的には，源泉地国から見て，相手国の居住者であって，自国の非居住者であるものに対する自国の課税権を条約に基づいて制限する形で，締結されるものであるということができる。」のであって，「租税条約は，原則として，自国の居住者に対して適用される国内租税法を修正しようとするものではないから，条約に別段の定めがない限り，締約国には，自国の居住者に対し国内租税法に従って課税する権利が留保されることになる。この原則がセービング・クローズであり，前記のような租税条約の制度趣旨に照らすと，条約中に明文の条項がなくとも，当然の原則といわなければならない」として，日加条約の解釈に影響されないとのYの主張を認めた。ただし，同条約が25条3項でセービングの適用対象からいくつかの条項を除外している理由については言及していない。また，本件は加法人からの分配を日本側で配当と性質決定するか否かについての事案であるが，セービングによらなくても条約3条2項の国内法参照（静的解釈）により日本側での性質決定に日本国内法を参照できたのではないかとの疑問も残る（本件では3条2項について言及はない）。

なお，やや特殊な事案ではあるが，東京高判平成28年1月28日[137]（イモビライザー事件控訴審判決）は，いわゆるAOAを初めて取り上げた2008年モデル租税条約7条コメンタリーをそれより前の係争年度の事実関係に対する2003年日米租税条約7条の解釈として用いるべきとの原告控訴人の主張に対して，コメンタリー改訂前の条約正文の解釈として改訂後のコメンタリーを参照することができるか否かには直接言及せず，事実評価の問題として納税者の主張を排斥した。その後，所得税法162条2項及び法人税法139条2項が新設[(138)]されることとなるので，裁判所の結論自体は妥当なものであったと評価できよう。

本件では，PE帰属所得計算についてのAOA適用の有無という争点に先行して，米国居住者Xが日本国内に有する倉庫アパートが同条約5条4項のPE除外項目に該当するか，その際，同項の構造は同項（e）及び（f）が一般条項で（a）乃至（d）はその具体例に過ぎないか，それとも（a）乃至（e）はそれぞれ別個の形態を捉えたものかが争われている。裁判所は原審控訴審ともにYの主張に与し，同条4項のPE除外項目は全体として準備的補助的活動をPEから除外するに過ぎずそれぞれ別個の形態ではない旨の判断を示し，本件事実関係に基づき本件倉庫等は同条4項には該当せず1項の恒久的施設とされると判断している。この事案は所得税法・法人税法の平成26年改正前の事案であるので，国内法上は所得税法164条1項の課税の方法に該当することを前提に条約上の除外規定該当性を争ったものと考えられるが，PE認定がプリザベーションの範囲外であるとの本稿の立場からすれば，国内法上はPEに該当しなくても租税条約

(137) 訟月63巻4号1211頁。同旨，原審東京地判平成27年5月28日訟月63巻4号1252頁。最決（二小）平成29年4月14日（不受理決定）税資267号順号13011。本件の第一の論点は，所得税決定処分において日米租税条約を適用する必要があったか否かであるが，国側が条約を適用する必要はなかったと主張している点について判例評釈でのコメントは存在しない。おそらく国側は，抽象的な文言の日米租税条約7条による所得配分よりも，課税の根拠としての平成26年改正前所得税法161条1号及び同法施行令279条による所得配分で充分であると考えたのであろう。7条事業所得配分規定はあまりに抽象的であるので直接適用はできず国内立法を必要としていると考えられ，それを受けて制定されたのがこれら国内法であると位置づけることが可能であろう（歴史的に同根の9条特殊関連企業条項についてはそのような考え方が主流であると思われる）。ただし，裁判所は7条が直接適用可能か否かには答えていない（私見では，9条と同様その抽象性，不完全性の故に7条は直接適用できないと考える）。

(138) 平成26年3月法律10号。

上は除外規定に該当せず結果としてPE認定されるということはあり得ると考えられる。

なお，所得税法で非居住者の国内事業所得の課税要件として恒久的施設の存在を明文上求めるようになったのは，昭和37年税制改正での所得税法改正（昭和37年3月31日法律第44号）で昭和22年所得税法1条に8項が追加され，のちの164条1項1号乃至3号に対応するPEの形態が法定されたことに始まる（法人税法においても同様）。前掲注（86）参照。この37年改正は，昭和36年12月政府税制調査会答申『税制調査会答申及びその審議の内容と経過の説明』に添付された『答申の審議の内容及び経過の説明（答申別冊）』第6章第2「非居住者等の課税その他国際的な側面に関する税制の整備」512頁，513頁乃至524頁で当時の締結済租税条約や連合王国，西独の国内法制を参照し，「現行の所得税法又は法人税法では，非居住者等がどのような場合に『事業』を有するとみなされるかについては詳しい規定がなく，従来，条約上の『恒久的施設』の概念を参考として解釈されているが，その実際上の適用についても問題があった。」との指摘に応えたものであった。ただ，この昭和37年改正では支店等の具体的形態と事業を行う一定の場所という租税条約上のPEの定義に対応する文言だけが用いられ，「恒久的施設」という文言は用いられなかった。恒久的施設という文言が法律上用いられるようになったのは平成26年改正においてである。

租税条約と国内租税法令との関係についての具体例としてタックス・ヘイブン対策税制と日星条約との抵触関係が問題になったのが，最判（一小）平成21年10月29日（民集63巻8号1881頁）（グラクソ事件）及び最判（二小）平成21年12月4日（集民232号541頁）（飛鳥鋼管事件）である[(139)]。前者は法人，後者は個人のタックス・ヘイブン対策税制が問題となった。事

(139) 飛鳥鋼管事件最高裁判決の判旨はグラクソ事件最高裁判決と同旨であると考えられるので，ここではグラクソ事件判決の判旨を見ることにする。ただし，飛鳥鋼管事件判決はOECDモデル租税条約コメンタリーには言及していない。

実関係はその点が異なるだけで，その他は争点との関係では両事件はほぼ共通していた。つまり，日本居住者内国法人がシンガポールに特定外国子会社に該当する子会社を保有しており，当該子会社の留保所得について日本居住者内国法人が合算課税を受けた。これら納税者は，措置法のタックス・ヘイブン対策税制を適用した合算課税は日星条約に違反している，と主張した。

グラクソ事件最高裁判決は，タックス・ヘイブン対策税制を設けることが国家主権の中核に属する課税権の内容に含まれるとしつつ「租税条約その他の国際約束等によってこのような税制を設ける我が国の権能が制約されるのは，当該国際約束におけるその旨の明文規定その他の十分な解釈上の根拠が存する場合でなければならないと解すべきである。」として，租税条約等に明文規定を置くか十分な解釈上の根拠があれば制度を設けること自体が制約され得る，とした。また，グラクソ事件はタックス・ヘイブン対策税制と租税条約７条（特に，１項）との関係が争点となったが，「この規定による課税が，あくまで我が国の内国法人に対する課税権の行使として行われる」点に着目し７条１項による禁止又は制限の対象には含まれないとした。微妙な表現ではあるがセービングとはアプローチが異なるように思われる。

ところがこのグラクソ事件判決で注目されるのは，このような判旨に続いて「しかし，各締約国の課税権を調整し，国際的二重課税を回避しようとする日星租税条約の趣旨目的にかんがみると，その趣旨目的に明らかに反するような合理性を欠く課税制度は，日星租税条約の条項に直接違反しないとしても，実質的に同条約に違反するものとして，その効力を問題とする余地がないわけではない。」として，国際的二重課税の排除という租税条約の趣旨目的に国内租税法令が抵触する場合があり得ること及び抵触する場合には国内租税法令の法的効力に影響が出ることを認めた点である。

もちろんこれは，本件裁判当事者たる日本の内国法人という文脈での判旨であるから，居住者内国法人の国内租税法令上の扱いと条約の趣旨目的が抵触する，という考え方であると解され，前述のセービングとはまったく相容れない。判旨が何故セービングによって本件に対応しなかったかの理由は詳らかではないが[140]，国内租税法令と租税条約の抵触関係という論点建てで最高裁の判旨はセービングを認めていないと読むこともできるかもしれない。その適用範囲の如何を措くとして，租税条約の性質としてのセービングの考え方からすれば，居住地国たる日本においては内国法人に租税条約上の配分規定が適用されることはないので，そもそも抵触関係は生じない，と整理することができたはずだからである[141]。その意味で，セービングの考え方と同じ出発点である租税条約の趣旨目的という観点に立って補足的に抵触関係を判断しようとするグラクソ事件判決は，むしろセービングとは正反対の結論に至ったものと評価することができよう。

今後，前述の2017年OECDモデル租税条約でのセービング条項の追加に従った条約改訂や条約締結が増加するであろうが，そうなると，従来型の条約と新1条3項のセービング条項を含む条約が併存することとなり，セービングは明文規定があって初めて認められる性質であるか否かが問題とされるようになると予想される。私見は，前述のように，（OECD/国連モ

(140) 橋本秀法「我が国タックス・ヘイブン税制と租税条約の関係—租税条約締結国に所在する子会社への参加に起因する所得に対するタックス・ヘイブン課税の適用の可否」税大論叢54号97頁，152頁（2007）は，その論旨の詳細は不明であるが，小松名誉教授の所論を引照しつつ「タックス・ヘイブン税制は租税条約の射程外ということになる。」という。

(141) なお，前掲注（54）で指摘したように，そもそもタックス・ヘイブン対策税制と租税条約の抵触関係という論点は，従来，セービングの議論を積極的に認めていなかった欧州諸国における争点を輸入した議論であり，この点が判旨に影響しているように思われる。タックス・ヘイブン対策税制の立法化の当時は，我が国はいわゆるタックス・ヘイブン諸国とは二重課税防止条約を締結しない方針であるといわれていたのであって，その意味で，タックス・ヘイブン対策税制の適用を受ける事実関係が同時に租税条約の適用対象でもあるという状況は生じなかった。しかし，タックス・ヘイブン対策税制が平成4年に指定国告示指定から実効税率基準に改正された後，2000年代初頭の法人税率の引き下げ競争により，古くからの条約締結相手国であるシンガポールの税率表上の税率が極端に下がったために実効税率でタックス・ヘイブン対策税制の適用対象となり得る状況が生じた。

デル租税条約のような）居住地国に最終的な二重課税排除の責任を負わせることを前提に，居住地国に課税権を配分しつつ源泉地国で国際的二重課税の調整を行おうとする範疇の租税条約では，1条3項のような明文規定を置かずとも，そのような範疇の租税条約の性質として居住地国で居住者に対して租税条約は適用されないとの立場を採る（その意味で，前述のOECDコメンタリーの「確認」との立場と軌を一にする）。この立場を採る際の問題点は，その具体的適用範囲である。グラクソ事件においてはタックス・ヘイブン対策税制と条約7条の抵触関係が問題とされたが，欧州では，タックス・ヘイブン対策税制と租税条約の関係では7条以外にも10条（配当），24条（無差別条項）など他の法条も抵触関係が問題となり得ることが知られている。それらの場合にセービングがどのように作用するかは必ずしも明らかではない。

む　す　び

本稿は，広大な荒野の観を呈する租税条約の法解釈について，もっぱら二重課税防止条約を素材に，その法的性質から実際の主な紛争事案における裁判所の考えまで，現状把握を重視しつつさまざまな局面から試論的考察を行った。それにより，次のような点を明らかにすることができたのではないかと思われる。

1　租税条約の法解釈にはその法的性質，内在的制約などが大きく影響を与える。

2　租税条約も国際条約の一つであるから，国際条約の解釈適用の一般理論の枠組みでその解釈適用が論じられるべきである。

3　我が国では，租税条約は，当初は国際連盟モデル租税条約案に，のちにOECD/国連モデル租税条約に準拠して交渉締結されることが多く，パラレル条約の解釈もターゲット条約の解釈適用に影響する。OECD/国連以外の国際機関や各国が策定するモデル租税条約はOECD/国連モデル租税条約の強い影響下にあり，それらの解釈適用を巡る議論はパラレル条約をブリッジとして我が国の租税条約解釈に影響を与え得る。

4　OECD（国連）コメンタリーは，ウィーン条約法条約31条及び32条との関係では，32条1項の「解釈の補足的手段」と位置づけるのが有力である。しかし，租税条約の動的解釈を前提としてもOECD/国連の刊行する租税条約関係の各種の報告書，報告書案がどのように解釈に影響するかは不明である。移転価格関係の報告書のように実質的にコメンタリーの一部を成すと考えられるものも存する一方，報告書案によってはパブリックコメントの招請を目的として最終報告書と正反対の立場を採る説明が掲載されている場合も少なくない。案は案として形式的に最終確定版ではないことだけを理由に排斥することが可能であろうか。また，OECDと国連それぞれのコメンタリーの内容が矛盾する場合，どちらが解釈の補足的手段とされるべきか。

5　例えば，OECDモデル租税条約3条2項は国内租税法令の参照を認めているが，その前提としての条約の「文脈」ということ自体がいまだ不明である。ウィーン条約法条約における「文脈」との広狭関係も我が国においては論じられていない。これら「文脈」自体が解釈の対象である。

6　コメンタリーを参照するといっても，どの時点のコメンタリーでよいかについて混乱乃至意識的混乱あるいは無意識が観察される。OECDモデル租税条約3条2項は動的解釈に移行しているが，現在係争中の現実の紛争事例における二国間条約はいまだ静的解釈の文言のままのものも数多くあり，これらを一括して動的解釈と解するか，条約ごとにその文理に従って静的解釈と動的解釈を使い分けるべきかが分明でない（おそらく，その結果として，同じ文言であっても条約ごとに解釈が異なる，という事態が生ずる）。

OECDはMLIを公開し参加国に署名批准を求めている。我が国は，前述のようにすでに受諾書を寄託済で，その限りにおいて我が国が締結する二国間条約の関係規定はMLIによって上書きされつつある。しかし，その外国語によって記述された法準則の適用関係（機械的置き換えか，他の何らかの置き換え方によるか）自体も不明な点が多く，租税条約の解釈適用はますます不安定になっているといわざるを得ない。

これらの論点はある意味，租税条約の基本的論点であり，我が国の条約解釈が依然そのような基本的な論点に止まっていること自体が問題であろう。租税条約は西欧の長年の知見の産物であり，我が国の条約解釈も西欧における通説的な考え方を受け入れる必要があろう。

なお，本稿の執筆に際しては，1954 年日米租税条約の原資料やプリザベーションの考え方について，関西大学大学院加野裕幸氏及び Jonesday 法律事務所井上康一弁護士に，資料提供や指摘をいただいた。この場を借りて感謝の意を表したい。

第6章　ドイツの租税法学における解釈方法論

大東文化大学法学部教授　森　稔樹

I　はじめに

本稿は，ドイツの租税法学における解釈方法論に関する議論の状況を概観するとともに，若干の考察を試みるものである。

ドイツの公法学の体系書には，解釈方法論について詳細に述べるものが散見される。租税法学も然りである。というより，租税法学においては，1919年ライヒ公課法（Reichsabgabenordnung vom 13. Dezember 1919）の制定以来，解釈方法論が常に論じられていると評価してよい。日本においても，たとえばライヒ公課法第4条に定められる経済的観察法（wirtschaftliche Betrachtungsweise）が紹介され，借用概念の解釈，実質課税の原則などと関連づけられる形で議論が重ねられてきたところである。

また，ドイツにおける近年の議論を散見するならば，近年の議論においては，カール・ラーレンツ（Karl Larenz）の代表的著作とも言える『法学方法論』(1)の影響を受けたものが少なくないことに気づく。もとより，租

(1)　Karl Larenz, Methodenlehre der Rechtswissenschaft, 6. Auflage, 1991（1. Auflage, 1960), S. 312ff.〔カール・ラーレンツ（米山隆訳）『〔第六版〕法学方法論』（青山社，1998年）487頁〕。

税法の領域に特有な事情も存在するので，全てがラーレンツの理論に帰着する訳ではないが，『法学方法論』から多大な影響を受けていることは否定できない。

さらに，周知のように，ドイツの司法制度は日本と大きく異なる。

第一に，ドイツにおいて税務事件は連邦財政裁判所（Bundesfinanzhof（BFH）．最上級裁判所）および各州の財政裁判所（Finanzgericht）の管轄に服する[(2)]。

第二に，違憲立法審査権は連邦憲法裁判所〔Bundesverfassungsgericht（BVerfG）〕のみが有するのであり，他の裁判所，たとえば連邦通常裁判所〔Bundesgerichtshof（BGH）〕や専門裁判所（Fachgerichte．連邦財政裁判所，連邦行政裁判所などが該当する）は違憲立法審査権を与えられていない。そのため，基本法（Grundgesetz für Bundesrepublik Deutschland vom 23. Mai 1949．ドイツにおける憲法）第100条第1項により，連邦憲法裁判所以外の裁判所は，裁判の過程において法令の合憲性に疑義があるときには，裁判手続を中止し，事件を連邦憲法裁判所に移送してその判断を求めなければならない。

第三に，ドイツは欧州連合（Europäische Union/European Union. EU）構成国であるため，欧州連合法の拘束を受ける。このような制度が解釈方法論に関する議論に多少なりとも影響を与えていることが考えられる。

ドイツにおいては，租税法学の成立以来，現在に至るまで租税法（律）の解釈について様々な議論がなされており[(3)]，本稿においてその全てを見

---

(2) 村上淳一・守矢健一／ハンス・ペーター・マルチュケ『ドイツ法入門』〔改訂第9版〕（有斐閣，2018年）286頁は「連邦税務裁判所」，「税務裁判所」の訳語を用いる。実際にはこれらのほうが適訳であると思われるが，本稿においては「連邦財政裁判所」，「財政裁判所」の訳語を用いる。

(3) Vgl. etwa Albert Hensel, Steuerrecht, 3. Auflage, 1933 (Reprint. 1986), S. 52ff.; Heinrich Wilhelm Kruse, Lehrbuch des Steuerrechts, Band I, Allgemeiner Teil, 1991, S. 20ff.; Peter Fischer, Auslegungsziele und Verfassung, in: Joachim Lang (Hrsg.), Die Steuerrechtsordnung in der Diskussion, Festschrift für Klaus Tipke zum 70. Geburtstag, 1995, S. 187ff.; Moris Lehner, Wirtschaftsliche

通すことはできないので一端を紹介し，概観する程度に留まるが，日本における解釈論との比較に資することができれば幸いである。

Ⅱ　古典的な解釈方法

〔1〕前提：現代において支配的である評価法学

19世紀に支配的であった概念法学（Begriffsjurisprudenz）は，20世紀においても1930年代までは支配的であり，現在においても完全に死に絶えた訳ではない[(4)]。しかし，現在の法学は利益法学（Interessenjurisprudenz）であり，その中でもラーレンツが大成させた評価法学（Wertungsjurisprudenz）が支配的であるとされる。

評価法学は，ヴァンク（Rolf Wank）の表現を借りるならば「法律を，企図の実現に向けて意識された立法者の決定の表現とみる」ものであって「解釈の過程において根底に存在する法律の理由（ratio legis）を確かめることを試みる」法学である[(5)]。法律学における個々の分野，たとえば租税法学や行政法学においても，程度の差こそあれ評価法学の影響を少なからず受けているものと思われる。日本の公法学などにおいて法学方法論がどの程度まで意識されてきたのかはあまり明確にされていないと考えられるが，ドイツにおいては法学方法論が強く意識されてきたことに注意を向ける必要がある。

このことは，租税法においても同様である。著名なドイツ租税法学の体系書であるティプケ／ラングの『租税法』（Klaus Tipke / Joachim Lang, Steuerrecht, 1. Auflage, 1973; 23. Auflage, 2018）の改訂者の一人であるエン

Betrachtungsweise und Besteuerung nach der wirtschaftlichen Leistungsfähigkeit, Zur Möglichkeit einer teleologischen Auslegung der Fiskalzwecknormen, in: Lang (Hrsg.), Die Steuerrechtsordnung in der Diskussion, S. 237ff.

(4)　Rolf Wank, Juristische Methodenlehre, Eine Anleitung für Wissenschaft und Praxis, 2020, §2 Rn. 3.

(5)　Wank（Fn. 4），§2 Rn. 8.

グリシュ（Joachim Englisch）は「法律の解釈の目的とは，法律から，問題となる事案のために法効果を得ることができるように，法規範の意味内容を確かめることである」が，法的概念が「立法者の企図を伝達するという目的のための手段である」ことから，「解釈または法の継続形成（Rechtsfortbildung）に際して，重要であるのは，立法者の評価およびその枠内において憲法の価値決定も徹底的に現実化することである」と述べる(6)。ヨッフム（Heike Jochum）も，法の解釈の目的として「立法者の規律の意図」をあげる(7)。

また，後に取り上げる憲法適合的解釈（verfassungskonforme Auslegung）にも評価法学からの強い影響がみられることに注意しておく必要がある。

〔2〕古典的な解釈方法　四つの分類

ドイツにおいて，法解釈の方法論は，19 世紀にサヴィニー（Friedrich Carl von Savigny）が打ち立てた文法的解釈（grammatische Auslegung），体系的解釈（systematische Auslegung），歴史的解釈（historische Auslegung）および目的論的解釈（teleologische Auslegung）を基本とし，さらにラーレンツが評価法学的方法論（wertungsjuristische Methodenansatz）によって発展させたと理解されている(8)。

ラーレンツは，解釈の基準を「語義」（Wortsinn），「法律の意味関連」（Der Bedeutungszusammenhang des Gesetzes），「歴史的な立法者の規律意図，目

---

(6)　Joachim Englisch, in: Klaus Tipke / Joachim Lang, Steuerrecht, 23. Auflage, 2018, §5 Rz. 48f. 引用文中にある「法の継続形成」とは，解釈として可能な言葉の意味を超える解釈をいう〔Larenz（Fn. 1), S. 342（米山訳・前掲注（1）520 頁)〕。なお，ドイツにおいて「法の継続形成」は法の解釈（Auslegung）と異なるものとされており，拡張解釈が「日常語（Umgangssprache）において可能な語義」の最大範囲における解釈であるとすれば，「法の継続形成」の一種である類推解釈はこの語義の最大範囲を超える，すなわち限界を超える解釈であるということになる。そのため，「法の継続形成」は刑法において許されず，租税法においても納税義務者に不利となる類推解釈による「法の継続形成」は許されないと理解されている〔Wank（Fn. 4)，§15 Rn. 6, 12, §18 Rn. 272〕。

(7)　Siehe Heike Jochum, Grundfragen des Steuerrechts, 2012, S. 77, 81f.

的，及び，規範表象」(Regelungsabsicht, Zwecke und Normvorstellungen des historischen Gesetzgebers) および「客観的・目的論的基準」(Objektiv-teleologische Kriterien) の四つに分けて論じた[9]。これらの表現を簡略化すれば，文言 (Wortlaut)，体系性 (Systematik)，成立史 (Entstehungsgeschichte) または立法者意思 (Wille des Gesetzgebers)，ならびに法律の意味および目的 (Sinn und Zweck des Gesetzes) ということになるが，これらの基本的内容はサヴィニーの分類と同じであると考えてよいであろう[10]。

エングリシュおよびヨッフムも，サヴィニーにより始められ，ラーレンツにより大成された四分類を採用し，これらについて「伝統的な解釈方法論の規準」(Der Kanon der traditionellen Auslegungsmethoden) として議論を進めている。本稿においてもこの四分類について概観する。そして，以下においては，日本の法律学における表現等との比較に資するように，文理解釈，体系的解釈，歴史的解釈および目的論的解釈と記す。

(1) 文理解釈

租税法学も法律学の一分野であるから，文理解釈，論理解釈などの古典的な解釈方法が用いられることは当然である。そして，制定法の解釈である以上，条文に示される文言の解釈，すなわち文理解釈から始まることも当然であろう。この文理解釈を，或る法学の教科書は「その言葉や文章の日常的なふつうの意味に従って解釈する方法」であり，「法律と社会の現実が比較的かけ離れていない状況にある場合には，この解釈が行なわれる」と説明する[11]。

---

(8) Englisch (Fn. 6), §5 Rz. 49; Jochum (Fn. 7), S. 76. なお，日本の法律学，とくに公法学における法の解釈方法について，下山憲治「公法解釈における立法者意思とその探究序説―地方自治関連立法動向研究の意義と方法―」自治総研 410 号 (2012 年) 2 頁，および同論文脚注に掲記された文献を参照。

(9) Larenz (Fn. 1), S. 320, 324, 328, 333.〔米山訳・前掲注 (1) 499 頁，505 頁，510 頁，516 頁〕Siehe Wank (Fn. 4), §7 Rn. 4.

(10) 表現は Wank (Fn. 4), §7 Rn. 3 および Jochum (Fn. 7), S. 76, 79, 81, 83 による。なお，法律の意味および目的は目的論的解釈と同義として理解される〔Jochum (Fn. 7), S. 83〕。

そして，日本の租税法学において「租税法は侵害規範（Eingriffsnorm）であり，法的安定性の要請が強くはたらくから，その解釈は原則として文理解釈によるべきであり，みだりに拡張解釈や類推解釈を行うことは許されない」と説かれ(12)，学説において広く支持されているものと思われる。

もとより，「文理解釈によって規定の意味内容を明らかにすることが困難な場合」も存在するので，その場合には「規定の趣旨目的に照らしてその意味内容を明らかにしなければならないことは，いうまでもない」ともされる(13)。これは目的論的解釈を許容する意味であると捉えられるが，その場合には「当該法規の趣旨・目的すなわち立法者の価値判断が，個別具体的に厳格かつ的確に探知されなければならない」，「税収確保および公平負担実現のための目的論的『解釈』」であってはならないという説明がなされることもある(14)。他方，目的論的解釈によって「法文に用いられた言葉は，通常の意味から離れて理解される。それが離れすぎれば，新たな立法と変わらないことになり，逆に国会の立法権を侵してしまう」ので，「目的論的解釈を認める場合も，法文に用いられた言葉から引き出しうる

---

(11)　石山文彦編『ウォーミングアップ法学』（ナカニシヤ出版，2010 年）67 頁［白石裕子担当］。これに対し，笹倉秀夫『法解釈講義』（東京大学出版会，2009 年）12 頁は「法文の，①日常生活上の，②法実務上の，もしくは③科学上の，通常の意味に沿って解釈すること」を「文字通りの適用」と表現し，他方で「文理解釈とは，関係する法文のそれ自体の意味を確認する作業である（この定義自体が，慣用とは異なる）。この過程上では，第一に，とくに問題がなければ，常用の意味（日常における・法実務上での・科学上での）を使う。第二に，常用の意味があいまいであったり，意味をめぐって争いがあったり，常用の意味では不都合が生じたりする場合には，法学ないしその他の学問によって意味選択・意味確定をおこなう」と述べる。

(12)　金子宏『租税法』〔第二十三版〕（弘文堂，2019 年）123 頁。岡村忠生・酒井貴子・田中晶国『租税法』〔第 2 版〕（有斐閣，2020 年）26 頁［岡村忠生担当］，谷口勢津夫『税法基本講義』〔第 6 版〕（弘文堂，2018 年）40 頁，中里実・弘中聡浩・渕圭吾・伊藤剛志・吉村政穂編『租税法概説』〔第 3 版〕（有斐閣，2018 年）51 頁［増井良啓担当］なども参照。なお，北野弘久（黒川功補訂）『税法学原論』〔第 8 版〕（勁草書房，2020 年）174 頁，176 頁も参照。

(13)　金子・前掲注（12）124 頁。

(14)　谷口・前掲注（12）41 頁。岡村・酒井・田中・前掲注（12）27 頁［岡村］も同旨。

意味（言葉としての意味の限界）を超えることはできないと考えられる」とも指摘される(15)。

このように理解されるならば，租税法（律）の条文の目的論的解釈は，立法者としての国会が制定法にいかなる趣旨および目的を込めたのかを探求する作業，すなわち歴史的解釈が前提であるということになるが，その場合には「日本の国会が，法の趣旨・目的を明らかにしないこと」が大きな関門となって立ちはだかると評価される(16)。

それでは，ドイツの租税法学において，文理解釈はいかなるものと理解されているのであろうか。

租税法についても，文理解釈が出発点であることに変わりはない。エングリシュは「要件は言語的な概念性によって確定され，法効果は言語によって指示される。このことから，各々の法規の解釈は少なくとも語義とともに始められる。規範の意味を解明することの出発点は，通常，文法的な，もしくは文理解釈である」と指摘する(17)。

また，文理解釈は，法の解釈の限界を画定するものでもある。ヨッフムは「規範の文言が，その意味内容の厳密な決定を許容していないことが度々あるとしても，言葉の意味には解釈にとって重要な機能が帰属する。言葉の意味は，可能な解釈の枠を差し出し，それとともに限界を設定す

---

(15)　岡村・酒井・田中・前掲注（12）26頁［岡村］。

(16)　岡村・酒井・田中・前掲注（12）27頁［岡村］（「立案にあたった行政機関や担当者が国会外で公表した解説などを，国会（立法者）の意思とみることはできない」とも述べられる）。谷口・前掲注（12）41頁，29頁も参照。しかし，国会における法律案（内閣提出法律案）の審議（審査）のために衆議院調査局や参議院調査室が作成する「参考資料」には，それなりに「法の趣旨・目的」が示されているのであり，本文に示したような評価の妥当性に些かの疑問を覚える。国会審議（審査）の実情に関する指摘と捉えればよいのであろうか。あるいは，衆議院議員提出法律案や参議院議員提出法律案に関する指摘なのであろうか（筆者が知る限りでは「参考資料」が作成されない）。なお，小西砂千夫『新版基本から学ぶ地方財政』（学陽書房，2018年）6頁も参照。

(17)　Englisch（Fn. 6），§5 Rz. 56. なお，以下の引用文においては，原文における強調（太字，斜体など）を省略した。

る」のであり，「文言の限界を超えることは，むしろ新解釈（Umdeutung）に導く」と述べる[18]。エングリシュも「可能な言語の意味は解釈の限界を形成」するとした上で，その限界を超える解釈は法の継続形成による法律の欠缺の充填（Ausfüllung von Gesetzeslücken durch Rechtsfoltbildung）としてのみ考慮される旨を述べる[19]。いずれにせよ，文理解釈は法（律）の解釈の限界を画定するものでもあり，この点に重要な意味が与えられる。

しかし，たとえばフェツァー（Thomas Fetzer）は，文理解釈が法律の条文の解釈の出発点であって解釈の限界を画定するとしつつも，端的に「大多数の事件において，文言は，唯一の解釈のみを正当なものとして許容するほどには明確でない」と指摘する[20]。

また，ヨッフムは「必要経費とは，収入の稼得，調達および受取のための支出（Aufwendungen）である」と定義する所得税法（Einkommensteuergesetz in der Fassung der Bekanntmachung vom 8. Oktober 2009）第9条第1項第1文を例に取り，「支出の概念が既に明確な定義を欠いて」おり，「支出の概念の下であらゆる出費（Ausgaben）または費用（Kosten）と理解される」がその詳細な区別は示されておらず，「立法者も，費用，出費および経費といった概念を同義のものとして使用しているようにみえる」と指摘する[21]。費用，出費および経費の概念が同義（または類義）であるとするならば，法律は，支出と収入との間に存在するいかなる関係に照準を合わせるのか，という問題が生ずることとなる。ヨッフムは，「〜のための」という意味で用いられる前置詞（と定冠詞の縮約形）の zur の両義性も指摘しており，この条文が「支出と収入との間に因果関係があればよい」という意味，「支出が稼得，調達および受取に対応して適切に行われなければならない」という意味のどちらとも解釈しうると述べている[22]。このように考えるな

(18) Jochum (Fn. 7), S. 78.
(19) Englisch (Fn. 6), §5 Rz. 58.
(20) Thomas Fetzer, Einführung in das Steuerrecht, 5. Auflage, 2019, Rz. 91.
(21) Jochum (Fn. 7), S. 77.
(22) Jochum (Fn. 7), S. 78.

らば，必要経費概念には結果的必要経費概念（finaler Werbungskostenbegriff）と有因的必要経費概念（kausaler Werbungskostenbegriff）の双方が存在し，所得税法第９条第１項第１文がいずれを採用するのかという解釈問題に至るのであるが，文理解釈によってはいずれとも決定することができない，ということになるのであろう。

一方，エングリシュは，文理解釈に関して次のように述べる。

「解釈の文法的な基準を考慮に入れるに際して注意を払わなければならないのは，法律が専門言語的な目的創造物（fachsprachliche Zweckschöpfungen）であるということである。言語（文法）の構造および規則は，言語によって公式化される法律の目的に関連付けられる。辞書のような一般語的な補助手段に立ち戻ることが許容されるのは，法の適用者が，法律が一つの概念を一般言語的な内容とともに使用していることから出発しうる場合に限られる。たとえば，犬税の概念である『犬』（Hund）は，一般的な言語理解に相応して動物学的な用語法を租税法に受け継ぐ。専門言語的な理解と一般言語的な理解との間の決定に際して，それぞれの法律の受取人の範囲（Adressatenkreis）も考慮されなければならない。というのも，言語の選択そのものは通常，言語の理解の範囲に向けられるからである。」(23)

所得税法第９条第１項第１文の文言に留意すると，エングリシュの指摘がどこまで妥当性を有するのかという疑問も生ずるが，法律が「専門言語的な目的創造物」であるという指摘には納得しうる部分もあろう。しかし，法律の「受取人」，すなわち法律の適用対象者と法律の「専門言語」性とがどのように対応するかについては述べられていない。また，所得税法第９条第１項第１文における費用，出費および経費の概念の例をみても明らかであるように，たとえ「専門言語」性が高いとしても概念の多義性または不明確性を免れない場合も少なくないであろう。

---

(23)　Englisch（Fn. 6），§5 Rz. 59.

いずれにせよ，文理解釈は，法（律）の解釈の開始点であり，限界を画定する。しかし，ドイツにおいては，租税法が侵害規範であることが強調され，原則として文理解釈によらなければならないとする傾向は日本よりも強くないものと思われる。もとより，ドイツの租税法も，課税の適法性（Gesetzmäßigkeit der Besteuerung. 日本の租税法学にいう課税要件法定主義に相当する），法的安定性，法律の明確性（Gesetzesbestimmtheit. 日本の租税法学にいう課税要件明確主義に相当する）(24)，および課税の平等性（Gleichmäßigkeit der Besteuerung）という大原則の下に存在するものでなければならず，法の解釈はこれらの大原則を個々の条文に発揮させるものでなければならないが(25)，ここから直ちに「文理解釈至上主義」が導かれる訳ではない。少なくとも，価値法学の影響下にある租税法学者は文理解釈の重要性を認めつつも，目的論的解釈への志向が強いのではないかと考えられる。

文理解釈は法の解釈の限界を画定するとはいえ，条文の意味内容を画定することが困難である場合が多い。その場合には体系的解釈に移行することとなる。

⑵ 体系的解釈

ここにいう体系的解釈とは，意味内容を明らかにしようと試みる法規範（条文）と，別の法規範（条文）とを合わせ，全体の位置づけの中で解釈を行う，というものである(26)。日本の法律学においては論理解釈と称されることもあるが(27)，論理解釈と体系的解釈との関係は必ずしも明らかでない。また，日本においては論理解釈に拡張解釈，縮小解釈，類推解釈および反対解釈も含められることがあるのに対し，ドイツにおいて拡張解釈，縮小

(24) Gebote der Bestimmtheit und Normenklarheit とも表現される（Johanna Hey in: Klaus Tipke / Joachim Lang, Steuerrecht, 23. Auflage, §3 Rz. 243）。

(25) Englisch（Fn. 6），§5 Rz. 55.

(26) Siehe z. B. Wank（Fn. 4），§3 Rn. 66ff, §6 Rn. 227. 下山・前掲注（8）2頁，9頁，笹倉・前掲注（11）5頁も参照。

(27) 石山編・前掲注（11）67頁［白石］。

解釈，類推解釈および反対解釈が体系的解釈ではなく，目的論的解釈との関連において論じられることにも注意を要する。

ラーレンツは，制定法が「たいていの場合，不完全な，すなわち，説明し，限定し，または，引用する法規からできており，これらの法規は，他のものとともにはじめて互いに補充されて完全な法規となるか，または，結合されて一つの規律になるのである。個々の法規の意義は，法規がその属する規律の一部としてみられるとき，たいていの場合はじめて明らかになる」と説明する[28]。

体系的解釈については，外的体系（das äußere System）と内的体系（das innere System）との区別がなされる。外的体系は「形式的に法律における規定の位置」を問題とするのに対し，内的体系は「価値関連に関わる」ものであり，たとえば占有や労働組合という表現のように「とくに基本概念および法的地位概念（Statusbegriff）について要請される」[29]。

ヨッフムは所得税法第9条第1項第1文を再び例に出し，支出（Aufwendungen）が同第4条第4項，同第10条第1項第1文および同第12条第1項第2文においても登場することによって「同じ概念の使用は，同じ概念を，これらの規定におけるのと同様に，所得税法第9条第1項第1文の枠内において解釈すべきである，ということを容易に想起させる」としつつ[30]，同第4条第4項と同第9条第1項第1文との関連性については事情が異なるとして，次のように述べる。

「所得税法第4条第4項において，法律は明確に経営企業体（Betrieb）による支出の誘因を考慮する。それは，支出と収入との有因的な連結で十分であることを意味する。それに対して，所得税法第9条第1項第1文の定義は，zurという小さな言葉をもって支出と収入の獲得とを結びつけており，それとともに結果的な関連を示唆する。したがって，所得税法第9

(28)　Larenz（Fn. 1), S. 325.〔米山訳・前掲注（1）505頁〕
(29)　Wank（Fn. 4), §9 Rn. 8, 23.
(30)　Jochum（Fn. 7), S. 79f.

条第１項第１文との対置は，体系的な観点からすれば，結果的必要経費概念のための論拠を提供してくれるように思われる。」[31]

また，ヨッフムは，体系的解釈との関連において租税法と民法との関係について論ずる。彼女は，民法における所有権や財産の概念を租税法が引き継いでおり，その限りにおいては「民法に或る種の優越性が帰属する」としつつ，「租税法と民法との結合性は，双方の法領域が根底から異なることについて思い違いをしてはならない。双方の法領域は，基本原則において，および根本的な目標設定において異なる。租税法においては，国家機関に対し，市民の権利を制限することを授権するとともに，国家による干渉に限界を設定しなければならない古典的な侵害法が重要であるのに対し，民法は出発点において地位の等しい私人の関係を設定する。したがって，私的自治の原則と契約自由の原則は民法の支配的な原則である。これに対し，租税法は原則として公正かつ平等な租税負担の分配に方向付けられるのであり，したがって個人の経済的な給付能力の基準による課税の原則によって特徴付けられる」と述べる[32]。

このような理解は，ドイツ連邦憲法裁判所の 1991 年 12 月 27 日決定においてもみられる。争われたのは，モデルルームと同じ様式によって建設された本人所有住宅の取得により，土地取得税は建築および住居のための当該土地の対価によって算定されるべきであるとする連邦財政裁判所 1989 年 9 月 6 日決定（II B 51/89）が基本権などを侵害するかということである。連邦憲法裁判所の決定は，次のように述べる。

「租税法の規範が民法による形態に結びつくとしても，租税法の規定は，当事者によって選択された表現に対応する契約の種類に必ず方向付けられるのでもなければ，民法による法律行為の認定によって影響を受ける訳でもない。民法から借用された租税法規範の課税要件のメルクマールが民法における理解の意味において解釈されなければならないという推量も妥当

(31)　Jochum (Fn. 7), S. 80.
(32)　Jochum (Fn. 7), S. 80f.

しない。当事者によって選択された事実形成（Sachverhaltsgestaltung）の民法上の評価の優越または標準性は，関係する租税法の規定の解釈のために存在する訳ではない。何故なら，民法と租税法は並存的に秩序づけられ（nebengeordnet），かつ同位の法領域であり，同一の事実を別個の観点から，および別個の評価の観点から判断するものであるからである。当事者は，たしかに事実を契約によって形成することができるが，租税法を所与の形態に結びつける租税法上の効果を決定するのではない。その限りにおいて，民法の適用にとっては優先性（Vorherigkeit）が妥当するのであって，優越が妥当するのではない。」(33)

このような姿勢は，経済的観察法の端緒として1919年ライヒ公課法の制定過程において既に見受けられるものである。同法第4条は「租税法律の解釈にあたっては，租税法律の目的，経済的意味および諸関係の発展が考慮されなければならない」と定めており，立法作業に関わったベッカー（Enno Becker）が租税法の（民法からの）独立を意図して同条を起草したと評価される(34)。現在においても，たとえばエングリシュは「租税法の概念の解釈に際しては，民法の目的論的優越性は存在しないということから出発しなければならない。むしろ，租税法規範の目的論に基づいて審査しなければならないのは，民法の規律内容が租税法律の法効果に関わるか否か，

(33)　BVerfG-Beschluß vom 27. 12. 1991, 2 BvR 72/90, BStBl. 1992, 212.　この部分において Hans Georg Ruppe, in: Carl Hermann / Gerhard Heuer / Arndt Raupach, Einkommensteuer- und Körperschaftsteuergesetz, Einf. ESt Anm. 455, 457; Klaus Tipke / Joachim Lang, Steuerrecht, 13. Auflage, S. 6ff; Joachim Schulze-Osterloh, Zivilrecht und Steuerrecht, Archiv für die civilistische Praxus 190 (1990), S. 153が参照されている。

(34)　Siehe Kruse (Fn. 3), S. 20; Klaus-Dieter Drüen, Eigenständigkeit und Methodik des Steuerrechts, in: Michael Droege / Christian Seiler (Hrsg.), Eigenständigkeit des Steuerrechts, 2019, S. 97; Rainer Hüttermann, Steuerrechtliche Rechtsanwendung zwischen Eigenständigkeit und Maßgeblichkeit des Zivilrechts, in : Droege / Seiler (Hrsg.), Eigenständigkeit des Steuerrechts, S. 116.　岩崎政明「租税法における経済的観察法―ドイツにおける成立と発展―」筑波法政5号（1982年）30頁も参照。

関わるとすればどの程度までか，ということである」と述べる[35]。これに対し，ヒュターマン（Rainer Hüttermann）は，「私法と租税法は二つの自律的な，独立した目的および評価を持つ法領域である」としつつも，租税法の適用にあたって私法が際立つ意味を有すると述べ，通常は何らかの事実に対する民法上の判断が先行することによって適切な租税法の適用がなされるとして「租税法の適用は，常に，租税法の独立性と民法の標準性との間にある緊張の場（Spannungsfeld）において行われる」と述べる[36]。

なお，日本の租税法学においても，次のような指摘がなされていることには注意を向けておきたい。

「借用はあくまでも借用にすぎず，租税法が用いる用語の定義は租税法自体で行うべきであるという考え方は，決して誤っているわけではない。借用された概念は，租税法律主義が求める厳格さを備えず，また，税負担に関する国会の審議を経たものでもない（財政民主主義が十分に及んでいない）からである。公権力行使の根拠である租税法が，私的自治のための柔軟さをもつ私法を土台とすることには，無理があるとも思われる。」[37]

⑶　歴史的解釈

歴史的解釈は，意味内容を明らかにしようと試みる法規範（条文）の意味を明らかにするために，立法当時に遡り，法律草案に付記された理由，立法機関およびその委員会の審議録などを参照することによって立法者の主観的な意思を探る方法である[38]。

この解釈方法については，端的に「客観的な解釈方法論に比べて小さな価値しか持たない」と評価されることもある[39]。しかし，文理解釈はもとより，体系的解釈によっても法（律）の意味内容を明らかにしえない場合

(35)　Englisch (Fn. 6), §5 Rz. 71.
(36)　Hüttermann (Fn. 34), S. 126.
(37)　岡村・酒井・田中・前掲注（12）37頁［岡村］。
(38)　日本の公法分野における歴史的解釈については，下山・前掲注（8）2頁が貴重な示唆を与えてくれる。
(39)　Fetzer (Fn. 20), Rz. 91.

も存在するので，その場合には歴史的解釈によることが必要となる。

ヨッフムは，歴史的解釈の一例として再び所得税法第9条第1項第1文を取り上げ，この規定の歴史的起源をプロイセン邦1891年所得税法（Preussisches Einkommensteuergesetz vom 24. Juni 1891）第9条第1号に求め，同条に必要経費の概念が示されていなかったこと，1906年プロイセン邦所得税法（Preussisches Einkommensteuergesetz in der Fassung vom 19. Juni 1906）第8条第1項においてようやく必要経費の概念が登場したことなどをあげ，1934年所得税法（Einkommensteuergesetz vom 16. Oktober 1934）第4条第3項において示された有因的必要経費の概念が現在の所得税法第4条第4項においてもみられることを指摘しつつも，その時々の立法者の意思が資料において明示されているとは限らないため，歴史的解釈が「所得税法第9条第1項第1文の解釈にとってあまり有意義なものではない」と述べる[40]。また，彼女は，立法者が新たに制定しようとする規定の帰結や効果を全て想定したとは言えない場合があることを指摘しつつ，立法からの時間が経過し，社会状況や経済状況が変化すれば「解釈者は歴史的立法者の想定をもっと発展させなければならない」とも述べる[41]。

一方，エングリシュは「民主主義原則は，議会における意思形成にとって決定的な観念および考慮を法律の解釈に際してなるべく認識しうるように尊重することを要請する」と指摘する[42]。連邦憲法裁判所も，2018年6月6日の決定において「裁判所は，立法者によって確定された法律の意味および目的から逃れることは許されず，立法者による基本決定を尊重しなければならない。明確に認識しうる立法者の意思を超える解釈は，民主主義的に正当と認められる立法者の権限に介入するものであり，許されない」と述べており[43]，後に取り上げる憲法適合的解釈や類推解釈（「裁判官による法の継続形成」）の限界を示している。法（律）の解釈にあたって歴史

(40)　Jochum (Fn. 7), S. 82f.
(41)　Jochum (Fn. 7), S. 82.
(42)　Englisch (Fn. 6), §5 Rz. 51.

的解釈の必要性を端的に指摘したものと評価することが可能であろう。

⑷ 目的論的解釈

目的論的解釈は，法規範の意味および目的を客観的に明らかにしようとする方法である。その際，立法目的を考慮しなければならないが，それを超えることが要請されることもありうる[(44)]。その点において，歴史的解釈が立法者の主観的な意図を探る試みであるとすれば，目的論的解釈は法（律）の客観的な意思を探る方法である，と表現することができるであろう[(45)]。

ラーレンツは，「立法者が制定法を通じて実現せんとする目的は，多くの場合において，たとえすべての場合でないとしても，法の客観的な目的であ」る，「我々は『事物適合的な』規律を得ようと努める。立法者のもとにこの意図がもたらされさえするならば，解釈という道筋において，個々の事案においてもまた『ふさわしい』解決を可能にする結果に到達するだろう」と述べる[(46)]。

また，エングリシュは「基本的にラーレンツにより発展させられてきた価値評価法学上の解釈命題（Methodenansatz）は，いわゆる目的論的（ギリシア語で telos は目的を意味する）法律解釈の優越を強調する。この命題に，正当に，連邦財政裁判所の全ての部（Alle Senate）も同調してきた」とした上で，目的論的法理解（das teleologische Rechtsverständnis）を主観的目的基準と客観的目的基準とに区別する。彼は，主観的目的基準を「規範の意図および規範の観念」とするのに対し，客観的目的解釈（基準とは記されていない）を「普遍化された立法者の評価の均等な発展による評価の矛

---

(43) BVerfG-Beschluß vom 6. 6. 2018, 1 BvR 1375/14, NZA 2018, 774, Rn. 73. この決定は，2014 年 4 月 30 日の連邦労働裁判所決定（7 AZN 119/14）に対する憲法異議について出され，パートタイム労働および期限つき労働契約に関する法律（Gesetz über Teilzeitarbeit und befristete Arbeitsverträge）第 14 条第 2 項が基本法に違反しないと判断したものである。

(44) Jochum (Fn. 7), S. 83.

(45) Siehe Englisch (Fn. 6), §5 Rz. 50f.

(46) Larenz (Fn. 1), S. 333.〔米山訳・前掲注（1）516 頁〕

盾の回避という目的に向けられる」とする(47)。

また，ヨッフムは「歴史的な立法者の主観的目標は疑念を持たれるべきであるが，この目標を超え出ることは要請される」とした上で「外的な体系がむしろ形式的な観点において整理され分類される一方で，法の内的体系は，内容の説明を提供する。法の内的体系の価値決定および諸原則への方向付けは，規定を，その客観的な意味および目的に従って確認し，形成することを可能とする」と述べる(48)。

租税法学において目的論的解釈を採る際に基準とされるのが，個人の経済的給付能力に応じた課税の原則（Der Prinzip der Besteuerung nach Maßgabe der individuellen wirtschaftlichen Leistungsfähigkeit）であり，水平的平等（horizontale Gleichheit）および垂直的平等（vertikale Gleichheit）を満たすことが必要となる(49)。

個人の経済的給付能力に応じた課税の原則から，客観的純計原則および主観的純計原則（Objektives und subjektives Nettoprinzip），誘因原則（Veranlassungsprinzip），経済的観察方法（wirtschaftliche Betrachtungsweise）ならびに個別課税の原則（Grundsatz der Individualbesteuerung）が派生するものとされる。このうち，純計原則は「租税の査定根拠の確定に際して総計所得（Bruttoeinkommen）に照準を合わせないこと」を意味し，客観的純計原則から必要経費の控除可能性が導かれ，主観的純計原則から納税義務者およびその家族の生活最低限の保障が導かれる。また，誘因原則は「事業出費（Betriebsausgaben）とは，事業によって誘発される支出（Aufwendungen）をいう」と定める所得税法第4条第4項において具体化されるものである。そして，個別課税の原則は，個人または企業の個別的な給付能力に応じて課税するという原則である(50)。

---

(47)　Englisch（Fn. 6），§5 Rz. 49f.

(48)　Jochum（Fn. 7），S. 83. Vgl. Englisch（Fn. 6），§5 Rz. 67.

(49)　Jochum（Fn. 7），S. 84; Englisch（Fn. 6），§5 Rz. 79. Vgl. z. B. Oliver Fehrenbacher, Steuerrecht, 7. Auflage, 2020, §1 Rn. 19, §2 Rn. 11.

(50)　Jochum（Fn. 7），S. 85, 86, 90.

日本において，経済的観察方法または実質課税の原則の内容については度々紹介され，または検討されてきた。しかし，これらがいかなる解釈方法によるものであるのかは明示的に論じられてこなかったように思われる。これに対し，ドイツにおいては，経済的観察法が目的論的解釈の一種とされることがある[(51)]。

経済的観察法は，現行の公課法（Abgabenordnung in der Fassung der Bekanntmachung vom 1. Oktober 2002）が1976年に制定されるまで1919年ライヒ公課法第4条ならびに1934年租税調整法（Steueranpassungsgesetz vom 16. Oktober 1934）第1条第2項において明文で規定されていた解釈方法であり，租税法（律）の解釈に際しては，解釈の対象となる行為の経済的な意味や内容を尊重しなければならないというものである。1919年ライヒ公課法第4条は「租税法律の解釈にあたっては，租税法律の目的，経済的意味および諸関係の発展が考慮されなければならない」と定めた。また，1934年租税調整法第1条第2項は「租税法律の解釈にあたっては，国民思想，租税法律の目的及び経済的意義，ならびに諸関係の発展を考慮しなければならない」と定めた[(52)]。現行の公課法には経済的観察法を明示する規定が存在しないが，この方法は，同法の第39条や第41条などの解釈に際してなおも意義を有するものとされる。

経済的観察法は，民法などに規定されていない租税法上の（固有）概念についてまず妥当するものであり，これらについてはア・プリオリに経済的にのみ解釈しなければならないとされるが，「租税立法者によって使用された民法の概念であっても，目的論的に，租税法律の目的に向けられ，かつ，民法の理解から逸脱する形で，特殊租税法的な評価に照らして標準的な経済的内容に応じて解釈されることもある」[(53)]。ここにおいては，法

(51) Englisch (Fn. 6), §5 Rz. 70; Fetzer (Fn. 20), Rz. 94; Hüttermann (Fn. 34), S. 120ff.
(52) 訳は金子・前掲注（12）124頁による。
(53) Englisch (Fn. 6), §5 Rz. 70.

的安定性が全く無視されている訳でもないが，個人の経済的給付能力に応じた課税の原則のほうが優先されている。もっとも，公課法などの法律に「隠蔽的な民法上の構成（verschleiernde bürgerlich-rechtliche Konstruktionen）に対する経済的な生活事象（wirtschaftlicher Lebensvorgang）の優越」が規定されることにより，経済的観察法の地位の低下がみられるようになったことは否定できない(54)。

Ⅲ　憲法適合的解釈

ドイツにおいて，憲法適合的解釈は，既に取り上げた四つの古典的な解釈方法とは異なるものとされ，租税法学のみならず，憲法学や行政法学の体系書などにおいても度々取り上げられている(55)。また，憲法適合的解釈は，日本の憲法学において1970年代に紹介されているが，21世紀に入ってから詳細に検討がなされるようになっている。本稿においては，日本における先行業績も参照しつつ，ドイツにおける憲法適合的解釈の状況を概観する(56)。

---

(54)　Fetzer (Fn. 20), Rz. 96. 例として公課法第39条がある。

(55)　Siehe z. B. Reinhold Zippelius / Thomas Würtenberger, Deutsches Staatsrecht, 33. Auflage, 2018, §7 Rn. 55ff.; Peter Badura, Staatsrecht, Systematische Erläuterung des Grundgesetzes, 7. Auflage, 2018, H Rn. 60; Michael Sachs, in: Michael Sachs (Hrsg.), Grundgesetz, Kommentar, 8. Auflage, 2018, Einführung Rn. 52ff.; Hans Julius Wolff / Otto Bachof / Rolf Stober / Winfried Kluth, Verwaltungsrecht I, 13. Auflage, 2017, §28 Rn. 37, §48 Rn. 72; Hartmut Maurer / Christian Waldhoff, Allgemeines Verwaltungs-recht, 19. Auflage, 2017, §8 Rn. 11, §14 Rn. 61.

(56)　ドイツにおける憲法適合的解釈については，原島啓之「ドイツ連邦行政裁判所の『憲法判断』の考察（一）—行政法の解釈・適用における憲法の機能—」阪大法学64巻5号（2015年）289頁，同「ドイツ連邦行政裁判所の『憲法判断』の考察（二・完）—行政法の解釈・適用における憲法の機能—」阪大法学64巻6号（2015年）259頁，山田哲史「ドイツにおける憲法適合的解釈の位相」土井真一編著『憲法適合的解釈の比較研究』（有斐閣，2018年）105頁，およびこれらの論文に掲記される文献を参照。

憲法適合的解釈そのものは憲法解釈の問題ではなく，法律の解釈の問題に属する事柄であり[57]，「憲法の下位に置かれる法規範の解釈に際して憲法の優越を確保する」手法とされる[58]。その内容は，或る法律について複数の解釈が可能であり，一つの解釈によればその法律は違憲となりうるが他の解釈によれば合憲となりうる場合には，憲法の趣旨に適合する解釈が選択されるべきである，というものである。すなわち，憲法適合的解釈により，或る法律について可能な限りで違憲性，さらに無効を回避する，ということになる。また，ドイツにおいては，憲法適合的解釈の変種として国際法適合的解釈（Völkerrechtskonforme Auslegung）や欧州連合法適合的解釈（Unionsrechtskonforme Auslegung）も主張される[59]。

以上に記した憲法適合的解釈は狭義のものであり，「内容統制としての憲法適合的解釈」(Verfassungskonforme Auslegung als Inhaltskontrolle）ともいう[60]。これに対し，広義の憲法適合的解釈は「法律以下の法解釈に憲法が援用される場合一般」を意味する。また，狭義の憲法適合的解釈と対置されるものとして，「法体系の統一性などを理由に，特段違憲判断を含むことなく，下位法の解釈にあたって憲法上の価値を反映させる手法」である憲法志向的解釈（verfassungsorientierte Auslegung）がある[61]。ドイツに

(57) Larenz（Fn. 1), S. 339.〔米山訳・前掲注（1）525頁〕; Zippelius / Würtenberger (Fn. 55), §7 Rn. 55f., und siehe Sachs（Fn. 55), Einführung Rn. 53.

(58) Jochum（Fn. 7), S. 92, und siehe Englisch（Fn. 6), §5 Rz. 92.

(59) Z.B. Wank（Fn. 4), §9 Rn. 79, 164; Englisch（Fn. 6), §5 Rz. 92; Jochum（Fn. 7), S. 107f.; Fetzer（Fn. 20), Rz. 93; Zippelius / Würtenberger（Fn. 55), §7 Rn.59. 但し，国際条約の条文について憲法適合的解釈がなされることもありうるとされる〔Zippelius / Würtenberger（Fn. 55), §7 Rn.55〕。また，欧州連合法適合的解釈は，売上税法（Umsatzsteuerrecht）に関して欧州連合による付加価値税体系指令（Mehrwertsteuersystem-Richtlinie）への調和という点において意味を有する〔Fetzer（Fn. 20), Rz. 93〕。

(60) Wank（Fn. 4), §9 Rn. 142, 153.

(61) 山田・前掲注（56）106頁。Wank（Fn. 4), §9 Rn. 142においては「内容決定としての憲法適合的解釈」(Verfassungskomforme Auslegung als Inhaltsbestimmung）という表現も用いられる。

おいては，狭義の憲法適合的解釈と憲法志向的解釈の二分論の他にも広義の憲法適合的解釈の分類論が存在するが(62)，租税法学においては前記二分論が前提とされているようである。

それでは，憲法適合的解釈の根拠あるいは存在理由は何であろうか。

ラーレンツは，憲法適合的解釈の前提として，基本法第1条第1文に定められる「人間の尊厳」の他，「基本法第2条，第4条，第5条，第9条，第11条，第12条に具体化されている人格的な自由圏の包括的な保護であり，基本法第3条第2項，第3項に具体化されている平等原則」，さらに「基本法第19条第4項，第20条第3項，判例に関する部門に具体化されている法治国思想，議会民主主義及び社会国家思想」をあげ，「これらの原理は簡単な成文法を解釈する際にも，また『一般条項』の具体化の際にも遵守されなければならないということが承認されている」と述べる(63)。また，彼は「立法者が，ある作用効果が憲法に従って許容されるよりもより広範な作用効果を意図していたならば，制定法は連邦憲法裁判所の意見によれば，『合憲的に』制限的に解釈されることができる。このような場合において『何が憲法によって維持されることができるかということの基準は立法者の意図によって維持されるということ』にのみ依存している」と述べる(64)。

結局，法治国家思想，社会国家思想，平等原則などの原理を具体化する役割が，基本法によって立法者に与えられているということが根拠となる，ということなのであろう(65)。より積極的な理由としては，「憲法の限界内での立法権の尊重」であり，「立法者が意図したことの最大限を維持しようとすること」があげられるであろう(66)。エングリシュも，憲法適合的解

(62)　原島・前掲注（56）64巻6号263頁。
(63)　Larenz（Fn. 1）, S. 339.〔米山訳・前掲注（1）524頁〕
(64)　Larenz（Fn. 1）, S. 340.〔米山訳・前掲注（1）526頁〕
(65)　Larenz（Fn. 1）, S. 341.〔米山訳・前掲注（1）526頁〕
(66)　Zippelius / Würtenberger（Fn, 55），§7 Rn.55; Sachs（Fn.55），Einführung Rn. 55.

釈の根拠として「疑いのある場合には立法者が法律の憲法適合性を望んでいたということ」,「民主主義的に正当化された立法者への尊敬（Respekt）」をあげる(67)。権力分立主義が最大の根拠となるとともに，民主主義原則も根拠に含められ，また，憲法裁判権の自制の意味も込められているものと考えられる。

もとより，憲法適合的解釈にも限界がある。それは，結局のところ法規範の文言に帰する。ラーレンツは，憲法適合的解釈が「解釈にとどまろうと欲するならば，制定法の考えうる可能な語義と意味関連から生ずる限界を無視してはならない」と述べ(68)，ツィッペリウス／ヴュルテンベルガー（Reinhold Zippelius / Thomas Würtenberger）も「法律の明確な文言，または一義的に認識されうる目的から逸脱することによってのみ，法律が憲法と一致するというようなことがあれば，裁判官に残されているのは，法律を憲法違反と宣言することの可能性のみである」と指摘する(69)。また，フィッシャー（Peter Fischer）は「憲法適合的解釈の限界は，立法者の観念（Vorstellungen）が，たとえば成立史を使って疑いなく一義的に規定されているところに存在する。そうして，『立法者の目的』は変造されてはならないのである」と述べる(70)。しかし，このように限界が設けられているとはいえ，立法者による立法の趣旨や目的の選択の余地，または立法者が有する裁量は相当に広いものであり，それを前提に置くのが憲法適合的解釈であろう。付け加えるならば，憲法適合的解釈は，古典的な解釈方法，すなわち文理解釈，体系的解釈，歴史的解釈および目的論的解釈と異なるものではなく，むしろ，これらを前提として法律（など）の合憲性を導き，違憲判断を回避するための方法であると言うことができるであろう。エングリシュの表現を借りるならば「憲法適合的解釈は，決して独立した解釈

(67) Englisch（Fn. 6），§5 Rz. 92.
(68) Larenz（Fn. 1），S. 340.〔米山訳・前掲注（1）526頁〕
(69) Zippelius / Würtenberger（Fn. 55），§7 Rn.56.
(70) Fischer（Fn. 3），S. 204.

方法論でなく，伝統的な解釈基準の適用に際しての優越規律（Vorrangregel）である」[71]。

以上のように概観すれば，憲法適合的解釈は，一面において日本における合憲限定解釈に類似する機能を有することは否定できない。このことが，日本の憲法学界において憲法適合的解釈に対する関心を惹起したのであろう[72]。

様々な解釈を許容しうる法規範は，広範な意味を持つために違憲となる可能性もある。その可能性を排除することによって法規範の有効性を保つための解釈が，日本においては合憲限定解釈である[73]。

合憲限定解釈は，1936年2月17日にアメリカ合衆国連邦最高裁判所が下したアシュワンダー対TVA事件判決（Ashwander v. Tennessee Valley Authority, 297 U.S. 728, 56 S.Ct. 588.）の補足意見において判事ブランダイス（Louis Dembitz Brandeis）が示した憲法判断回避の準則（ブランダイス・ルール）が基になっているとされており[74]，（裁判所が）憲法判断を回避しつつ法律の解釈を示すための方法である。そのための解釈としては，法律の合憲性そのものに対する判断を回避する方法もあるが（これが憲法判断回避の方法である），法律の違憲判断を回避して可能な限りにおいて合憲となる解釈を採用する方法もあり，これが合憲限定解釈にあたる[75]。

合憲限定解釈は，都教組事件最高裁大法廷判決（最大判昭和44年4月2日刑集23巻5号305頁）において採用されたことがある。この判決は「法

(71)　Englisch（Fn. 6），§5 Rz. 92.
(72)　原島・前掲注（56）64巻5号291頁，山田・前掲注（56）106頁を参照。
(73)　芦部信喜（高橋和之補訂）『憲法』〔第七版〕（岩波書店，2019年）394頁。
(74)　長谷部恭男『憲法』〔第7版〕（新世社，2018年）430頁，辻村みよ子『憲法』〔第6版〕（日本評論社，2018年）470頁，野中俊彦・中村睦男・高橋和之・高見勝利『憲法Ⅱ』〔第5版〕（有斐閣，2012年）314頁。芦部（高橋補訂）・前掲注（73）394頁も参照。なお，最二小決平成26年7月9日判時2241号20頁における千葉裁判官補足意見も参照。
(75)　芦部（高橋補訂）・前掲注（73）394頁，長谷部・前掲注（74）430頁，辻村・前掲注（74）470頁。

律の規定は，可能なかぎり，憲法の精神にそくし，これと調和しうるよう，合理的に解釈されるべきものであつて，この見地からすれば，これらの規定の表現にのみ拘泥して，直ちに違憲と断定する見解は採ることができない」と述べ，地方公務員法第 37 条および同第 61 条第 4 号を合憲としつつも被告人を無罪とした（適用違憲）。

このような解釈は「不明確」で「かえつて犯罪構成要件の保障的機能を失わせることとなり，その明確性を要請する憲法 31 条に違反する疑いすら存するものといわなければならない」として，全農林警職法事件最高裁大法廷判決（最大判昭和 48 年 4 月 25 日刑集 27 巻 4 号 547 頁）において否定された。

しかし，税関検査事件最高裁大法廷判決（最大判昭和 59 年 12 月 12 日民集 38 巻 12 号 1308 頁）において，合憲限定解釈が採用される。すなわち，同判決は，表現の自由を規制する法律について「基準の広汎，不明確の故に当該規制が本来憲法上許容されるべき表現にまで及ぼされて表現の自由が不当に制限されるという結果を招くことがないように配慮する必要があり，（中略）法律の解釈，特にその規定の文言を限定して解釈する場合においても，その要請は異なるところがない。したがつて，表現の自由を規制する法律の規定について限定解釈をすることが許されるのは，その解釈により，規制の対象となるものとそうでないものとが明確に区別され，かつ，合憲的に規制し得るもののみが規制の対象となることが明らかにされる場合でなければならず，また，一般国民の理解において，具体的場合に当該表現物が規制の対象となるかどうかの判断を可能ならしめるような基準をその規定から読みとることができるものでなければならない」として，関税定率法第 21 条第 1 項第 3 号の限定解釈を行い，同号を合憲と判断して税関検査が憲法第 21 条第 2 項前段にいう「検閲」にあたらないとするとともに，上告人の請求を棄却した。

他方，ドイツにおける憲法適合的解釈がアメリカのブランダイス・ルールを参考にしたものであるか否かは明らかでない。また，前述のように憲法適合的解釈が日本の合憲限定解釈に類似することは否めない。この点が，日本の憲法学において注目されたことの根本的な理由であるかもしれない[76]。しかし，無視しえない相違もある。

まず，日本の合憲限定解釈については，税関検査事件最高裁大法廷判決に顕著であるように，表面上は憲法によって保障される基本的人権への配慮を示しつつも，司法権が法の解釈を通じて行うべき人権保障としての機能が弱く，違憲の疑いがある法または行政活動の合憲推定性の強化に資するものと評価しうるであろう。この点は，程度の差があるとはいえ，都教組事件最高裁大法廷判決にも妥当すると思われる。

これに対し，ドイツにおける憲法適合的解釈については，その方法の多様性などが指摘される。原島啓之は，ドイツの連邦行政裁判所による判決の分析を通じて，憲法適合的解釈が法律の合憲・違憲の判断に留まるのではなく，むしろ憲法適合的解釈により（あるいは憲法適合的解釈を採ることを前提として），憲法が「行政の法適用・裁量権行使を方向づけ」ることによって「基本権の重要性に見合った違法性判断基準を導き出し，また，憲法から要考慮事項を導出して行政の判断過程に踏み込んだ審査を行うことで，行政作用の適法性を厳しく審査している」こと，および「立法者が法律を通じて行政に付与した裁量の余地を限定・否定し，拘束された決定へと転換させる機能を果たす」ことを指摘する[77]。このような機能が日本の合憲限定解釈にみられないことは否定できない。

また，先にドイツにおいて違憲立法審査権は連邦憲法裁判所のみが有することを述べたが，これは連邦憲法裁判所以外の裁判所が憲法判断をなしえないということを意味しない。そもそも，基本法第100条第1項は連邦通常裁判所や専門裁判所（連邦財政裁判所など）による憲法判断を想定している，といいうる。そうでなければ，事件を連邦憲法裁判所に移送するこ

---

(76)　山田・前掲注（56）106頁，146頁，原島・前掲注（56）64巻5号290頁，同・前掲注（56）64巻6号284頁，287頁を参照。

(77)　原島・前掲注（56）64巻6号284頁，285頁。

とすら不可能であろう。しかし，連邦憲法裁判所以外の裁判所が法令に関する憲法判断を，または法令の合憲性を前提とした判断をなしうるということは，法令の合憲・違憲の判断について連邦憲法裁判所とその他の裁判所（とくに専門裁判所）の権限が交錯しうる状況にあることを意味する。連邦憲法裁判所が事件の移送のための要件として専門裁判所に対して「憲法適合的解釈を尽くすことを求めている」ことにより，連邦憲法裁判所の違憲立法審査権とは別に専門裁判所が憲法判断，とくに憲法適合的解釈を行う機会が増えることにつながる[78]。日本において終審裁判所たる最高裁判所はもとより下級裁判所にも違憲立法審査権が与えられていることに鑑みれば[79]，ドイツにおける憲法適合的解釈は司法制度の構造に由来する部分もあるものと考えられる。

それでは，憲法適合的解釈は，租税法の領域において実際にどれだけの意義を有するのであろうか。ヨッフムは，租税法におけるこの解釈の意味がむしろ小さいと評価する。その理由を，彼女は次のように述べる。

「租税法は，個人の経済的な給付能力に応じた平等で公正な租税負担の分配という憲法上の企図に支配されている。しかし，それとともに，この課税の中心的な目標は，既に租税法の規範および概念の目的論的解釈を特徴づけている。そのため，意味および目的に応じた解釈は，一般的な平等原則という憲法の要請をもたらし，一般的な平等原則を租税法の領域のために具体化し，充足する諸原則を有効に働かせているのである。」[80]

Ⅳ　租税法学的な観察方法

租税法学的な観察方法（Steuerjuristische Betrachtungsweise）は，2011 年

(78)　山田・前掲注（56）138 頁。原島・前掲注（56）64 巻 5 号 296 頁，およびこれらに掲記された文献も参照。

(79)　最大判昭和 25 年 2 月 1 日刑集 4 巻 2 号 73 頁（食糧管理法違反被告事件最高裁大法廷判決）も参照。

(80)　Jochum (Fn. 7), S. 93. Vgl. Englisch (Fn. 6), §5 Rz. 92.

に公表された『連邦租税法典　租税法の刷新のための改革草案』(Bundessteuergesetzbuch, Ein Reformentwurf zur Erneuerung des Steuerrechts, 2011) において提案された。同草案は全146条からなり，平等な課税，租税法の簡素化などを目的とするものである。

同草案の第10条は「連邦租税法典の解釈」という見出しの下に「連邦租税法典は，全ての納税義務者が租税の負担根拠に従って平等に課税されるように解釈されなければならない。納税義務者により実現された事実は，租税法律の基準によって打ち出された評価において算出されなければならない（租税法学的な観察方法)」と定める。

提案者のキルヒホフ（Paul Kirchhof）が同条について解説を加えているが，本稿においては租税法学的な観察方法について概観する。

この方法は，租税負担の平等（実際の不平等）や租税回避行為などを念頭に置いたものであり，主に納税義務者に生ずる何らかの事実（例，所得，相続）によってもたらされた成果に着目する。すなわち，納税義務者がいかなる民事法の手段（形態）を選択したかではなく，活動によっていかなる成果を得たかを問う。キルヒホフは，次のように述べる。

「事実の評価に際しては，常に，法律を執行する財務行政が，どの程度まで，租税法律上決定されている負担根拠が課税を正当化するのかを確かめなければならない。決定的であるのは，納税義務者が事実を包んでいる民事法上の形態ではなく，—しばしば民事法的に生じる—所得の，相続の，売上の，または消費の成果である。それとともに，第2文は，法律に反するものであり，または少なくとも法律の拘束力を弛緩させるであろう『経済的観察法』をも退ける。租税法は，—刑法または私法と同様に—その法律上の基準のために固有のドグマティーク，およびこのドグマティークに相応する現実の理解を発展させる。租税法律の解釈を通じて，とくに保証されなければならないのは，納税義務者が法律上の課税根拠のないところで課税されてはならず，他方で納税義務者はこの課税根拠に反して課税を免れることがない，ということである。課税根拠へのこうした解釈は，また，租税濫用および回避の構成要件に関する固有の規定を不必要とする。租税法学的な観察方法は，連邦租税法典の諸規定を，当然，基本法の準則を尊重し具体化する立法者の課税決定とも理解する。その限りにおいて，こうした観察方法において，憲法適合的解釈が基礎を置かれるのである。」(81)

また，連邦租税法典（草案）の解釈について，キルヒホフは次のように述べる。

「連邦租税法典の解釈に際して，法の適用者は最終的に独自の租税法学的な観察方法において，いかなる活動が租税徴収に適しているか，またそうでないか，いつ民法上の契約が租税徴収上の事情を変更するのか，および，いつ租税法律の適用が，契約が租税上の不平等を根拠づける道具として役に立つことを阻止するかを確定しなければならない。それ故に，租税法は，私法的に説明されることではなく，租税法上のどの構成要件―所得，相続，売上―が私法上の説明によって達成されるかを問う。租税法は，契約の中身に向けて問うのではなく，租税法律の負担の根拠が実現したか否か，したがって稼得活動から所得が得られたか，相続または贈与が受領されたか否か，あるいは市場から購買力が投入されたか否かを問う。租税法学上の観察方法は，第三者―国家―の負担への契約を無効として拒絶するのである。」(82)

彼の租税法学的な観察方法は経済的観察方法と異なるとされているが，筆者には根本的な差異があると思えない。租税法学的な観察方法も，納税義務者が経済活動をすることによって得られた成果を課税対象として捉えるのであって，私人が有する私法上の行為選択の自由を尊重する訳ではないからである。

また，そのことはドイツ租税法学における目的論的解釈への思考の強さ

(81)　Paul Kirchhof, Bundessteuergesetzbuch, Ein Reformentwurf zur Erneuerung des Steuerrechts, vorgelegt von Paul Kirchhof, 2011, §10 Rn. 2.

(82)　Kirchhof (Fn. 81), §10 Rn. 10.

をうかがわせるものではなかろうか。連邦租税法典草案第10条は，目的論的解釈における基準を明文化するものとして，現在のドイツ租税法学における一つの典型を示したものと言いうる(83)。

V　おわりに

端的に概観した限りではあるが，ドイツの租税法学において，文理解釈の地位は日本の租税法学に比べて（相対的であるにせよ）低く，その分，目的論的解釈の地位が高いものと思われる。また，その目的論的解釈に際しては，ドイツの憲法である基本法に示された価値または原理が基準となっている点にも注目すべきであろう。同様のことは憲法適合的解釈についても妥当する。

もとより，文理解釈が開始点にして或る意味での最終点であることは，日本の租税法学と変わらない。また，課税の適法性（課税要件法定主義），法的安定性，法律の明確性（課税要件明確主義）および課税の平等性という大原則の下に，租税法（律）の解釈が行われなければならないという姿勢も，日独の租税法学に共通するものであろう。

しかし，既に述べたように，日本の租税法学における傾向として見受けられる文理解釈への拘泥が導かれる訳ではない。少なくとも，価値法学の影響下にある租税法学者は文理解釈の重要性を認めつつも，目的論的解釈への志向が強いのではないかと考えられる。もとより，日本においても，憲法に込められた価値または原理（個人の尊厳，自由，平等など）を解釈の基準に置く学説は存在するが(84)，どの学説も常にこのような基準を前面に出す訳ではなかろう。租税負担公平の原則は別であるとも考えられるが，その場合であっても具体的な内容は解釈者によって異なりうるであろう。

---

(83)　もっとも，連邦租税法典草案については，現在に至るまで草案のままであり，立法化（全部または一部の）への動きはみられない。

(84)　その代表例が北野（黒川補訂）・前掲注（12）であろう。

冒頭において，ドイツ租税法学における租税法（律）の解釈に関する議論の一端を紹介し，概観すると述べたが，筆者の能力，新型コロナウイルスの感染拡大をはじめとする社会情勢からの影響などのために，長きにわたった割にはドイツの租税法学（さらに公法学全般）の全体を十分に概観しえず，一部についての紹介に留まらざるをえなかったことは否めない。さらに機会を見出して分析および検討を深めるとともに，読者各位の御叱正を賜りたいと願う。

第７章　フランスにおける「租税法の解釈」について

金沢大学人間社会研究域法学系准教授　平川　英子

Ⅰ　はじめに

本稿では，フランス租税法において，「租税法の解釈」というテーマのもとに，どのような議論がなされているのかを概観する。その方法として，まず，一般的な租税法の教科書における「租税法の解釈」の位置づけを確認した。

参照したのは，主に以下のような教科書である。

① Martin Collet, *Droit fiscal*, 7e éd., PUF, 2019

② Jacques Grosclaude et Philippe Marchessou, *Droti fiscal général*, 12e éd., Dalloz, 2019

③ Jean-Jacques Bienvune et Thierry Lambert, *Droit fiscal*, 4e éd. PUF, 2010

④ Jean Lamarque, Oliver Négrin et Ludovic Ayrault, *Droti fiscal général*, 4e éd., LexisNexis, 2016

このうち，「租税法の解釈」について比較的詳しく記述しているのは，上記①に挙げるコレの教科書である(1)。その他の教科書では，数頁程度の簡単な記述があるか，または「租税法の解釈」の項目すらないものもあった。このことは，ドイツにおける状況（これについては本論集の「第6章 ドイツの租税法学における解釈方法論」〔森稔樹〕を参照）とだいぶ異なっている。このため本稿は基本的にコレの教科書を参考にすることとした。

さて，コレの教科書では，租税法の解釈に関する問題は2つのパートに分けて論じられている。まず，裁判所における租税法の解釈に関し，解釈とは何か，租税法の解釈には独自性があるのか，そして解釈方法論の意味について述べるパートである。次に取り上げるのは，実務上，大きな重要性をもつ行政解釈（doctrine administrative）に関するパートである。このうち，本論集の問題関心からすれば，重点的に取り上げるべきは前者のパート（租税法の解釈方法論）であろう。しかし，「フランスにおける租税法の解釈」という観点からすると，後者のパート（行政解釈をめぐる問題関心）の比重の大きさは無視できないように思われる。

また，「租税法の解釈」というテーマのもとに，解釈方法論のみならず，行政解釈の問題が扱われることは，フランス租税法学ではオーソドックスな手法であるようにみえる。というのは，教科書レベルだけでなく，下記のような租税法の解釈をテーマとする博士論文（Thèse）においても，同様の問題関心がみられるからである。

⑤ Philippe Marchessou, *L'interprétation des textes fiscaux*, Economica, 1980

⑥ Julien Gues, *L'interprétation en droit fiscal*, L.G.D.J., 2007

⑦ Gilles Dedeurwaerder, *Théorie de l'interprétation et droit fiscal*, Dalloz, 2010

このような状況を踏まえ，本稿では基本的にコレの教科書に依拠しつつ，租税法の解釈方法論および行政解釈に関する議論について紹介することとしたい。

---

(1) コレはパンテオン・アサス大学（パリ第2大学）で租税法および行政法を教授する。

Ⅱ　租税法の解釈

以下では，コレの教科書を参照しつつ(2)，租税法の解釈方法論に関する議論を確認する。

1　租税法の自律性（autonomie）について

租税法の解釈方法論に関する初期の議論は，租税法と他の法分野との関係について展開された。民法，商法，会計法や行政法などの他の法分野で用いられている概念（例えば，「会社」，「動産」，「不動産」，「公役務を担う」法人など）を租税法が用いている場合に，これらの概念は他の法分野におけると同様の意味に解されるのか，または租税法独自の解釈がなされるのか。この問題は，日本の租税法学でいうところの「借用概念の解釈」に関係するものと考えられる。

この問題について，課税庁や租税裁判官(3)が，民事裁判官や商事裁判官とは異なる意味を付与したり，ある概念の該当性につき，異なる判断基準を用いることがあることから，租税法の解釈は「自律的（autonome）」であるとする立場がある。例えば，「慣例の贈り物 présent d'usage」(4)について，民事裁判官は，民法上の持ち戻しに関して「慣例の贈り物」にあたるか否かは贈与者の所得のレベルから判断するのに対し，租税裁判官は，租税法上の持ち戻しに関して，贈与者の財産の大きさに基づいて判断している(5)。

このような解釈方法における「租税法の自律性」を主張したのが，トロ

(2)　以下，コレの教科書（Martin Collet, *Droit fiscal*, 7e éd., PUF, 2019）の 91 頁ないし 106 頁の記述を参照した。

(3)　租税事件には，行政裁判所系統に属するものと，民事裁判所系統に属するものがある。

(4)　慣例の贈り物とは，人生における重要な出来事（婚姻，誕生日など）があったときになされる贈り物をいう。中村紘一・新倉修・今関源成監訳『フランス法律用語辞典〔第3版〕』（三省堂，2012 年）332 頁参照。

タバ（Louis Trotabas 1898-1985）である。トロタバは，「租税法の自律性」から，租税裁判官と同様に課税庁もまた，民法や行政法上の慣例（usages）に依拠しなくてもよいと主張した[6]。これに対し，ジェニー（Francois Gény 1861-1956）は，いかなる法も純粋かつ完全な意味において自律的ではなく，「租税法の自律性」の観念もまた受容しえないと反駁した[7]。

この論争に対して，コレは，多分にイデオロギー的性質のものであるとし[8]，今日，これを法的問題として再定位するならば，「租税裁判官は，民事判例や商事判例におけると同様の定義を採用しなければならないか」に関する問題として論じられるべきものであり，この問いに対して，「租税法の自律性」を主張するだけでは不十分であるとする[9]。

コレは次のように述べる。租税裁判官が民事裁判官とは異なる解釈を用いることは，租税法において「自律的な」結論を導くことにあったのではなく，単に，法文の解釈として，条文の文言（mots du text）だけでなく，その文脈（contexte）や，とりわけその目的（objet）を考慮したことによる。このことをコレは次のような具体例を挙げて説明する[10]。ある行政法規は，

---

(5) V., CA Paris, 11 avr. 2002, n°. 01-3791, DF, 2002, n°. 29. comm. 619. 当該事案の概要は次の通りである。母親が二人の子供に対し，クリスマスに各10万フラン（合計20万フラン）を贈与した。当該贈与につき，贈与税の課税対象になるかについて，原審は，贈与者である母親の年間の所得金額を考慮して，20万フランのうち，2万フランは「慣例の贈り物」に該当するが，残りの18万フランは課税対象となる手渡し贈与（dons manuels）にあたるとした。これに対し，パリ控訴院は，贈与者の財産（死亡当時）が820万フランであることから，クリスマスに子供たちに各10万フランを贈ることは過剰（excessif）とは言えず，「慣例の贈り物」に該当すると判断している。

(6) Louis Trotabas, « Essai sur le droit fiscal », RSLS, 1928, p. 201.

(7) Francois Gény, « Le particularisme du droit fiscal », Mél. R. Carré de Malberg, Sirey, 1933, p. 193.

(8) V., Collet, op-sit., (2), p. 97. この租税法の自律性をめぐる議論は，私的取引に関する法としての私法学の範疇にあった租税法から，公法学としての租税法に発展する過程に関係する，それ自体としては興味深いものであるが，現在では租税法の解釈方法論としての位置づけを与えられていないようであるため，本稿では簡単な言及に留めることとした。

(9) V., Collet, op-sit., (2), p. 97.

浸水危険区域において「不動産」の建築禁止を定めている。行政裁判官は，この「不動産」には，移動住宅（モバイル・ホーム，トレーラーハウス）も含まれると解釈するだろう。というのは，当該規定の目的は人身の保護にあり，移動住宅の住人であっても土地に建築された住宅の住人であっても同様のリスクがあると考えられるからである。一方，住宅困窮者のための特別基金の財源のために「不動産」の所有者に租税を課す場合，当該規定の目的は，住宅困窮者のために富裕層に課税することにあることは明らかであり，質素な移動住宅の所有者は，この租税の課税対象から除外されると解釈するのが妥当である。したがって，租税裁判官は，「不動産」という同一の文言に対して，行政裁判所とは異なる意味を与えるだろう。しかし，このことは，租税法が自律的であることによるのではなく，裁判官が条文の目的に応じて「不動産」という概念の意味を決定するという解釈方法を用いたことによるのである。そして，そのような解釈方法は，租税法の解釈に特殊のことではない。

そうすると次の問題は，租税法の解釈において，支配的・普遍的な解釈方法があるのか，という点である。

2　租税法の厳格解釈（interprétation stricte）について

租税法の解釈方法において，判例にはある種の傾向を見出すことができる(11)。そのうちの一つに租税法の厳格解釈（interprétation stricte）がある。

---

(10)　V., Collet, op-sit., (2), p. 98.

(11)　V., Collet, op-sit., (2), p. 100. 具体例として，新設会社の免除規定について，「個別の規定の解釈は条文全体に鑑みて行う」（CE 20 oct. 1995, n° 140.239, RJF, 12/95, n°1360）としたもの，職業税が免除される「芸術家とみなされる画家（peintres），彫刻家（sculpteurs），版画家（graveurs）およびデッサン画家（dessinateurs）」に「彫り物師 tatoueurs」も含まれるかについて，「当該規定が例外的な（dérogatoire）性質をもつことを考慮して，厳格に（strictement）に解釈されなければならず」，免税規定は当該規定に限定列挙された職業のみを対象とするとしたもの（CE 27 juill. 2009, n° 312.165, DF, 2009, n°47,comm.547）が挙げられている。

厳格解釈について，コレは，破棄院判例において「租税法は厳格な解釈による」との言及がみられること[12]，通達において租税法律は「理由の類似性によって，明示的に対象とされていない状況に拡張されないよう，厳格に解釈されなければならない[13]」とされていることを指摘している。しかし，こうした言及以上に，厳格解釈について詳しくは述べていない[14]。これは，コレ自身は，裁判官を導く解釈原理（ドグマ）としての厳格解釈については懐疑的であるためであろうと思われる[15]。そこで，コレがドグマとしての厳格解釈について論じるものとして引用しているマルシェス（Philippe Marchessou）の博士論文（1980 年）を参照しつつ，また，比較的最近の論考であるゲズ（Julien Guez）の博士論文（2007 年）にもよりつつ，フランスにおける厳格解釈をめぐる議論を確認したい。

(1) 厳格解釈の定義

マルシェスは，判例や学説において，「文字通りの解釈 interprétation littérale」，「文字通りの適用 application littérale」，または「厳格解釈 interprétation stricte」という用語が用いられているが，これらはいずれも同一の解釈方法，すなわち「厳格解釈」を示すものであるとする[16]。マルシェスの定義によれば，厳格解釈とは，「明白（clair）かつ明確（précis）な条文がある場合に，その条文の形式的な内容によって許容される範囲を広げることも，狭めることもなく，当該事案に条文を適用すること」であり[17]，この意味での厳格解釈は，あらゆる解釈の基本であり，解釈者に最小の解釈の余地しか認めないことを前提とする[18]。もっとも，マルシェスは，破棄院判例が，厳格解釈の原則は解釈者が立法者の意図を探求するこ

(12) Cass. civ. 15 et 23 fev. 1943, S, 1944.
(13) V., BOI-CXT-DG-20-10-10, n° 270.
(14) 他の教科書も同様に，厳格解釈についての記述はそれほどみられない。
(15) V., Collet, op-sit., (2), p. 101.
(16) Philippe Marchessou, *L'interprétation des textes fiscaux*, Economica, 1980, pp. 140–141.
(17) V., Marchessou, op-sit. (16), p. 141.
(18) V., Marchessou, op-sit. (16), p. 141.

とを禁じるものではないと考えているとして，係争の条文に限定された範囲での，一定の立法者の意図の探求も含まれると解しているようである[(19)]。

これに対し，ゲズは，「文字通りの適用 application littérale」と「厳格解釈 interprétation stricte」とはイコールではないと述べる[(20)]。文字通り適用は，条文が明白で明確な場合について，当該条文をその文言通りに適用することであり，厳格解釈は，条文が曖昧（ambigu），不明確（obscur）または不完全（imcomplet）な場合に，規範の真意（esprit）を探求することを許容するものであると述べる[(21)]。

マルシェスとゲズを比較すると，両者は「文字通り適用」と「厳格解釈」とを区別するかどうかという点，また，マルシェスは「厳格解釈」は「条文が明確な場合」に適用されるとし，ゲズは，「条文が明確な」場合には「文字通り適用」を，「条文が不明確」な場合には「厳格解釈」が求められるとする点で異なっている。もっとも，マルシェスも「厳格解釈」のもとに，一定の立法者意思の探求が許容されていると考えているようであり，また条文の規定が明確か不明確かは相対的な問題であるように思われるため，上記の差異はそれほど大きなものではないように思われる。

さて，マルシェスは，厳格解釈の内容を次のように敷衍する[(22)]。

(a) 解釈者は，解釈の対象たる法律が区別（distingeur）していないことを区別してはならない。注釈学派（l' école de l'Exégèse）[(23)]によって，法諺「法（loi）が区別していない場合には，区別してはならない（ubi lex non

---

(19)　V., Marchessou, op-sit. (16), p. 142.
(20)　Julien Gues, *L'interprétation en droit fiscal*, L.G.D.J., 2007, p. 94.
(21)　V., Guez, op-sit. (20), p. 94.
(22)　V., Marchessou, op-sit. (16), p. 142.
(23)　注釈学派は，法典の中に事件の解決に必要な規範がすべて含まれているとの立場をとり，法典の完結性を前提とする。19世紀を通じてフランス民法学において支配的地位を占めた。注釈学派は，様々な解釈技術（反対解釈，拡大解釈，類推解釈などの手法）を発達させ，法典の不足を補った。滝沢正『フランス法〔第4版〕』（三省堂，2010年）96頁参照。

distinguit, nec non distinguere debemus)[24]」から借用された一般的ルールである。裁判官は，明確な規定の意味に修正を加えてならず，厳格解釈の狭い範囲にとどまらなければならない[25]。

(b) 条文の文言は租税法上の意味において理解されなければならない。解釈者は租税法律が与えた意味において条文の文言を解釈しなければならない。したがって，立法者が明示的に非租税法的意味を付与したのでない限り，解釈者には租税法上の意味において解釈するか，非租税法的意味において解釈するかの判断の余地はない[26]。また，ある用語が一般的な法的意味と租税法に固有の意味とを有する場合がある。この場合，立法者がどちらの意味で用いているかは，租税の種類によって異なる。例えば，「acte」は，広い意味で，書面によるか口頭によるかなどの形式を問わず，法的性質をもったあらゆる取引（opération）を指す。一方，租税法における「acte」は，登録税においては証書（titre），書面（écrit），証書（instrument de preuve）であり，売上税ではよりあいまいな法的実体（réalité juridique）を含む。

(c) 厳格解釈は，租税法の一般的規定に対するのと同じように，例外的な規定（disposition dérogatoire）についても適用されなければならない。すなわち，厳格解釈は少なくとも租税法の規定の解釈の範囲においてはある種の普遍性を持つのであるから，厳格解釈の論理は，例外的な規定も，一般的な規定と同様の厳格さで解釈されなければならないことを要求する[27]。

以上を整理すると，厳格解釈は租税法の条文の文言からその意味が明ら

---

(24) この法諺は，「確立した法的ルールからの乖離や新たな例外を作り出すことを正当化するために，新たな事実に基づいて，新たな法的区別が承認されるべきではない」ということを意味する。V., Aron X. Fellmeth and Maurice Herwitz, *Guide to latin in international law*, Oxford University Press, 2009, p. 281.

(25) V., Marchessou, op-sit.（16）, p. 143.

(26) V., Marchessou, op-sit.（16）, p. 143.

(27) V., Marchessou, op-sit.（16）, p. 144.

かな場合にはその文言通りに適用することであり，文言の意味内容を明らかにするうえで必要な場合には，当該条文の範囲において立法者の意図，目的の探求も認められるということになろう。そして，マルシェスは，厳格解釈は以上のような解釈方法であるため，条文から異なる二つの意味内容が引き出されるような場合には，もはや厳格解釈によっては結論が出せず，この点において，厳格解釈が租税法において有する役割の重要性は限定的なものにとどまると述べている(28)。ゲズもまた，現代における厳格解釈の役割はかつて学説を席捲したほどには重視されておらず，むしろその妥当性について批判の対象になっていると述べている(29)。

(2) 古典的学説における厳格解釈の原則の根拠

古典的租税法学においては租税法の厳格解釈は定言的命令（impératif catégorique）であると考えられていた(30)。そしてその根拠は合法性の原則（principe de légarité）ないし租税法の公序（ordre publique）の性質に求められるとされた(31)。

合法性の原則から厳格解釈を導く立場は，人権宣言14条や第5共和制憲法34条(32)が定めるように，租税制度の定義を立法者に留保することが制憲者（Constituan）の意思であり，この観点から，裁判官は法文の形式的な内容を遵守しなければならず，厳格な解釈の要請が導かれるとする。しかしながら，この考え方は学説によってそれほど展開されることはなかったという(33)。

---

(28)　V., Marchessou, op-sit.（16）, p. 147.

(29)　V., Guez, op-sit.（20）, p. 90.

(30)　V., Marchessou, op-sit.（16）, p. 148.

(31)　マルシェスは，これら2つに加え，自然法的説明による立場を紹介している。それによれば，租税法や刑法といった恣意的法律（lois arbitraires）は，自然法的法律（lois naturelles）とは異なり，その価値は立法者の権力（imperium）に由来するのであり，それゆえに法律の文言通りの執行，すなわち厳格解釈が求められるとする。しかしこの議論に対しては，自然法論に対する一般的批判が当てはまるほか，自然法的法律と恣意的法律の区別の困難性など批判が多く，マルシェスは租税法における厳格解釈の要請の論拠としては支持されていないとする。V., Marchessou, op-sit.（16）., p. 151.

第2の論拠は租税法が公序（ordre publique）に属することに求められる。租税法は，刑法などと同様に例外的な法（exceptionnel）であり，納税者に対する制裁ではないものの，国庫のために彼らの財産から天引きを行うものである。個人の基本権の尊重の観点から，そのような法の適用領域を個々の規定の厳格な解釈によって画することが要請される。裁判官による租税法の解釈は，立法者ではなく，納税者を保護するために，厳格になされなければならないのである。この議論は厳格解釈の要請に明確な説明を与えるが，なぜ他の法分野と異なって租税法は例外的であるのかについて明らかにしてはいない(34)。マルシェスは，その根拠は19世紀の自由主義思想の反映に求められるとする(35)。

ジェニーは，合法性の原則（租税法律主義）に依拠して厳格解釈の原則を主張したが，その目的は，租税法について「科学的自由探求（libre recherche scientifique）(36)」を排除することにあった(37)。一方，トロタバは，当初，租税法の例外的な法としての性質を理由に，厳格解釈の原則に賛同していたが，後に，租税法とその他の法分野とで解釈方法論が異なるとすることに理由はないとし，厳格解釈の原則を批判するに至っている(38)。

---

(32) フランス人権宣言14条は「すべての市民は，自ら，またはその代表者によって，公の租税の必要性を確認し，それを自由に承認し，その使途を追跡し，かつその数額（quotité），基礎（assiette），徴収（recouvrement），および期間（durée）を決定する権利を持つ」と定める。第5共和国憲法34条は，「あらゆる性格の租税の基礎（assiette），税率および徴収の方法」に関するルールを法律事項とする（同条第1項）。

(33) V., Marchessou, op-sit. (16), p. 148.

(34) V., Marchessou, op-sit. (16), pp. 149-150.

(35) V., Marchessou, op-sit. (16), p. 150.

(36) ジェニーの提唱した科学的自由探求は，法律学は法律外的要素を十分に考慮して，制定法の自由な解釈を通じて法の欠缺を補充し，制定法を離れて社会生活そのものの中に生きている法規範を科学的に探究しなければならないとする法学方法論である。山口俊夫『概説フランス法（上）』（東京大学出版会，1978年）108頁参照。

(37) V., Guez, op-sit. (20), p. 96.

(38) V., Guez, op-sit. (20), p. 97.

⑶　厳格解釈原則に対する批判

マルシェスは，上記のような租税法の解釈における厳格解釈の原則に対して，この原則がしばしば射程の制限なく，揺るぎない真実（vérité）とみなされているという点に，多くの批判が向けられているとし，その主な批判には次のようなものがあるとする(39)。

第1に，例外的なケースを除いて，条文は一義的な意味をもつものではなく，複数の解釈がありうる。そうであるにもかかわらず，解釈者を厳格解釈という方法に閉じ込めることによって，かえって（逆説的に）解釈者が恣意的に解釈を選ぶことを許容することになってしまうのではないか(40)。

第2の批判は，法律の精神ないし立法者意思を分析することもまた，厳格解釈の方法と同じくらい重要である(41)。

第3の批判は，厳格解釈を合法性の原則から導く立場に向けられる。そもそも合法性の原則は，成文法システムにおいては，租税法だけでなく，他の法分野にも適用されるものである。したがって，合法性の原則から厳格解釈が導かれるというのであれば，厳格解釈は租税法に限られず，フランス法制度全体に法分野の区別なく適用されなければならないはずである(42)。

また，マルシェスは，ドグマとしての厳格解釈の限界について次のように述べる(43)。すなわち，ドグマとして提示される厳格解釈は，法典化され

---

(39)　V., Marchessou, op-sit. (16), p. 151.

(40)　V., Marchessou, op-sit. (16), p. 152. おそらく，マルシェスは，解釈者がある解釈が厳格解釈により導かれるとするとき，厳格解釈によるものであるとの理由以上に，合理的な理由や説明を要しないとされてしまうことを問題視しているのではないかと思われる。

(41)　マルシェスの定義によれば，厳格解釈には，条文が明白な場合にそれを文字通り適用するという意味での厳格解釈だけでなく，立法者意思の探求により条文の意味を明らかにすることも含む。したがって，この第2の批判は，「厳格解釈＝文字通り解釈」と理解する立場に向けられているものと思われる。

(42)　V., Marchessou, op-sit. (16), p. 153.

(43)　V., Marchessou, op-sit. (16), pp. 153-154.

た法の注釈（l'exégèse）という解釈方法論であり(44)，民法典の解釈方法としては適切かもしれないが，法典化が完全ではなく，毎年制定される多様な由来と性質をもつ規定の寄せ集めでしかない租税法においては，その適用範囲は限られたものとならざるをえないのではないか，と。

⑷ 厳格解釈の位置づけ

マルシェスによれば，厳格解釈の適用範囲は，その意味が明確な条文に限られるため，その射程は狭い(45)。マルシェスは，「経済社会の発展に伴って，時とともに係争の対象となる現実が変化しうるのに，租税法の条文が変わらないままであれば，裁判官は，新たな紛争の解決のために，当該条文から新しい結論を引き出さなければならない。この新たな事態は，当初の立法者の想定していないことであり，当然，条文の文言の射程には入っていない。そうすると，単に条文の文言のみから，厳格解釈のもとに，この新たな事態に対応する解釈を引き出しうるとすることはかなり人為的（artificiel）である」し，また，「実際に，厳格解釈の名のもとに（sous couvert d'interpretation stricte），条文外の要素を用いて，厳格でない（non stricte）解釈が行われており，結局のところ，条文の文言のみに依拠し，当該文言の意味を明確にしうる条文外の要素を考慮しないという解釈方法は，条文の文言が明白かつ明確（clair et précis）な場合という限定された範囲でしか機能しない」と述べる(46)。

また，厳格解釈の原則に対する態度は，破棄院（司法裁判所系統）とコンセイユ・デタ（行政裁判所系統）とで異なることが指摘されている(47)。破棄院は厳格解釈の原則を明示的に援用することに積極的であるのに対し，

---

(44) マルシェスは，フランス民法学における注釈学派によって体系化された解釈方法論が，民法典から派生した他の法分野にも及び，主として登録税によって構成された当時の租税法にも広まったのではないかと考察する。V., Marchessou, op-sit.（16），p. 154.

(45) V., Marchessou, op-sit.（16），p. 154.

(46) V., Marchessou, op-sit.（16），p. 154.

(47) V., Marchessou, op-sit.（16），p. 155 et Guez, op-sit.（20），102.

コンセイユ・デタは必ずしもそうではないというのである[48]。ゲズは，この判例の態度の差異について，その原因をそれぞれが管轄する租税の性質の違いに求める見解[49]や，各裁判所のもつ歴史的沿革と伝統に求める見解[50]を紹介している[51]。

以上，コレの教科書，マルシェスおよびゲズの論文を概観した限りではあるが，フランスの租税法学においても，方法論としての厳格解釈や，その根拠をめぐっての議論，そして批判が存在していることがわかる。フランスにおける厳格解釈は，文理解釈を出発点に，条文の文言の意味内容を明らかにするための立法者意思の探求も許されると考えられている。そして，かつて租税法における厳格解釈の原則が主張されていたが，現在においては，厳格解釈の適用範囲は狭いと考えられており，したがってそれほど重要な位置づけがされているわけではないように思われる。

Ⅲ　行政解釈（Doctrine administative）について

1　行政解釈の重要性

行政解釈とは，通達（instruction）や注釈（note）などによって明らかにされる課税庁の解釈である。行政解釈はフランスの税務行政においても重要な役割を果たしている。行政解釈は課税庁による解釈・適用の統一を図るためのものであるが，その内容の明快さゆえに，課税庁だけでなく，納

(48)　V., Marchessou, op-sit.（16）, pp. 155 et s.

(49)　登録税等の間接税は司法裁判所が，所得税等の直接税は行政裁判所が管轄する。前者はアンシャン・レジームに遡る古いタイプの租税であり，他方，所得税等の体系は比較的新しい。こうした租税の性質やそれぞれの租税体系の差異が，それぞれの裁判所における解釈方法に影響を与えているとみる説である。V., Guez, op-sit.（20）, p. 97.

(50)　アンシャン・レジームにおける徴税請負人の権限濫用の体験が，破棄院の租税判例の形成に大きな影響を与え，厳格解釈の原則の伝統が形成されたとみる説である。V., Guez, op-sit.（20）, p. 98.

(51)　V., Guez, op-sit.（20）, pp. 97 et s.

税者もまた「租税法律よりも通達をあてにしている[52]」。行政解釈をめぐるこのような事情は日本におけると同様であるように思われる。しかし，フランスにおける行政解釈をめぐる議論には，次のような，日本と大きく異なる点がみられる。それは，行政解釈に依拠した納税者に対して法的保護が与えられていることである。またこのために，租税法学においても行政解釈に多くの関心が寄せられているのである。

2　行政解釈に対する納税者の信頼保護

フランスには，行政解釈を信頼して行動した納税者を保護するために次のような仕組みがある。すなわち，納税者が課税庁による公式な行政解釈に依拠している場合，納税者は当該行政解釈を課税庁に対して対抗でき，また，納税者が行為時において有効な行政解釈に従っていた場合，のちに課税庁が異なる解釈をもって更正処分を行うことはできないという仕組みである。

租税手続法典 L. 80A 条は，次のように規定している。

L. 80A 条

（第 1 文）　増額更正処分の原因が善意の納税者による解釈についての紛争であり，かつ，当初の決定の基礎となった解釈が，その当時において，課税庁によって公式に認められた（formellement admise par l'administration）ものであることが証明される場合，いかなる増額更正処分もなされない。

（第 2 文）　税務調査において，課税庁が事実関係を確認の上で見解（position）を表明した場合，課税庁が調査事項についてとった見解（更正処分がないこと（une absence de rectification）により黙示的にとった見解を含む）についても，同様とする[53]。

(52)　V., Collet, op-sit., (2), p. 109.

（第３文）　納税者が課税庁の公表する訓令通達に示された解釈に従って租税法の条文を適用しており，問題となっている取引の当時において当該解釈が変更されていない場合，課税庁は異なる解釈をもって増額更正処分を行うことはできない。同様の条件のもとに，徴収や租税罰に関して公表された通達訓令についても，同様に課税庁に対し対抗することができる[(54)]。

租税手続法典 L80A 条第１文は，1959 年 12 月 28 日法律（法律第 59-1472 号）の 100 条を沿革とするものであり，「納税者は課税期間において有効な行政解釈の内容を当てにすることができなければならない」という単純な考え方に基づくものである[(55)]。第３文は 1970 年７月９日法律（法律第 70-601 号）によって，第２文は 2018 年８月 10 日法律（法律第 2018-727 号）によって創設された。

第１文と第３文は対象と要件を異にする。まず，第１文は事後的な増額更正処分を対象とするものであり，当初の課税処分には適用されない。これに対し，第３文は当初の課税処分について適用される。次に，第１文は課税庁が「公式に認めた formellement admise」解釈であればよいのに対し，第３文では「公表された訓令通達 instructions ou circulaires publiées」によって示されている解釈であることを要するという点で異なる[(56)]。

---

(53)　なお，第２文は，2018 年８月 10 日（2018-727 号）により創設され，2019 年１月１日以降に送付される調査通知にかかる税務調査について適用される。当該条文は，最新の改正によるものであるため，コレの教科書には当該条項に関する記述がない。

(54)　第３文の後段は 2008 年 12 月 30 日法律（2008-1443 号）により挿入された。課税手続に関する通達等については，同条の保障は適用されないが，実際上，課税庁がこの分野に関する通達等に違反することはまれである。V., Collet, op-sit., (2), p. 114.

(55)　V., Collet, op-sit., (2), p. 111.

(56)　V., Collet, op-sit., (2), p. 116.

3　行政解釈を信頼する納税者の保護〜租税手続法典 L. 80A 条の適用要件

租税手続法典 L. 80A 条の適用要件は，次の通りである。

(1)　対象となる行政解釈およびその形式

当該条文の適用対象となる行政解釈は，財務大臣およびその官吏，関税庁の発遣した解釈である。行政解釈の形式には，通達訓令等による一般的な法令の解釈(57)，事前照会（rescrit）に対する一般的回答(58)，官報に掲載された財務大臣の国会答弁(59)，その他公式の立場の表明にあたるものが含まれる。その他公式の立場の表明にあたるものとして，課税処分の理由付記に記載された条文の解釈，業界団体に送付された行政文書，個別的な事前照会（rescrit）に対する回答がある(60)。

(2)　公式見解の表明であること

見解の表明は，租税法律の規定の解釈について，明示的に，かつ，公式になされる必要があり，官吏に対する勧告，財務大臣の指示的宣言，納税者からの質問に対する沈黙は公式な立場の表明には当たらない(61)。「単なる口頭による示唆」と「口頭による見解の表明」とは区別され，後者のみ課税庁に対抗しうる(62)。

---

(57)　これらは原則として租税通達集（BOI, Bulletin officiel des impôts）で公表されている。

(58)　事前照会に対する回答は，匿名化したうえで公表されている。日本でいうところの文書回答事例や質疑応答事例がこれに相当すると思われる。フランスでは，公表されている回答は，同じ条件のもとにある納税者すべてについて同様に適用される。

(59)　国会議員は関係する納税者（企業や業界団体）の意を受けて国会質問を行う。当該質問に対する大臣答弁は「Xに対する回答」という形でしばしば租税手続法典 L. 80A 条が適用されている。V., Collet, op-sit., (2), p. 113.

(60)　V., Collet, op-sit., (2), p. 114.

(61)　V., Collet, op-sit., (2), p. 115.　また，課税庁の発行している税制の解説書（Précis de fiscalité）や申告書様式に添付される印刷物について，判例は公式性を否定しているが，コレはこの見解に対し否定的なようである。V., Collet, op-sit., (2), p. 115.

(62)　V., Collet, op-sit., (2), p. 115.

⑶　納税者に課される条件

納税者の状況が行政解釈の対象としている状況に正確に一致していなければならず，部分的な適用を求めることはできない。また，行政解釈は厳格に読まれなければならず，反対解釈や勿論解釈，類推解釈をしてはならない(63)。さらに，行政解釈の外にある原則に照らして解釈してはならない。通達の文脈に即して通達の用いた言葉の意味を判断することは許容される(64)。

⑷　行政解釈の変更に対する遡及的適用の可否

納税者は課税処分の当時において有効な行政解釈しか援用できない。したがって，事後的により有利な行政解釈がとられたとしても，当該解釈を援用することはできない。また，年度途中において行政解釈の変更があった場合，当該年度中に課税要件事実が生じたのでない限り，当該行政解釈を援用することはできない(65)。

4　通達の法規化をめぐる理論上の問題

以上の通り，通達等に表明される行政解釈は，租税手続法典 L. 80A 条の保障の及ぶ範囲において実質的にみて法規化している。

この仕組みは，行政解釈の重要性に鑑みて，納税者を保護するためのもの，すなわち，課税庁側の過誤にもかかわらず，それを信じた納税者を非難するような不公正な状況に陥ることを避けるためのものである(66)。しかし，行政解釈が違法であった場合，結果的に，租税手続法典 L. 80A 条は当該行政解釈の適用を認めることになるため，違法な行政解釈が法律に優先することになり，憲法の定める法規範の階層性や合法性の原則に反する

(63)　Jérôme Turot, « La vraie nature de la garantie contre les changements de doctrine », RJF5/92, p. 371 は，行政解釈は規範ではなく，解釈の対象にはならないとする。

(64)　V., Collet, op-sit., (2), p. 117.

(65)　V., Collet, op-sit., (2), p. 118.

(66)　V., Collet, op-sit., (2), p. 118.

のではないかという問題が惹起される。具体的には，法規範の階層性を定めるフランス憲法典 34 条（法律事項），37 条（命令事項），および 55 条（条約の優越）の規定に違反するのではないかという議論である(67)。

2008 年憲法改正により事後的な違憲審査制が導入されたことにより，権利・自由を侵害されたとする一般市民も，具体的事件に付随して，コンセイユ・デタないし破棄院からの移送により，違憲審査を請求することができるようになった（フランス憲法典 61 条の 1）(68)。しかしながら，租税手続法典 L. 80A 条に対する違憲の主張について，コンセイユ・デタは，憲法院への移送の条件である問題の「深刻さ caractère sérieux」を欠くとして憲法院に付託しなかったため(69)，当該条文の憲法適合性に関する判断はなされていない。

この憲法適合性に関する議論（法規範の階層性の侵害）について，コレは，法規範の「実効性」と「階層性」という 2 つの概念を混同するものであると指摘する(70)。コレは，租税手続法典 L. 80A 条による納税者保護の方法に着目すれば，当該条文は法規範の階層性を逆転させるものではないとい

---

(67) V., Collet, op-sit., (2), p. 118. この議論について詳しくは，Victor Haïm, « L'article L. 80A du LPF est-il inconstitutionnel? » DF. 1995, n°. 12, p. 549 et s. がある。

(68) フランスにおける事後的違憲審査制については，辻村みよ子・糠塚康江『フランス憲法入門』（三省堂，2012 年）141 頁以下を参照。

(69) V., CE 29 octobre 2010, n°. 339-200. 下級審裁判所で係争中の事件の審理中に，当事者から合憲性優先問題（QPC: Questions prorietaires de constitutionalité）の主張がなされた場合，当該裁判所は，QPC としての移送の可否を審理し，移送を決定した場合には，破棄院またはコンセイユ・デタに移送される。各審級の裁判所で，当事者の QPC の申立てが認められなかった場合，不服申立てをすることができる。破棄院またはコンセイユ・デタで審理されてもなお，憲法院への移送が認められなかった場合には，元の訴訟手続きに戻される。

移送を受けた破棄院またはコンセイユ・デタは，憲法院への移送の可否を審理し，移送を決定した場合には，理由を付して憲法院に移送される。憲法院は，合憲・留保付き合憲・違憲のいずれかの判断を下し，憲法院の判断が下ったのちは，事件を審理した原審に戻される。合憲の場合には訴訟が継続され，違憲の場合には，当該法律は廃棄される。辻村・糠塚・前掲注（68）142 頁以下を参照。

(70) V., Collet, op-sit., (2), p. 119.

う。コレは次のように敷衍する。当初の課税処分が行われ，のちに更正処分が行われ，納税者が租税手続法典 L. 80A 条に基づき，当該課税処分における行政解釈の適用を求めて更正処分の取消を求めた場合，裁判官の審理・判断は次のような過程をたどる。まず，租税裁判官は当初の課税処分が法律に反しないかを審理する。次に，当該課税処分が違法であると判断される場合，裁判官は，当該課税処分が取引当時において有効であった行政解釈に適合することを理由として「保護される sauvée」かどうかを審理する。そして，結果として，裁判官は法律を排除して当初の課税処分を「有効なものとする valider」が，それは同時に，当初の課税処分とその根拠となる行政解釈が違法であることを確認することを意味する。簡単にいえば，裁判官は租税手続法典 L. 80A 条に基づいて課税処分の違法性から実践的な結論を引き出すことを拒絶しているだけであり，行政解釈が法律に優先するとして法規範の階層性をひっくり返そうとしているのではない。つまり，当該条文は裁判官の活動に対する制限の問題であり，法の実効性に対する制限の問題なのである。

5　行政解釈を争う方法

行政解釈に対する納税者の信頼保護のために通達通りの適用を求めるというケースとは反対に，納税者が自己にとって不利益な通達に対して，その不適用を求めて争いたいという場合が当然ありうる。

日本では，通達は処分性を欠くとされ，通達に対して取消訴訟を提起することはできない。これに対し，フランスでは，コンセイユ・デタの判例により，通達が「命令的性質」をもつ場合には，その名宛人に越権訴訟を提起することが認められており(71)，当該判例は租税に関しても適用されている(72)。

越権訴訟によって行政行為が取り消されると，原則として遡及効があり，

---

(71)　CE 18 dec. 2002, n°. 233-618, R. p. 463. 越権訴訟とは，行政機関等による一方的行為（行政決定）の違法性を理由に，その取消を求める訴訟である。

当該行政行為はもとから存在しなかったことになる。しかし，前述の租税手続法典 L. 80A 条の適用の範囲においては，この遡及効は制限される。通達に従った納税者は，当該通達が越権訴訟で取り消されたとしても，租税手続法典 L. 80A 条による保障（通達に従った課税）を享受することができるからである(73)。

Ⅳ　結びにかえて

以上，フランスにおける租税法の解釈をめぐる議論について概観した。フランスにおいても，租税法の解釈方法論として厳格解釈があるが，その適用範囲は狭いものと理解されているようである。また，租税手続法典 L. 80A 条が存在するためとはいえ，租税法の解釈のテーマのもとに，行政解釈について広く論じられていることも特筆すべき事項であるように思われる。

---

(72)　CE 19 fev. 2003, n°. 235-697, RJF. 5/03, n°. 616. なお，通達が命令的性質を有するかの判断基準については，Martin Collet, « La recevabilité du recours en annulation contre les instructions fiscales », DF, 2005, n°. 25, p. 1071 がある。

(73)　CE 8 mars 2013, n°. 353-782. コンセイユ・デタは，近年，訴訟的取消の効果を時期的に緩和することを認め，遡及効の弾力化を図っていると言われている（P. ウェール，D. プイヨー著，兼子仁，滝沢正訳『フランス行政法』（三省堂，2007 年）117 頁参照）。

租税法における法解釈の方法

日 税 研 論 集　第78号　(2020)

令和2年11月20日　発行

定　価　(本体3,273円＋税)

編　者　公益財団法人　日本税務研究センター

発行者　浅 田 恒 博

東 京 都 品 川 区 大 崎 1 - 1 1 - 8
日本税理士会館1F

発行所　公益財団法人　日本税務研究センター

電話 (03) 5435-0912 (代表)

製　作　財経詳報社